衢州方志提要

衢州市地方志办公室　编

主　编　胡锡明

方志出版社
Publishing House of Local Records

《衢州方志提要》编辑部

主　　编　胡锡明

编　　辑　王苏兰　刘　炘　汪洪才　钱道本

　　　　　徐水坤　潘玉光　周　誉　林继峰

　　　　　姜　滔　劳晓天　徐金堂　张　蓓

编　　务　张月华

前　言

何谓地方志？地方志即为按一定的体例，全面记载某一地域某一时间的自然、社会、政治、经济、文化等诸方面情况的资料性文献。旧时知府、知县、知事下车伊始，便阅当地志书，以知地情、民情，然后定治理之策，革弊鼎新。因此，历朝地方官都非常重视方志编纂，既为资政存史铭功，又为后任提供得失借鉴，扬长避短，还可借传播之力教育后人敬慕先贤，孝家忠国。

衢州府、县诸志，多为知府、知县主持纂修，如元代衢州路总管朱霁修《信安志》，明代知府沈杰、杨准、林应翔、张文达都编修过《衢州府志》。也有异地为官者致仕修志，如宋代毛宪修《信安志》，明代南京礼科给事中徐文溥修《江山县志》，江西右参政叶秉敬、清代岳阳知府张德容辑《衢志备志》，民国政府司法部次长余绍宋修《龙游县志》，恩施县知事郑永禧编《衢县志》等。除官修信史，还有秀才乡贤搜罗地情资料，潜为正史作佐补充、正误，更成为史海的重要源流。

衢州修志源远流长，自宋以降代修不辍。然而，人问衢州全境有多少志书，此前均无一人答出基本数据，这次编纂《衢州方志提要》就是首次盘点家底，数数方志家珍。就编辑分类看，既可以依政区自立门户，也可以按地方志行政级别分列，专门志按行业归口，但都有优点与不足，故采用现在的编排方式，虽不甚完美，但终究大致摸清衢州方志的家底，有基础数据，有分布情况，有收藏单位，为库存志书与使用者打开一条绿色通道。对于一些不是行政区划的志书，我们也兼容并收，适度外延方志内涵，以利于多行业、多单位搜集、考证、编写资料事项，推进存史用志工作更为普及。

清点方志，首先为存目。这次加上"提要"二字，其作用超越单一编目。《衢州方志提要》不止步于介绍纂修人、版本、时限、成书时间，更将卷(篇)统领的第二层次目录也推到前台，起到窥一斑而知全豹的效果，也就为使用者树起路标。

在社会各界的支持和地方志工作者的努力下，这个文化工程的小项目终于告竣。因视野所限，谅有疏漏，万望知情人援臂，拾遗纠错，以便下次清点时更臻完美。

编　者

2017年12月

凡　例

一、本书收录2017年12月之前，衢州行政区域内编纂的各种志书，包括郡府志、市志、县（区）志、乡镇志、村志等综合志，以及各类专志，不论存佚，一概收录。大事记、地方史、资料汇编等，凡不以志冠名的概不收录。

二、本书所录志书采用地方名称、古称。旧志在志名之前，一般按纂修年份冠以年号或朝代号。摘要内容以原著为依据，佚志资料注明出处。新编著志书，已形成志稿的，或未经出版社正式出版的志书，注明“内部资料”或“内部发行”。为便于区分同名志书，书名后标注出版年份。

三、本书采用条目式编目，一种独立的志书即为一目。条目录著的内容：书名、卷帙、纂修人、版本、成书（出版）时间、记录上下限、篇目（延伸至第二层次）与简要评价等。

四、条目序号由两组数字组成。第一组为市、县（市、区）代号：市本级1，柯城区2，衢江区3，江山市4，龙游县5，常山县6，开化县7，驻衢州单位8；第二组为统排序号，按志书出版时间排序。1985年5月，衢州设地级市前，原衢州市（县级）、衢县行政区域内志书列入衢江区。

五、每个县（市、区）在条目前列“××县（市、区）志书编修一览”综合表。

六、凡有原著收藏的，每条目配一幅该志书封面图片。

目　录

柯城区志书

衢江区志书

江山市志书

龙游县志书

常山县志书

开化县志书

驻衢州单位志书

衢州市本级志书

衢州城墙·水亭门

衢州市本级志书编修一览

表1

序号	书　名	编修(出版)时间	编　修　者	收　藏　单　位
		综　合　志		
1.1	〔宋〕衢州图经	宋　代	纂修者不可考	久佚
1.2	〔宋〕信安志	淳熙以后	宋毛宪纂	久佚
1.3	〔宋嘉定〕信安志	嘉定十二年(1219)	南宋太守四明刘垕修,卫玠纂	久佚
1.4	〔宋绍定〕信安续志	绍定初修	南宋太守四明袁甫修,叶汝明纂	久佚
1.5	〔元至大〕信安志	至大间(1308—1311)	元衢州路总管朱霁纂修	久佚
1.6	〔明〕衢州府志	修于明初	纂修者不可考	久佚
1.7	〔明〕衢州府志	明代纂修	纂修人不可考	久佚
1.8	〔明弘治〕衢州府志	弘治十六年(1503)	明知府长洲沈杰修,开化吾冔、西安吴夔纂	衢州市档案馆
1.9	〔明嘉靖〕衢州府志	嘉靖四十三年(1564)	明知府杨准等修,江山赵镗等纂	衢州市档案馆
1.10	〔明天启〕衢州府志	天启三年(1623)修	明知府同安林应翔修,西安叶秉敬等纂	衢州市档案馆
1.11	〔清崇祯〕衢州府续志	崇祯七年(1634)修	明知府保山张文达修,余邦缙纂	未见传本
1.12	〔清康熙〕再续衢州府志	康熙二十三年(1684)修	清知府三韩姜承基修,西安周召纂	刊本未见
1.13	〔清康熙〕衢州府志	康熙四十六年(1707)	清知府毗陵杨廷望等纂修	衢州市档案馆
1.14	衢州市志(1994年版)	1994年11月	衢州市志编纂委员会	国家方志馆、图书馆,省、市地方志办公室、图书馆、档案馆
1.15	衢州市志(简本)(2003年版)	2003年2月	衢州市地方志编纂委员会	国家方志馆、省、市地方志办公室、图书馆、档案馆
1.16	衢州府志集成	2009年11月	衢州市地方志办公室	省、市地方志办公室、图书馆、档案馆
1.17	衢州市志(1985—2005)	2016年9月	衢州市地方志编纂委员会	国家方志馆、图书馆,省、市地方志办公室、图书馆、档案馆

续表1

序号	书　名	编修(出版)时间	编　修　者	收　藏　单　位
1.18	衢州市志（1985—2005）（简本）	2016年11月	衢州市地方志编纂委员会	国家方志馆、图书馆，省、市地方志办公室、图书馆、档案馆
专　志				
1.19	三衢孔氏家庙志	明嘉靖年间	沈　杰	录入《衢州文献集成》
1.20	〔清光绪〕衢州乡土卮言	清光绪三十二年(1966)	编纂者不可考	录入《衢州文献集成》
1.21	衢州市地名志	1988年12月	衢州市地名委员会办公室	浙江省建设厅，浙江图书馆，衢州市图书馆、档案馆
1.22	衢州市交通志	1992年3月	衢州市交通局史志办公室	浙江图书馆，衢州市图书馆，衢州市交通局
1.23	衢州粮食志	1992年9月	衢州市粮食局	衢州市地方志办公室、市图书馆
1.24	浙江衢州师范校志（1912—1992）	1992年	衢州师范学校校志编辑组	衢州市地方志办公室、衢州市图书馆等
1.25	衢州市畜禽疫病志	1993年	衢州市农业局畜牧兽医站	浙江图书馆，衢州市图书馆
1.26	衢州土壤	1994年4月	衢州市第二次土壤普查委员会 衢州市农业局土肥站	衢州市地方志办公室、衢州市图书馆
1.27	衢州市群众文化志	1994年9月	衢州市群众文化志编委会	浙江图书馆，衢州市地方志办公室、衢州市文化馆、图书馆
1.28	衢州市曲艺志	1999年5月	衢州市曲艺志编委会	衢州市文化馆、图书馆
1.29	衢州市工商行政管理志	1995年11月	衢州市工商行政管理志编辑部	浙江图书馆，衢州市地方志办公室、市图书馆、市档案馆，衢州市工商行政管理局
1.30	衢州市建设志	1996年8月	衢州市建筑志编纂委员会	浙江省建设厅，浙江图书馆，衢州市地方志办公室、市档案馆、市图书馆
1.31	铜山源水库志	1997年4月	铜山源水库志编委会	浙江图书馆，衢州市地方志办公室
1.32	衢州柑橘志	1997年8月	衢州柑橘志编纂组	浙江图书馆，衢州市地方志办公室、市图书馆、市档案馆，市农业局

续表1

序号	书　名	编修(出版)时间	编　修　者	收　藏　单　位
1.33	衢州血防志	1997年9月	衢州血防志编委会	浙江图书馆,衢州市地方志办公室、市图书馆、市档案馆,市卫生局
1.34	衢州市卫生志	1997年12月	衢州市卫生志编纂委员会	浙江图书馆,衢州市地方志办公室、市图书馆、市档案馆,市卫生局
1.35	衢州市农村金融志	1998年3月	衢州市农村金融志编写组	浙江图书馆,衢州市地方志办公室、市图书馆、市档案馆,衢州市人民银行、市农业银行
1.36	衢州市土地志	1999年6月	衢州市土地志编纂委员会	浙江图书馆,衢州市地方志办公室、市图书馆
1.37	衢州法院志	1999年10月	衢州市中级人民法院	浙江图书馆,衢州市地方志办公室、市图书馆、市档案馆、市中级人民法院
1.38	衢州市金融志	1999年11月	衢州市金融志编纂委员会	浙江图书馆,衢州市地方志办公室、市图书馆、市档案馆,衢州市人民银行
1.39	衢州市电力工业志	2000年7月	衢州市电力工业志编纂委员会	浙江图书馆,衢州市图书馆
1.40	衢州孔氏南宗家庙志	2001年11月	衢州孔氏南宗家庙志编纂委员会	浙江图书馆,衢州市地方志办公室、市图书馆
1.41	衢州公安志	2002年9月	衢州公安志编纂委员会	浙江图书馆,衢州市地方志办公室、市图书馆、市档案馆,衢州市公安局
1.42	衢州市建设职业学校志	2002年	衢州市建设职业学校志编纂委员会	衢州市图书馆,衢州市建设职业学校
1.43	浙江省衢州第二中学校志	2003年9月	浙江省衢州第二中学校志编纂委员会	浙江图书馆,衢州市图书馆,衢州第二中学
1.44	衢州市质量技术监督志	2004年11月	衢州市质量技术监督局	浙江图书馆,衢州市地方志办公室、市图书馆、市档案馆,衢州市质量技术监督局
1.45	衢州市科学技术志	2005年1月	衢州市科学技术志编纂委员会	衢州市地方志办公室、市图书馆、市档案馆,衢州市科学技术局

续表1

序号	书名	编修(出版)时间	编修者	收藏单位
1.46	衢州市政协志	2005年4月	衢州市政协志编纂委员会	浙江图书馆,衢州市政协,衢州市地方志办公室、市图书馆、市档案馆
1.47	衢州市教育志	2005年9月	衢州市教育志编纂委员会	衢州市地方志办公室、市图书馆及市教育局
1.48	衢州市卫生系统编年志(1985—2004)	2005年10月	衢州市卫生局	衢州市地方志办公室、衢州市卫生局
1.49	衢州市计划生育协会志	2006年6月	衢州市计划生育协会志编委会	衢州市地方志办公室、市图书馆,衢州市卫生局
1.50	衢州检察志	2008年4月	衢州检察志编纂委员会	衢州市地方志办公室、市图书馆、市档案馆,衢州市人民检察院
1.51	衢州市人民医院衢州中心医院院志(1948—2007)	2008年	衢州市人民医院志编委会	衢州市地方志办公室,市图书馆、市人民医院
1.52	衢州市供销合作社志	2008年6月	衢州市供销合作社	衢州市地方志办公室、衢州市供销合作社
1.53	衢州民用航空志	2009年1月	衢州市民用航空管理局	衢州市地方志办公室,市图书馆、市民航局
1.54	衢州市军事志	2009年8月	衢州军分区军事志编纂委员会	南京军区、省军区,衢州军分区及各县(区)人武部,衢州市地方志办公室、市图书馆、市档案馆
1.55	衢州市交通志(1985~2007)	2010年11月	衢州市交通局	浙江图书馆,衢州市地方志办公室、市图书馆
1.56	衢州市建筑业志	2011年12月	衢州市建筑业志编纂委员会	浙江省建设厅,衢州市地方志办公室、图书馆、档案馆
1.57	浙江省衢州第二中学校志续编(2008—2013)	2013年10月	浙江省衢州第二中学校志编纂委员会	衢州市图书馆 衢州第二中学
1.58	衢州市教育志(2005—2014)	2015年9月	衢州市教育志编纂委员会	浙江图书馆,衢州市地方志办公室、图书馆,衢州市教育局
1.59	衢州市水利志	2016年9月	浙江省衢州市水利志编纂委员会	浙江省水利厅、衢州市地方志办公室、市档案馆,衢州市水利局

衢州市本级志书

综合志

1.1 〔宋〕衢州图经 1卷

纂修者不可考，当修于宋代。

此书见《宋史·艺文志》、嘉靖《浙江通志》卷五十四著录。久佚。

康熙《衢州府志》著录张元成撰《衢州府图经》，或即此书。此“府”字显为后人所加。衢州在明初始称府。张元成爵里、行实均不可考。

（摘自《浙江方志考》浙江人民出版社1984年版 洪焕椿 编著）

1.2 〔宋〕信安志 16卷

宋毛宪纂。

本志见《宋史·艺文志》著录。毛宪系宋淳熙二年（1175）进士。此书当作于淳熙以后，久佚。

嘉庆《西安县志》姚宝煃序谓：“有乡先生袁采君载，辑有《信安志》，方秋崖称其持论质直，简古可风。余初补官此邑，即购访是书，但得袁所著《世范》于鲍氏丛书中，……独不得所谓志。”袁采登隆兴元年（1163）进士，与毛宪同时代，又同为衢州人，当为一书。

明、清衢州府，唐、宋时为衢州信安郡。

（摘自《浙江方志考》浙江人民出版社1984年版 洪焕椿 编著）

1.3 〔宋嘉定〕信安志 16卷

南宋太守四明刘垕修，卫玠纂。

宋嘉定十二年（1219）修，刊本久佚。

本志见《直斋书录解题》《文献通考》《宋史·艺文志》《文渊阁书目》卷十九旧志类著录。嘉靖《浙江通志》卷五十四著录，无卷数。

陈振孙云：“教授卫玠撰，太守四明刘垕也，实嘉定已卯。”（《直斋书录解题》卷八）。此书又见《与地纪胜》卷一百二十二、《大明一统志》卷四十三、《永乐大典》卷一万九千七百八十一所引。

（摘自《浙江方志考》浙江人民出版社1984年版 洪焕椿 编著）

1.4 〔宋绍定〕信安续志　2卷

南宋太守四明袁甫修，叶汝明纂。

袁甫字广微，号蒙斋，鄞人。嘉定间进士，累官国子祭酒，权兵部尚书。

绍定初修，刊本久佚。

此书见《直斋书录解题》《文献通考》著录。陈振孙云："教授叶汝明撰，太守四明袁甫广微，绍定初也。"(《直斋书录解题》卷八)嘉靖《浙江通志》卷五十四著录，无卷数。

（摘自《浙江方志考》浙江人民出版社1984年版　洪焕椿　编著）

1.5 〔元至大〕信安志

元衢州路总管朱霁纂修。

至大年间(1308—1311)修，刊本久佚。

此书见清康熙《衢州府志》卷二十九著录。《明一统志》载云："元大德十一年，朱霁为衢州总管，有善政，尝修《信安志》，世无传本。"

郑永禧云："嘉庆《县志》杂记下载：朱霁大德十一年衢州路总管，有惠政，尝修《信安志》。盖成宗终于大德十一年，而武宗即位，次年改元至大。其成书当在武宗时也。"又云："信安为西安之本名。然唐、宋以来犹沿称信安郡，卫(玠)、叶(汝明)、朱(霁)三《志》，既出于教授、太守、总管府之手，其为郡志可知。"(民国《衢县志》卷十四)。

（摘自《浙江方志考》浙江人民出版社1984年版　洪焕椿　编著）

1.6 〔明〕衢州府志

纂修者不可考，书已久佚。

此书见《文渊阁书目》卷十九旧志类著录，当修于明初。明弘治《衢州府志》载：明初知府张实修志。或即此本。

（摘自《浙江方志考》浙江人民出版社1984年版　洪焕椿　编著）

1.7 〔明〕衢州府志

纂修人不可考，明代纂修。

此书见《文渊阁书目》卷二十新志类著录，当修于正统以前。

（摘自《浙江方志考》浙江人民出版社1984年版　洪焕椿　编著）

1.8 〔明弘治〕衢州府志　15卷

明知府长洲沈杰修，开化吾冔、西安吴夔纂。

沈杰，明成化二十年(1484)进士，出知河南归德州，入为右军都督府经历，迁知浙江衢州府，擢山西左参政，再进河南右布政，卒年七十一。吾昪(1431—1504)，字景端，号默斋，以乡举入太学，就江浦教谕，乞养归。学者称文山先生，弘治十七年(1504)卒。

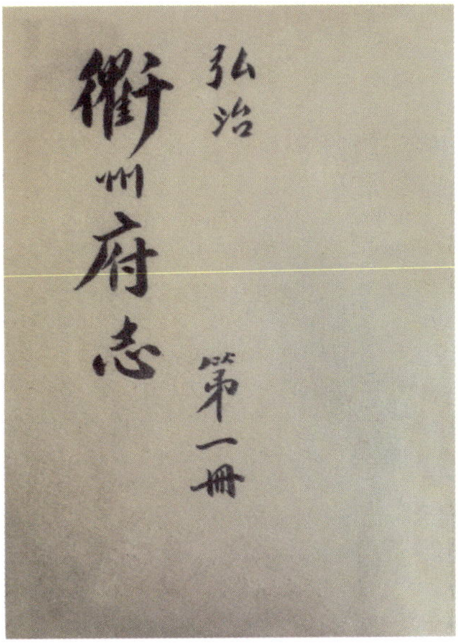

本志修于明弘治十六年(1503)，刊本。

此书见《千顷堂书目》《万卷堂书目》《明史·艺文志》著录。本志吴宽序略云："今太守姑苏沈侯复修之，致仕教谕开化吾昪承侯之意，检阅故籍，搜访近事。教谕西安君吴夔复助之。"

《明史·艺文志》《万卷堂书目》并作十四卷，偶误。清康熙《衢州府志》既著录吾昪《府志》，又著录吴夔《府书》，一书误作两志。

该志是衢州地区现存最早的一部志书。共设15卷：卷一志图、沿革、郡邑名、分野、形胜、风俗、疆域、城池；卷二山川；卷三户口、土产、贡赋；卷四公宇、学校、坛壝、书院；卷五驿递、坊市、军卫、屯田；卷六水利、桥渡、祠庙；卷七古迹、寺观；卷八宦迹、武臣、流寓；卷九、卷十、卷十一人物；卷十二烈女、仙释；卷十三诗；卷十四、卷十五文。该志编纂深受理学思想影响，在风俗、学校、人物、诗文等方面，均以儒家道德伦理为是非标准来取舍材料。现存《弘治志》残缺严重，其中卷四、卷五、卷十四、卷十五缺页较多。

衢州市档案馆有藏。宁波范氏天一阁珍藏，盖有"范氏天一阁藏书"印记。中国科学院有胶卷复制弘治刊本，浙江图书馆有龙游余氏寒柯堂钞本一部。

1.9 〔明嘉靖〕衢州府志　16卷

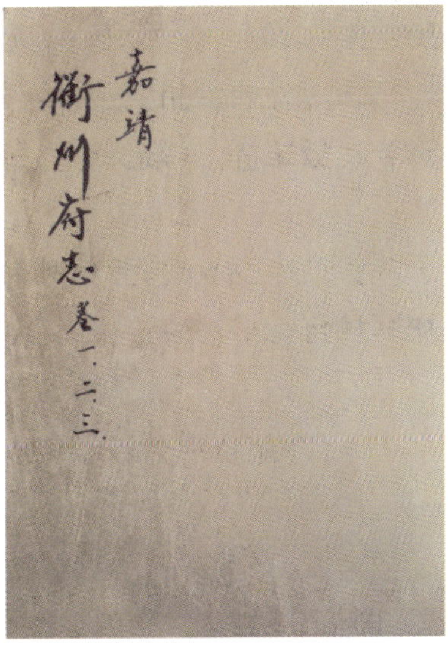

明知府杨准等修，江山赵镗等纂。

赵镗(1513—1584)，字仲声，号方泉，晚号留斋居士。明嘉靖二十六年(1547)进士，选庶吉士，授御史，历大理少卿、右通政，官至右佥都御史。隆庆元年(1567)致仕归。

本志修于嘉靖四十三年(1564)，刊本，五册，国家图书馆收藏(缺卷九)，龙游余绍宋据嘉靖原刊本传钞，所缺官守一卷，据天启叶秉敬纂《衢州府志》职官门补入，并经兰溪叶渭清手校。刊本五册，此钞校本今藏浙江图书馆，北京图书馆、南京图书馆、上海图书馆均有胶卷。

赵镗序略云："衢有府志旧矣。自弘治十六年迄今六十载，文献故实，未及嗣续。前郡伯安吾杨公准倡修，继之者新郡伯南溟郑公伯兴，始葺于西安学训导汪子旦，重校于衢州府教授金子汝砺，又重校于西安学教谕徐子守，而总其成者则镗，以乡故次于末焉。其目分为九，首舆地，次山川，次建置，次礼制，次官守，次人物，次食货，次灾异，次外纪，共十六卷。时嘉靖四十三年二月。"

全书16卷：卷一舆地；卷二、卷三山川；卷四、卷五建置；卷六礼制；卷七、卷八、卷九官守；卷十、卷十一、卷十二人物；卷十三、卷十四食货；卷十五灾异；卷十六外纪。该志在内容上与众不同，特别重视对经济类的记载。如物产目，分设12个小目，记载235种物产，其中谷类4种、蔬菜19种、果类26种、药类31种、羽类23种、毛类14种、鳞类18种、甲类5种、木类27种、竹类9种、花类39种、货类20种。这在明代志书中颇为罕见。该志在编纂体例上也有所创新，门首设小序，门末设断语。

衢州市档案馆有藏。

1.10 〔明天启〕衢州府志　16卷首1卷

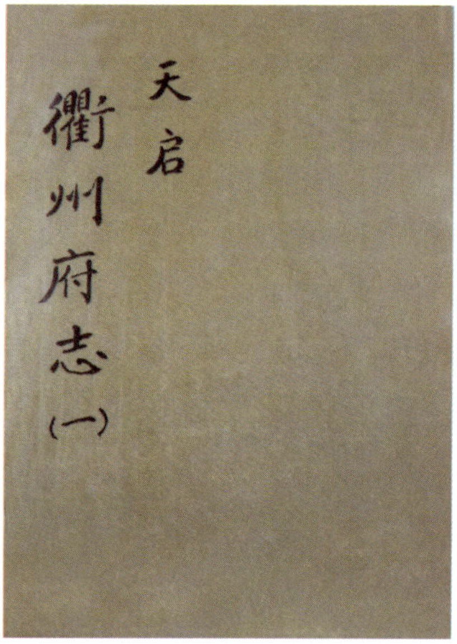

明知府同安林应翔修，西安叶秉敬等纂。

天启三年(1623)修，手抄本十二册。

叶秉敬序云："天启三年夏，郡伯林公应翔莅郡，欲续六十年之传记，而属余董其役。余取旧志，稍为诠次，以六十年之人之事续焉。总而为纲者十，分而为目者七十有八。起于十月初六日，成于十一月初六日。"

清雍正《浙江通志》卷二百五十三作林应期，偶误。

该志全本篇幅不详，残本约34万字。全书16卷：卷一舆地；卷二、卷三、卷四职官；卷五兵戎；卷六礼典；卷七建置；卷八国计；卷九、卷十、卷十一人物；卷十二、卷十三、卷十四艺文；卷十五翼教；卷十六政事。该志卷首有《修志管见》一文，共10则4000余字，很有学术见地，为明代修志凡例之佳作。

浙江图书馆、北京图书馆(缺卷十五、十六)、历史语言所收藏。日本国会图书馆支部内阁文库亦有藏本。上海图书馆有胶卷复制天启三年原刊本。

此书又有明崇祯五年(1632)丁明登增补刊本，北京图书馆、北京大学收藏，日本尊经阁文库亦有此本，十六册。日本内阁文库又收藏此书清刊本一部，二十册。

衢州市档案馆有藏。

1.11 〔明崇祯〕衢州府续志

明知府保山张文达修，余邦缙纂。

崇祯七年(1634)修，未见传本。

此书见康熙《衢州府志》著录。

（摘自《浙江方志考》浙江人民出版社1984年版　洪焕椿　编著）

1.12 〔清康熙〕再续衢州府志　1卷

清知府三韩姜承基修，西安周召纂。

康熙二十三年(1684)修，刊本，未见。

康熙《衢州府志》载云：“周召《续府志》一卷，康熙甲子太守三韩姜承基，同修者西安贡生徐国琛、王观文、刘兆元。”

（摘自《浙江方志考》浙江人民出版社1984年版　洪焕椿　编著）

1.13 〔清康熙〕衢州府志　40卷首1卷

清知府毗陵杨廷望等纂修。

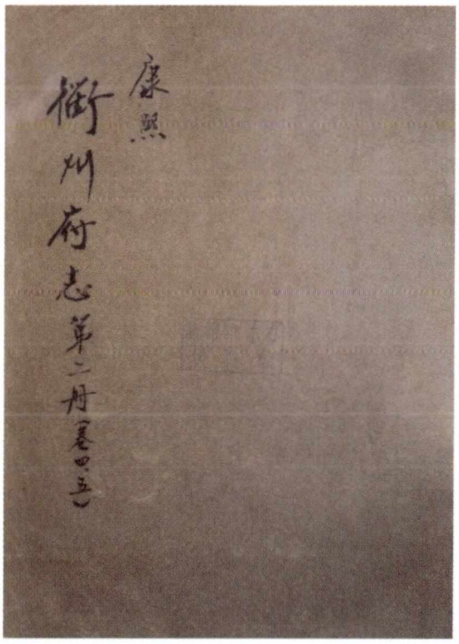

康熙四十六年(1707)创修，四十八年(1709)完成，五十年(1711)刊本，12册，原本未见。今通行的有光绪八年(1882)知府安陆刘国光重刊本，亦12册。

郑永禧《衢志源流考》云：“康熙五十年，毗陵杨廷望守衢州，哀集诸本，网罗散佚，时出已见，附以按语，成志四十卷，刊于继任金玉衡之手。惜原板残缺，光绪八年刘守国光重镘。于缺页未曾有补正，反将金序姓名纂改之，异已。”(民国《衢县志》卷首)。

杨廷望于康熙四十六年(1707)任衢州知府。本志在杨任内纂修完成。康熙四十九年(1710)，马遴、金玉衡先后继署衢州，故本志有康熙四十九年七月金玉衡序。光绪八年，知府刘国光重刊时，擅将金工衡所作序，篡改为马遴撰。《清朝续文献通考》疏于检点，误题光绪知府刘国光等修。《八千卷楼书目》误刊作杨建望修。

全本篇幅不详，残本约50万字。全书40卷：卷一分野；卷二疆理；卷三山川；卷四城池；卷五廨宇；卷六学宫、社学、贡院、书院；卷七圣庙、家塾；卷八坊巷；卷九乡里、市镇;卷十水利;卷十一郡县;卷十二府官;卷十三县官;卷十四学官;卷十五庶官;卷十六武官;卷十七品秩;卷十八国学;又卷十八、卷十九选举;卷二十世科;卷二十一户口、职役;卷二十二田赋;卷二十三贡榷、物产;卷二十四学政;卷二十五典礼、风俗;卷二十六寺观、陵墓;卷二十七荒政、养老、养济、囚粮;卷二十八兵防;卷二十九艺文;卷三十五行;卷三十一循吏;卷三十二名贤;卷三十三武功,又卷三十三政事、宦迹;卷三十四文学;卷三十五孝友、孝义;卷三十六忠节、忠义、忠臣;卷三十七隐逸;卷三十八侨寓、方外、里善、里行、乡饮;卷三十九方技;卷四十列女,计60余门。

衢州市档案馆有藏。故宫博物院图书馆、北京师范大学图书馆、中山大学图书馆、浙江图书馆均有收藏。台北《中国方志丛书》系据光绪重刊本影印。

1.14 衢州市志(1994年版)

衢州市志编纂委员会编。历任编委会主任鲁松庭、王余良、郭学焕,顾问张复兴;主编朱子善,副主编韩章训、沈元龙、琚如恒、毛东武。1994年11月,浙江人民出版社出版(ISBN 7-213-01116-2/K·302),上海市印刷七厂印刷,上海巨峰装订厂装订。精装护封,16开本,书法家启功题写志名,16印张,205万字,1417页,印数5000册,定价78元。《衢州市志》编纂于1989年8月启动,历时4年完成。1999年本志获浙江省地方志优秀成果一等奖。

本志记述以现行市域为基本范围,上限不求统一,下限为1989年,大事记及个别事项延伸至1992年。

卷首题词一幅;彩照31页106幅,主题为市区鸟瞰图,全市基础设施、经济、交通、文化、文物等。地图2幅:衢州市政区图、衢州市区图。市委书记、市长郭学焕作序1篇;凡例9条;概述、大事记。正文33篇183章611节。第一篇政区(建置沿革、境域区划、辖区、社区);第二篇自然环境(地质、地貌、气候、河流水文、土壤、植被);第三篇自然资源(土地资源、水与水力资源、矿产资源、动植物资源);第四篇居民(民族、姓氏、人口、组织、婚姻、家庭、生活水平、计划生育);第五篇国土整治(土地管理、低产田改造、红壤丘陵开发、水土保持、环境保护);第六篇城乡建设(规划、市政工程、公共设施、房屋、园林绿化、村镇建设、建筑);第七篇水利建设(灌溉工程、防洪工程、水利管理、灌溉面积)；第八篇能源(电力、煤炭、石油、农村能源)；第九篇交通(城区交通、公路交通、铁路交通、水路交通、其他道路及设施、交通管理)；第十篇邮电(驿铺、民信局、邮政、电信、邮电管理)；第十一篇工业(布局、结构、管理机构、体制改革、化学工业、机电工业、建材工业、食品工业、纺织工业、造纸工业、其他工业)；第十二篇农业(生产关系、生产条件、生产技术、生产布局、粮食生产、油料棉麻糖菜生产、茶叶蚕桑瓜果生产、饲养业、渔业、副业、国营农场)；第十三篇林业(营林生产、竹林、经济林、森林利用、森林保护、林政管理、林场)；第十四篇柑橘(产区、品种、栽培、贮藏、销售、加工、科研)；第十五篇商业(私营商业的社会主义改造、经营体制、经营网点、商品购销、粮油购销及储运、物资供应、对外经济贸易、饮食服务业、边界贸易)；第十六篇财税 审计(财政、田赋、农业税、税收、审计)；第十七篇金融(机构、货币、存款、贷款、结算、基建拨款、贷款与监督、保险、社会融资)；第十八篇经济综述与管理(国民经济综合指标、计划、经济体制改革、统计、工商行政管理、标准计量、物价、经济技术协作)；第十九篇政党(中国共产党、民主党派、中国国民党和其他党派)；第二十篇政权(南朝至民国官署、议会、参议会、国大代表、人民代表大会、人民政府)；第二十一篇政协 群团(人民政协、工农青妇和工商业者组织、协会、联合会)；第二十二篇民政(优抚、安置、救济、扶贫、社会福利、移民及其他)；第二十三篇人事劳动(编制、干部、工人、工资待遇、劳动保险、劳动保护与安全监察)；第二十四篇公安司法(公安、检察、审判、司法行政)；第二十五篇军事(要隘、设施、兵役、武装、战事、民兵)；第二十六篇教育[州(府)县学、书院、学塾、基础教育、中等职(专)业技术教育、成人教育、教改教研、教师、经费、设施、勤工俭学、教育管理]；第二十七篇科学(科技机构和队伍、科技活动、科技成果、社会科学、软科学)；第二十八篇文化(社会文化、文艺创作、戏剧、民间艺术、图书、电影、录像、新闻、档案、史志)；第二十九篇南孔 文物 名胜(东南阙里、古遗址、古建筑、文物、风光名胜、管理)；第三十篇医药卫生(医疗、医药、防疫、血吸虫病、公共卫生、妇幼保健、医药卫生管理)；第三十一篇体育(机构、团体、设施、经费、学校体育、社会体育、竞赛、人才培养)；第三十二篇风俗 宗教 地方语言(风俗、宗教、地方语言)；第三十三篇人物(人物传、人物录、英烈表、全国英雄劳动模范先进生产者名录、寓外知名人士)。卷末为丛录(文选、《四库全书》录存衢人著作、杂记、文告、诗词曲、楹联、民间故事)，编后记及修志人员名单。

国家方志馆、图书馆，省、市地方志办公室、图书馆、档案馆等单位存藏。

1.15 衢州市志(简本)(2003年版)

衢州市地方志编纂委员会编。编纂领导小组组长郑樟林，主编韩章训。2003年2

月，浙江大学出版社出版（ISBN 7－308－03160－8/K.080），杭新印务有限公司印刷。简装，32开本，33万字，407页，印数不详，定价35元。本书由1994年版《衢州市志》缩编而成，旨在为读者提供一部系统反映衢州市情的简明读本。

卷首设例言、概述，插页彩照23页。正文设政区、自然环境和资源、居民、人工环境、政治、经济、文化、文物、名胜、旅游、风俗、宗教、地方语言、人物10章计39节。卷末设大事年表；编后记。

国家方志馆，省、市地方志办公室，市图书馆、市档案馆存藏。

1.16 衢州府志集成

衢州市地方志办公室编。韩章训标点。2009年11月，西泠印社出版社出版（ISBN 978－7－80735－639－4），衢州新华印务有限责任公司印刷。精装，16开本，192.2万字，68.25印张，印数1800册，定价400元。

据洪焕椿编著的《浙江方志考》统计，自宋以来，衢州府、县志编修60余次，其中府志编修13次（宋代4次、元代1次、明代6次、清代2次）。现存府志4部，即《明弘治衢州府志》《明嘉靖衢州府志》《明天启衢州府志》《清康熙衢州府志》。21世纪初，衢州市地方志办公室组织力量对此四部志书进行整理、标点，并汇为《衢州府志集成》一书。

省、市地方志办公室，衢州市图书馆、档案馆存藏。

1.17 衢州市志（1985—2005）

衢州市地方志编纂委员会编。历任编委会主任章文彪、居亚平、陈新、沈仁康、杜世源，历任主编韩章训（至2009年）、胡锡明。2016年9月，中国文史出版社出版（ISBN 978-7-5034-7534-4），金华日报商务彩印有限公司印刷，装订圆背，精装护封，上下册，16开本，93印张，186.5万字，印数5000册，定价680元。

本志记述以衢州现行市域为基本范围，上限1985年，下限为2005年，个别事项适当上溯或下延。

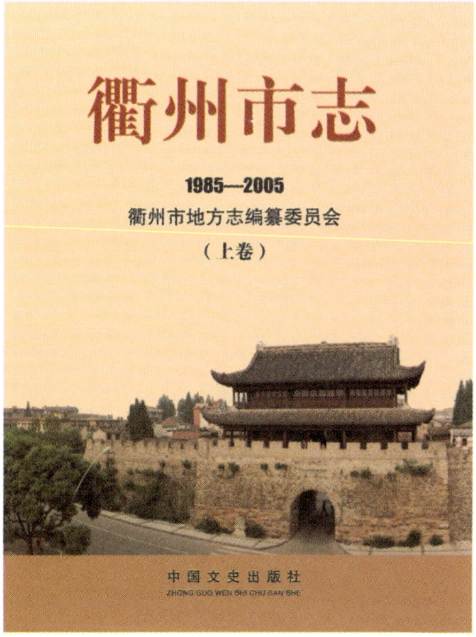

卷首彩照30页95幅，主题为市区鸟瞰、全市基础设施、经济、交通、文化、文物等。地图6幅：衢州市地理位置图、衢州市政区图、衢州市城区图、衢州市地貌图、衢州市水系图、衢州市交通图。序2篇，序一为中共衢州市委书记陈新、市长杜世源所作，序二为著名方志专家、省地方志办公室原主任魏桥所作；凡例27条，综述和大事记。正文7篇60章241节。第一篇区域环境（政区、自然环境、自然资源、水利、电力、交通、信息传输、环境保护）；第二篇居民（人口、生活、劳动和社会保障、宗教、礼仪习俗、语言）；第三篇城乡建设（城乡规划、市政建设、公共事业、园林绿化、镇村建设、房地产、文明城市创建）；第四篇政治（政治体制改革、中国共产党、人民代表大会、人民政府、政治协商会议、民主党派、社会团体、政法、民政、武装）；第五篇经济（经济体制改革、经济总情、经济开发区、农业、林业、养殖业、柑橘、工业概况、化学 机电 建材工业、金属制品及其他工业、建筑业、旅游业、贸易、金融、财税、经济管理）；第六篇文化（文化体制改革、科学技术、社会科学、教育、卫生、体育、传媒、社会文化、孔氏南宗、文物、文学艺术）；第七篇人物（人物传、人物录）。卷末设丛录。附电子光盘一张，另制作《衢州市志（1985—2005）》音像版。

浙江省地方志办公室原主任魏桥评价该志：“收录了大量鲜活的内容和曲折的过程，以及当今存在的问题……。值得引起志界关注。”

国家方志馆、国家图书馆，浙江图书馆，宁波天一阁博物馆，省、市地方志办公室，省内各市地方志办公室、档案馆、图书馆，衢州市图书馆、市档案馆存藏。

1.18 衢州市志（1985—2005）（简本）

衢州市地方志编纂委员会编。编委会主任杜世源，副主任李锋、陈锦标，主编胡锡明。2016年11月，方志出版社出版（ISBN 978-7-5144-2313-6），衢州文捷印刷有限公司印刷。简装，16开本，52万字，印数5000册（精装100册），定价88元。本书由2016年版《衢州市志（1985—2005）》缩编而成，旨在为读者提供一部系统反映1985—2005年衢州市情的简明读本。

卷首衢州市行政区划图1幅，插页彩照37幅；凡例、综述、大事记。正文7篇36章116节。第一篇区域环境（政区、自然环境与资源、水利、电力、交通、信息传输、环境保护);第二篇居民(人口、居民生活、劳动和社会保障、宗教、礼仪习俗与语言);第三篇城市建设(市政建设、公共事业、房地产、创建文明城市);第四篇政治(中国共产党、政权政协、民主党派、群众团体、民政、政法、体制改革、军事);第五篇经济(经济总情、开发区、农业、林业、工业、建筑业、贸易、旅游业、金融、监督管理);第六篇文化(科学技术、教育、卫生、信息传媒、社会文化、历史文化);第七篇人物(人物传、人物录)。卷末设丛录(文件选编、统计资料)。

国家方志馆、国家图书馆,浙江图书馆,宁波天一阁博物馆,省、市地方志办公室,省内各市地方志办公室,衢州市图书馆、市档案馆存藏。

专　志

1.19　〔明〕三衢孔氏家庙志(1卷附录2卷)

明代沈杰纂。沈杰有〔明弘治〕《衢州府志》,已著录。南宋初,袭封衍圣公孔端友南渡,寓居衢州。至元代孔洙后,孔子后裔在曲阜者承袭公爵。明弘治十八年(1505),沈杰奏言衢州圣庙自孔洙后衣冠礼仪猥同氓庶,请授洙之六世孙彦绳以官俾主祀事。正德元年(1506),授彦绳翰林院五经博士,子孙世袭。沈氏以为,孔子道德功及阙里,圣裔已为天下所共知,"惟衢之有庙,寔自四十代孙宋袭封衍圣公端友扈跸南渡始,世容有未知者,故历采诸书与我朝大典所载,并诸君记疏,凡系于衢之孔氏者,仅录为《三衢孔氏家庙志》。"此志前者有沈氏弘治十八年序和"宋敕建家庙图"和"国朝移建家庙图"。其正文先详载诸书所记孔氏南宗家庙史实,后录"制诰奏疏"以及家庙记、序跋等文。其引书分"孔氏家典""国朝制书""郡志"三类,每类又分条记载。沈氏撰述此书,意在表明孔氏南宗有家庙,南渡后于宋世袭封爵,

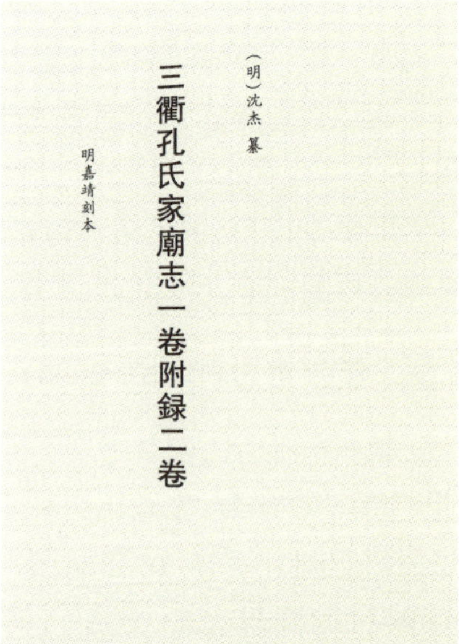
(明)沈杰 纂
三衢孔氏家廟志一卷附録二卷
明嘉靖刻本

当为孔氏受封后裔。沈氏文后有附录，末有孔承美《孔庭杂志》和伍聪跋。承美言，“前编纂修庙志者，邑人余友釜开化王交忠；后编纂修庙录者，江山伍友聪达夫也”。可见附录并非沈杰所辑。伍聪跋语又曰：“前《家庙志》志家庙，古今事迹详矣。今以是帙而附录之，录新庙之迁徙也，世爵之承袭也，后先振作之勋劳也，与凡奏疏碑刻及赠遗诗文之类，靡不备载而并录之。”此即所载附录内容。

此书据明嘉靖刻本影印，编入衢州市政协《衢州文献集成》。浙江图书馆存藏。

1.20 〔清光绪〕衢州乡土卮言

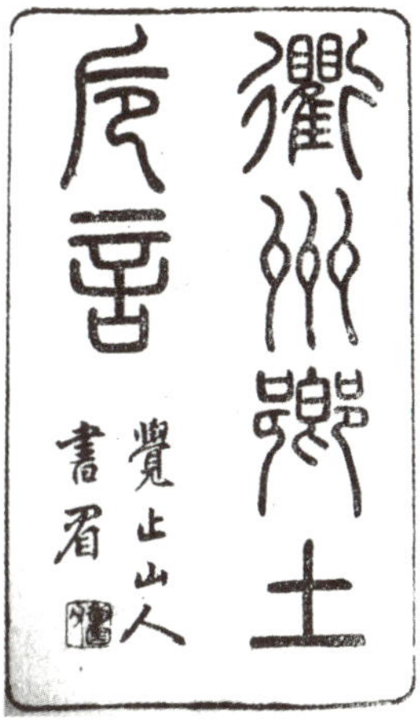

清光绪三十二年岁在丙午桂秋开刊。上下两卷。上卷标目：建置、山川、古迹、种族、职官、治绩、乡贤、闺淑、侨偶（附迁徙）、方外；下卷标目：文学、军事、户口（附田赋）、财政、交通、典礼、风俗、物产（附商矿）。

国家图书馆出版社据康熙刻本影印，编入衢州市政协《衢州文献集成》。浙江图书馆存藏。

1.21 衢州市地名志

衢州市地名委员会办公室编。编委负责人鲁松庭、徐邦毅，主编张水绿。1988年12月衢州市新华印刷厂印刷，内部发行。精装封面，16开本，120万字，1058页，印数2000册。徐以新、王恒题词，魏桥作序。

本志为衢州市（县级）地名志，上限视资料而定，所收政区地名资料，下限1984年。

志首彩印10页17幅，地图3幅（衢州市政区图、衢州市行政图、衢县五里方图）。正文9卷。卷一综述（概况、历史沿革、古城简介、交通简介）；卷二政区（市区、上方区、杜泽区、石梁区、樟潭区、航埠区、花园区、大洲区、乌溪江区）；卷三单位地名（工厂、公司、站、场、所、行、局、学校、文化、医院）；卷四自然地理实体（山、山洞、峡、谷、河、衢江、乌溪江）；卷五文物、古迹、游览地（出土文物纪要、游园、古迹、祠庙、牌坊、塔、墓）；卷六人工建筑（桥梁、电站、水库、塘）；卷七地名总览（地名普查、地名分类、地名命名特点、历史地名选释、已废地名、方言地名）；卷八地名艺文（地名词、地名故事）；卷九文件汇编。卷末索引。

浙江省建设厅，浙江图书馆，衢州市地方志办公室，衢州市图书馆、档案馆等存藏。

1.22 衢州市交通志

衢州市交通局史志办公室编。编审委会主任徐林木、刘新春、鲁有根，主编刘逸德。1992年3月，海洋出版社出版，(京)新登字087号，朝阳科普印刷厂印刷。精装护封，32开本，32印张，13.25万字，412页，印数2000册，定价20元。《衢州市交通志》1988年8月始编，1991年9月编就付梓。

本志记述以1985年年底的市辖区为记录地域，上限不作统一规定，下限截至1985年年末。大事记延长至1990年年末。

卷首彩照15页29幅；地图3幅：衢州市交通图、衢州市城区主要道路、衢州市公路示意图；前言1篇。正文9篇31章。第一篇概述；第二篇公路(路线与路面、桥梁、养护、运输、科技、管理)；第三篇铁路(铁路设施、机车车辆、客货运输、安全管理)；第四篇水路(航道、码头、运输、养护、修造、科技、管理)；第五篇城区道路(街道、桥梁、城门、巷弄和道口)；第六篇机耕路　索道　管道　隧道　机场　便桥(机耕路、索道、管道、隧道、机场、便桥)；第七篇古道(道路、工具、桥、渡、关隘和凉亭)；第八篇交通管理机构(交通局的沿革、市级交通管理机构的现状、市级交通管理机构中的中共党组织)；第九篇人物(立传人物、先进人物)；第十篇大事记。卷末设后记；审编人员名单。

浙江图书馆，衢州市图书馆，衢州市交通局等存藏。

1.23 衢州粮食志

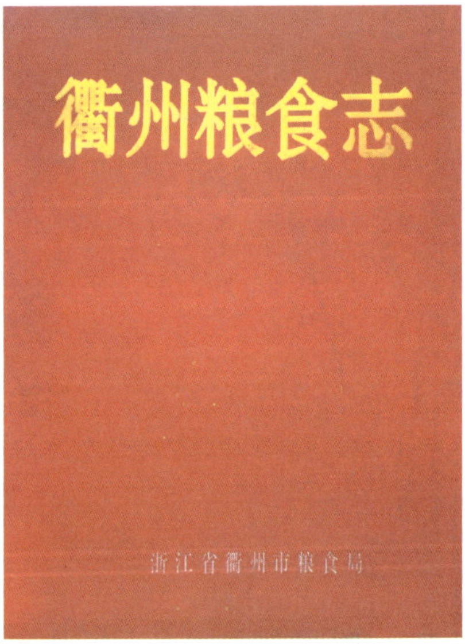

衢州市粮食局编。编纂领导小组组长廖卷清，副组长杨才古；主编刘松。《衢州粮食志》1989年秋始编，1992年9月编就付梓，打印本，内部发行。32开本，236页。

本志记述以现行市域为基本范围，上限尽力追溯，下限为1990年年末。

卷首市粮食局局长杨才古序1篇，凡例8条，概述，大事记。正文10章37节。第一章粮油生产(粮食作物、油料作物、木本油料)；第二章田赋　农业税(历代田赋、建国后农业税)；第三章粮食购销

（农村购销、城镇供应、证票管理、市场与议购议销、积谷与储备粮、粮价）；第四章油脂购销（油业市场、食用油收购、食用油销售）；第五章粮油储运（粮油仓库、粮油储藏、粮油调运）；第六章粮油工业（民间粮油加工器具、工业门类、加工类型及主要品种、粮油复制品、农村粮油加工）；第七章饲料（饲料生产、饲料供应、饲料科研与推广）；第八章财务会计（建国初期财务会计、记账方法的演变、财务体制、经济责任制、增产节约运动）；第九章粮政机构[机构沿革、专署（市）局历届领导人、县（市）粮食管理经营机构及其领导人、市直属企业及其领导人、县（市）企事业单位名称]；第十章职工 干部（人员构成与发展、职工教育、专业技术职称评定、粮食经济学会、先进集体和先进个人）。卷末设附录（水亭码头与粮油行业、官商在衢机构、人口、历史粮油比价、解放前夕物价暴涨、民国时期粮食计量和换算）。

衢州市地方志办公室、市图书馆、衢州市粮食局等单位存藏。

1.24 浙江衢州师范校志（1912—1992）

衢州师范学校校志编辑组编，编辑郑达盛、汪贤明、毛志云。本志为纪念建校80周年而编，内部编印，小16开本，218页。

本志记述上限1912年，下限1992年。

卷首有领导题词4幅，人物照6幅，其他黑白照16幅，概述1篇。第一部分沿革；第二部分领导和管理；第三部分教学工作；第四部分德育工作；第五部分文体卫工作；第六部分教育科研；第七部分社会教育；第八部分劳动教育；第九部分教师；第十部分学生；第十一部分经费设施；第十二部分附小函授部校办厂。附录分5部分（校友忆当年，校友简介，衢师教职工名单，衢师历届毕业生名单，衢师九三、九四届在校生名单）。

衢州市地方志办公室、衢州市图书馆等单位存藏。

1.25 衢州市畜禽疫病志

衢州市农业局畜牧兽医站编。编写人员张本诚、颜秀卿、叶永能、刘永光、郑雨土。1993年内部编印，衢州日报印刷厂印刷，16开本，169页。

本志记述衢州市畜禽疫病发生、流行和防治的历史与现状，上限据史料情况而定，下限1989年。

卷首有衢州市政区图1幅、序言1篇及凡例、目录;第一篇概况(自然地理、经济地理、公共卫生、畜牧业生产);第二篇畜禽疫病防治(组织机构、畜禽疫病流行概况、综合防治、疫病防治成效和存在问题);第三篇畜禽疫病(猪流行病、牛流行病、羊病流行、禽流行病、兔流行病、犬猫流行病、蜂流行病);卷末附录、后记各1篇。

浙江图书馆,衢州市图书馆等单位存藏。

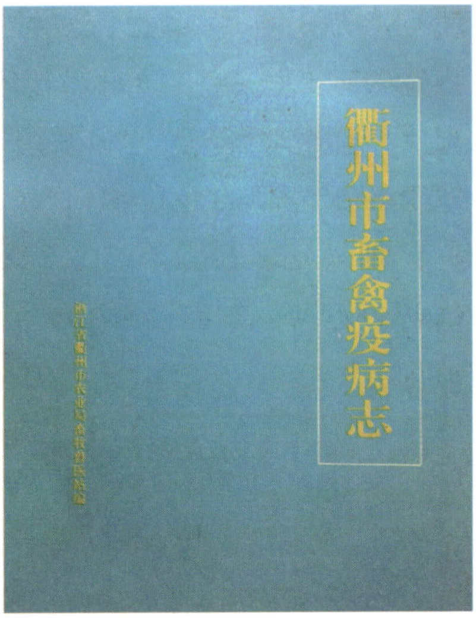

1.26 衢州土壤

衢州市第二次土壤普查委员会、衢州市农业局土肥站编。全书由吴灿琮统稿,陆景冈审核定稿。

《衢州土壤》系1980年3月至1982年底衢州市第二次土壤普查成果为基础上整理而成。1994年4月,浙江科学技术出版社出版(ISBN 7-5341-0597-8/S.127),浙江上虞印刷厂印刷。16开本,14.5印张,35.3万字,220页,印数830册,定价20元。

卷首为前言、序言、目录、概况。正文13章34节。第一章成土因素和成土过程(成土因素、成土过程);第二章土壤分类和土壤分布(土壤分类、土壤分布规律);第三章红壤(红壤亚类、黄红壤亚类、红壤性土亚类);第四章黄壤和山地草甸土(黄壤土类、山地草甸土土类);第五章紫色土(石灰性紫色土亚类、酸性紫色土亚类);第六章黑色石灰土(黑色石灰土亚类、棕色石灰土亚类);第七章潮土和新积土(潮土土类、新积土土类);第八章基中性火山岩土、粗骨土、石质土(基中性火山岩土土类、粗骨土土类、石质土土类);第九章水稻土(淹育型水稻土亚类、渗育型水稻土亚类、潴育型水稻土亚类、潜育型水稻土亚类);第十章土壤理化性状综合评述(土壤的养分状况、土壤的物理性状、土壤理化特性综评);第十一章低产田的改良和高产农田的建设(低产田的改良、高产农田的建设);第十二章土壤资源的开发利用和保护(土壤资源利用概况、丘陵岗地红壤资源的开发利用、水土保持、农田环境保护、珍惜与保护耕地);第十三章土壤改良利用分区(分区的原则和命名、分区详述)。卷末附录:衢州市主要经济作物土宜一览表;后记。

衢州市地方志办公室、衢州市图书馆存藏。

1.27 衢州市群众文化志

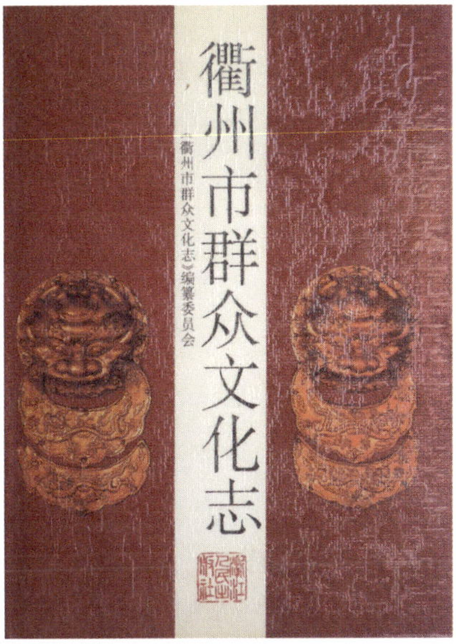

衢州市群众文化志编委会编。编委会主任杜东平，主编林国镇，副主编楼翠如、王学莉。1994年9月浙江人民出版社出版，32开本，19万字，印数1000册，定价15元。

本志记述上限视掌握资料而定，下限止于1989年，个别事物适当延伸。

卷首概述、大事记略。正文8章。第一章戏剧曲艺（剧种、演出团体、演出活动、演出场所、戏曲创作、曲艺）；第二章音乐舞蹈（民间器乐、音乐创作、民间舞蹈、舞蹈创作）；第三章文学（文学创作、文学刊物、民间故事、民间歌谣、民间谚语、民间楹联）；第四章书画·摄影·民间工艺（书法、篆刻、绘画、摄影、民间工艺）；第五章民间娱乐（游戏、其他）；第六章民间风俗（生产习俗、生活习俗、礼仪习俗、岁时习俗）；第七章组织机构（地、市群众文化机构）；第八章人物。卷末设后记。

浙江图书馆，衢州市地方志办公室、市文化馆、市图书馆等存藏。

1.28 衢州市曲艺志

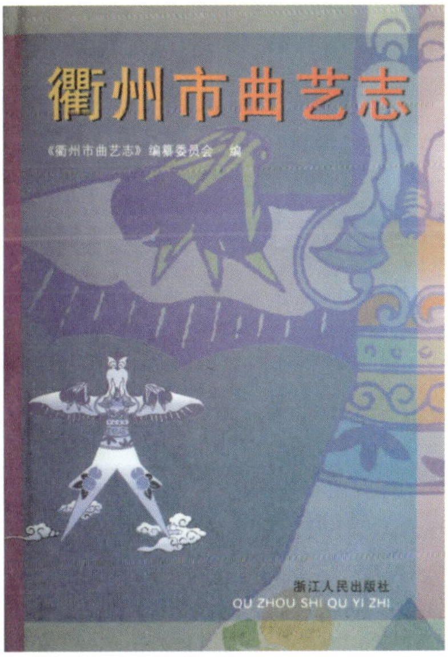

衢州市曲艺志编委会编。编委会主任谢昌智，主编陈韬，副主编王学莉。1999年5月浙江人民出版社出版，32开本，20万字，印数1000册，定价20元。

本志上限追溯事物发端，下限至1997年。

卷首综述、大事记。正文9章。第一章曲种（衢州道情、衢州滩簧、莲花落、连厢、小锣书、隔壁戏、评书、快板、对口词）；第二章曲目（衢州道情、衢州滩簧、曲目作品选）；第三章音乐（衢州道情、衢州滩簧、莲花落、连厢、小锣书）；第四章机构（咏霓乐社、静乐轩衢州滩簧坐唱班、衢县曲艺队、龙游曲艺队、常山曲艺队、开化曲艺队、江山曲艺队）；第五章演出场所；第六章习俗（演出习俗、拜师习俗）；第七章谚语·行话·隐语（谚语、行话、隐语）；第八章报刊文选；第九章人物。

衢州市文化馆、市图书馆等存藏。

1.29 衢州市工商行政管理志

衢州市工商行政管理志编辑部编。编纂领导小组组长应兆寅、邓超兴,总编方绍庆、毛东武,副总编文国棋。1995年11月,巨化集团公司印刷厂印刷,内部发行。精装,16开本,14印张,14万字,174页,定价35元。《衢州市工商行政管理志》于1991年8月始编,1995年10月完成。

本志记述以现行市域为基本范围,上限尽力追溯,下限一般为1991年,大事记和部分章节延至1994年年末。着重记述解放后尤其是中国共产党十一届三中全会后工商行政管理的发展变化。

卷首题词4幅,彩照6页28幅。应兆寅作序一,邓超兴作序二。凡例7条;概述、大事记。正文9章22节。第一章机构设置(行政机构、共产党组织);第二章队伍与基础设施建设(队伍发展、教育培训、先进集体、先进个人、办公用房与车辆);第三章企业登记管理(企业登记、监督管理);第四章市场管理(城乡集市贸易、市场监督管理);第五章经济监督检查(打击投机违法活动、打击走私贩私、案件复查);第六章个体、私营工商业登记管理(个体、私营工商业登记、监督管理);第七章经济合同管理(合同管理、鉴证、监督管理、调解仲裁);第八章商标、广告管理(商标管理、广告管理);第九章挂靠协会(个体劳动者协会、消费者协会);卷末为编后话。

浙江图书馆,衢州市地方志办公室、市图书馆、市档案馆以及衢州市工商行政管理局等单位存藏。

1.30 衢州市建设志

衢州市建设志编纂委员会编。编委会主任徐文荣,副主任许林森、诸葛静;主编诸葛静,副主编范显镗。1996年8月浙江人民出版社出版(ISBN 7-213-01269-X/K.335)。浙江上虞印刷厂印刷。精装,16开本,36万字,印数2000册,定价46元。修志工作从1992年3月底启动,1994年6月完成30万字的送审稿,经3次修改,4易其稿,历时3年完成总纂。

本志记述时限上限依据编纂时掌握的资料而

定，下限至1990年。大事记延伸至1993年。

志书彩照24页74幅。题词6幅。地图4幅、序两篇、凡例、概述、大事记。正文10篇40章110节，另附历代重大灾害摘录和编后记。第一篇城市规划[市区规划、各县(市)城规划、管理]。第二篇市政工程(衢州古城池、市区街道、路灯、县城街道、防洪排水、桥梁)；第三篇公共设施(供水、城市公共交通、环境卫生、公共建筑、燃气、人防工程)；第四篇城市房地产(房屋建设、房地产管理、房产经营、白蚁防治)；第五篇建筑(勘察设计、建筑施工、建筑技术和施工设备、建筑业管理、建筑选记)；第六篇园林胜景(绿化、公园、胜景古迹)；第七篇村镇建设(集镇、乡村、村镇住房、村镇选录)；第八章机构设置[市级机构、政党、团体、城乡建设委员会直局企业、各县(市)管理机构]；第九篇人物(人物录、人物表)；第十篇从录(文告、文选、诗选、杂记)。卷末设编后记。

浙江省建设厅，浙江图书馆，衢州市地方志办公室、市图书馆、市档案馆存藏。

1.31 铜山源水库志

衢州市铜山源水库志编纂委员会编。编委会主任季乃宾，副主任徐玖如，委员徐金水、杨善、杜炳土、王东晓；主编杨善，副主编叶仲魁，特邀编辑劳乃强，编纂人员杜炳土、王东晓。

《铜山源水库志》于1990年4月开始组建编写班了，1992年10月，完成初稿试写，1997年4月初定稿。内部发行。

本志上起水库工程建设的发端，对一些需要溯源的事物，如灌区水旱灾情等酌情上溯；下限为1996年年末。

卷首彩照12页27幅，题词3幅，铜山源水库库区集雨面积和水系图、铜山源水库枢纽平面布置图、大坝纵横断面图和铜山源水库渠系图各一幅。衢县县委原书记袁芳烈作序一，衢州市人大常委会原副主任谢高华作序二。设序言、凡例、图片照片、概述、大事记，正文设地理环境、前期准备、枢纽工程建设、渠系工程建设、施工管理、工程管理、灌溉、经营管理、机构人事9章30节，附录为收录有关文件等资料。总体结构采取横排纵写。概述以叙为主，叙议结合；各章节正文，只记事实，一般不作评议；大事记以编年体为主，也适当采用纪事本末的记叙方法；附录的文件、合同、新闻报道等均按原件抄录或摘录。

浙江图书馆、衢州市地方志办公室及市铜山源水库管理局存藏。

1.32 衢州柑橘志

衢州柑橘志编纂组编。编纂组顾问阎寿根、谢高华、刘樟耀，总纂黄国善、张百寿、沈元龙、陈剑德。1997年8月，浙江人民出版社出版（ISBN 7－213－01477－3/K.400），浙江大学印刷厂印刷。精装护封32开本，12.25印张，29万字，368页，印数2000册，定价35元。《衢州柑橘志》编纂于1993年6月组建机构，初拟纲目，1995年9月完成总纂，1996年12月付梓。

本志记述以现行市域为基本范围，上限依事物的发端和掌握的资料而定，下限至1995年，大事记延伸至1996年。

卷首彩照8页24幅。衢州市政府副市长阎寿根作序一，市人大常委会原副主任谢高华作序二，中国柑橘学会副理事长、浙江农业大学教授沈德绪作序三。凡例9条；概述、大事记。正文10篇31章101节。第一篇地理环境（政区沿革、区域条件）；第二篇品种 栽培（品种、栽培技术、种植区域、种植体制）；第三篇自然灾害（低温冰冻雪害、高温旱害、涝风雹害）；第四篇病虫草鼠（病虫害、病虫检疫测报、病虫害防治、杂草、鼠害）；第五篇贮藏保鲜（采收、病害、保鲜方法、贮藏方式）；第六篇经营流通（购销渠道、销售供应、包装运输、等级标准）；第七篇加工利用（加工产品、加工机械）；第八篇科技活动（试验研究、软科学、技术培训、推广交流、科技成果）；第九篇机构 队伍（机构、技术队伍）；第十篇柑橘文化（书文载述、文学艺术、风俗习惯与文化活动）。卷末设丛录、资料考订录；编后记。

浙江图书馆，衢州市地方志办公室、市图书馆、市档案馆以及衢州市农业局等单位存藏。

1.33 衢州血防志

衢州血防志编委会编。编委会主任王荣正，主编裘忆慈。全志分文字及数据库两册，每册以市、县（市、区）为单位，即分为全市总情况、柯城、衢县、龙游、江山、常山、开化共7卷。文字部分每卷包括大事记、防治综述、血防工作专记。搜集文章82篇，44万字，91幅照片。数据库收入表格400张。1996年8月《血防志数据库》成书。1997年5月开始撰写《衢州血防志》汇总，1997年9月成书。内部发行。

本志记述上限事物的发端，下限至1996年。

征集资料时，请在血防战线工作过的58位人写了回忆文章，使防治史实更为完整。

浙江图书馆，衢州市地方志办公室、市图书馆和衢州市卫生局存藏。

1.34 衢州市卫生志

浙江省衢州市卫生局编。编委会主任王荣正、郑康法，主编邱明轩。1995年10月定稿，1997年12月，上海交通大学出版社出版，16开本，68.4万字，印数2030册，定价97元。

本志记述上限依事物发端及掌握资料而定，下限止1991年底，大事记及个别事物延伸至1995年。

全志设11篇43章105节263目。卷首有题词、图照、序言、凡例、概述、大事记，卷末为丛录、年鉴，照片200余张，图表100余幅。正文11篇：第一篇环境与居民（政区与环境、居民）；第二篇医疗（中 西医发展概况、医疗机构、医疗技术与设备）；第三篇防疫（防疫机构、鼠疫防治、传染病防治、寄生虫病 地方病 皮肤病防治）；第四篇血吸虫病防治（疫情与危害、血防组织与机构、综合防治）；第五篇公共卫生与爱国卫生运动（卫生运动组织与专业防治机构、公共卫生、爱国卫生运动）；第六篇妇幼保健（妇幼保健机构、妇女保健、儿童保健、节育技术指导与婚姻保健）；第七篇教育与科技（医学教育、教育机构、医药科技、科技组织与机构）；第八篇中、西药（中药、西药、经营单位与药检机构）；第九篇卫生行政（行政机构、辖区卫生机构设置、管理、卫生体制与医疗制度）；第十篇政党、社团（政党、群众团体、卫生团体、学术团体）；第十一篇人物（人物传略、卫生界名人、历届市及市以上党代会 人代会 政协会议代表 委员、获省厅及厅以上部门奖励者）。志末设丛录；1992—1995年卫生年鉴。

浙江图书馆，衢州市地方志办公室、市图书馆、市档案馆以及衢州市卫生局等单位存藏。

1.35 衢州市农村金融志

衢州市农村金融志编写组编。编纂领导小组组长夏建国，副组长冯照华、张皓、程建会。主编冯照华，副主编吾四水。1998年3月，方志出版社出版（ISBN 7－80122－

284－9/F.3)，北京未来科学技术研究所印刷厂印刷。精装，16开本，20印张，32万字，303页，印数1500册，定价48元。《衢州市农村金融志》1991年开始编纂，1997年完成。

本志记述以衢州市行政区域为限，上限追溯到事物发端，下限至1995年年末，某些内容延至1996年年底，重点记述解放后，尤其改革开放后的农村金融事业。

卷首题词3幅，彩照12页42幅，衢州市农村金融机构分布图1幅。冯照华作序一，夏建国作序二。凡例9条；概述、大事记。正文8篇29章87节。第一篇机构(典当、钱庄、解放前经办农金业务机构、解放后经办农金业务机构)；第二篇农村货币流通及管理(货币流通、农村现金管理)；第三篇筹资 融资(存款、债券、期票、股金拆借、信用卡、证券)；第四篇贷款 民间信用(农业贷款、工商业贷款、贷款清理、豁免、核销、民间信用)；第五篇会计 出纳(会计、出纳、会计出纳人员配备及考核)；第六篇管理与监督(农村信贷资金计划管理、存贷利率管理、财务管理、经营责任制、稽核审计、纪检、监察、保卫)；第七篇组织 文化 设施建设(党群组织、队伍建设、文化教育、设施建设)；第八篇人物传 先进荣誉录(人物传、光荣榜、夺魁记)。卷末设附录；后记。

浙江图书馆，衢州市地方志办公室、市图书馆、市档案馆以及衢州市人民银行、衢州市农业银行等单位存藏。

1.36　衢州市土地志

衢州市土地志编纂委员会编。历任编委会主任江云珊、黄昌煜；主编沈元龙，副主编阮文烈。1999年6月，中华书局出版(ISBN 7－101－02216－2/Z.272)，浙江方志出版咨询服务中心排版，中国人民解放军第1201印刷厂彩印印刷，北京顺义先进印刷厂正文印刷，精装，16开本，32.625印张，插页16页，55万字，印数1200册，定价90元。本志自1996年1月启动，1998年12月通过验收，历时3年完成。

本志以现行市域为基本范围，上限因事而异，力求追至事物发端，下限1997年。

志首设综述、大事记，序言4篇，凡例8条。正文设4篇21章84节。第一篇概况篇（地域环境、国土资源、土地与人口、土地资源利用现状）；第二篇开发篇（历代农地开发、红壤丘陵开发、林地开发、农田地力开发、城乡建设用地）；第三篇制度篇（封建土地制、土地所有制改革、土地使用制度改革、土地市场、土地赋税）；第四篇管理篇（规划管理、地籍管理、建设用地管理、土地保护、土地监察、科技与档案、机构与队伍）。志末设丛录。

浙江图书馆，衢州市地方志办公室、市图书馆存藏。

1.37 衢州法院志

浙江省衢州市中级人民法院编。编委会主任王和，顾问卢锦良；主编王和，副主编方加倍、应岳武、叶赛舟。衢州新华印务有限公司印刷，内部发行。精装护封，16开本，31.5印张，50万字，494页，印数2000册。《衢州法院志》1993年年初始编，1998年2月重启。1999年10月编就付梓。

本志记述以现行市域为基本范围，上限追溯到事物发端，下限截至1997年年末。

卷首彩照16页56幅。衢州市中级人民法院作序1篇。地图2幅：衢州市人民法院及人民法庭分布图、衢州市区图。凡例7条；综述、大事记。正文10章42节。第一章审判机构与人员（历代机构与人员、民国时期机构与人员、建国后机构与人员）；第二章审判队伍建设（队伍发展、司法改革、思想建设、业务培训、制度建设、廉政建设、先进荣誉）；第三章审判原则与程序制度（概况、审判原则、审判程序、审判制度）；第四章刑事审判（概况、反革命案件的审判、普通刑事案件的审判、少年刑事案件的审判、减刑、假释、特赦）；第五章民事审判（概况、婚姻家庭案件的审判、财产权益案件的审判、其他案件的审判）；第六章经济审判（概况、经济合同案件的审判、经济权属纠纷案件的审判、企业破产案件的审判）；第七章行政审判（概况、行政案件的审判）；第八章审判监督（概况、刑事审判监督、民事、经济、行政审判监督、告诉申诉）；第九章案件执行（法院生效案件的执行、行政机关生效案件的执行、执行大会战）；第十章司法行政（档案管理、法医、综合治理、调查研究与业务指导、调解组织与律师、后勤保障）。卷末设附录（文告、印章、总结、意见、规章制度、庭审纪实、先进荣誉名录、学术论文）；编后记；修志人员名单。

浙江图书馆，衢州市地方志办公室、市图书馆、市档案馆以及衢州市中级人民法院等单位存藏。

1.38 衢州市金融志

浙江省衢州市金融志编纂委员会编。1993年至1997年编纂委员会主任陈志高,1998年编纂委员会主任曹鸣风。主编殷汉民,副主编王治文、程森康、汪继开。1999年11月中华书局出版(ISBN 7-101-02345-2),煤田地质局制图印刷厂印刷。精装护封,16开本,25印张,43.5万字,384页,印数1200册,定价80元。《衢州市金融志》于1993年开始编纂,1999年完成。

本志记述以现行市域为基本范围,上限以事物之发端及所掌握的资料而定,下限为1993年,另加1994—1998年金融工作概况、统计数表及机构名录。

卷首彩照8页27幅。陈志高作序一,曹鸣风作序二。凡例10条;概述、大事记。正文5篇29章69节。第一篇货币(通货、货币流通);第二篇机构(典当、钱庄、银行、其他金融机构、党群组织);第三篇业务(存款、储蓄存款、工业贷款、商业贷款、农业贷款、固定资产贷款、民间借贷、外汇业务、保险业务、信托业务、信用卡、结算、国家金库、代理国债);第四篇管理(金融机构管理、信贷计划管理、金银管理、利率管理、现金管理、工资基金管理、会计出纳、计算机在银行的应用、集资、拆借、基金会、基本建设拨款监督、专业技术职称评聘);第五篇专项记述(毗邻地区金融活动、光荣榜、金融人物传略)。卷末设附录;编后记。

浙江图书馆,衢州市地方志办公室、市图书馆、市档案馆以及衢州市人民银行等单位存藏。

1.39 衢州市电力工业志

衢州市电力工业志编纂委员会编。编委会主任徐显光,主笔叶伟。1987年6月成立编委会,2000年7月由中华书局出版,彩页由浙江临安美术彩印厂印刷,正文由浙江临安电力印刷厂印刷,精装,16开本,15.25印张,25万字,232页。

本志记述上限1919年,下限1990年,大事记延伸至1999年。

卷首有衢州市电网地理接线示意图1幅,彩页6.5页42幅,题词1幅,序言1篇及目录、凡例、概述。正文

7章。第一章发电（火力发电、水力发电）；第二章电网［110千伏电网、220千伏电网、县（市）电网］；第三章供电（电力调度、线路运行、变电运行、变电设备检修、供电量与线损、安全供电）；第四章用电（用电结构、用电平衡、电力营业）；第五章农电（农电设施、用电分类、农电管理、农村电工、农电安全、农电标准化建设）；第六章供电企业［衢州电力局、县（市）供电企业］；第七章党群（共产党组织、群众团体）；卷末有大事记、附录和编后记。

浙江图书馆，衢州市图书馆等单位存藏。

1.40　衢州孔氏南宗家庙志

衢州孔氏南宗家庙志编纂委员会编，编委会主任孔祥楷，主编谢昌智。本志1999年始编，2001年11月由浙江人民出版社出版，杭州富春印务有限公司印刷，精装护封，32开本，8.5印张，19.7万字，240页，印数2000册。定价25元。

本志记述孔氏南宗随宋室南渡，赐家衢州，建立家庙以来的历史与现状。

卷首有彩照10页22幅，有序2篇及凡例、目录、概述、大事记。第一章南宗（南渡、封爵、世系、支系）；第二章家庙（菱湖家庙、城南家庙、新桥街家庙、建筑特色）；第三章孔府（机构、特权、田产、宗族）；第四章祭祀（礼仪、丁祭乐、佾舞）；第五章家塾（家塾、著述、名贤）；第六章人物；第七章文物（楷木像、祭器、乐器、古籍、书画、存碑刻目录、存碑文目录）；第八章艺文（诗、楹联、文、杂记）。卷末设后记。

浙江图书馆，衢州市地方志办公室、市图书馆等单位存藏。

1.41　衢州公安志

衢州公安志编纂委员会编。编委会主任王和，顾问王茂清、胡方增；主编王和，副主编陈位平、钟国庆、沈元龙、方加倍。扉页由公安部原部长王芳题写志名。2002年9月，中华书局出版（ISBN 7－101－03598－1/K·1513），上海市印刷一厂印刷。精装护封，16开本，38.25印张，90万字，595页，印数1500册，定价120元。《衢州公安志》编纂工作1987年5月启动，后因故至1996年中辍。2000年重新启动，至2002年9月完成。

记述以现行市域为基本范围，上限追溯到事物发端，下限截至2000年年末。

卷首题词1幅，彩照31页135幅，衢州市公安机关分布图1幅。市委书记蔡奇作序一，市委常委、市公安局长王和作序二。凡例9条；概述、大事记。正文5编28章132节。第一编机构沿革（清、民国时期警察机构、人民公安机关、中国人民武装警察部队）；第二编惩治犯罪（清剿武装股匪、反间谍特务斗争、镇反肃反运动、打击反革命活动、取缔非法邪教组织、惩治刑事犯罪、侦破刑事大案、惩治经济犯罪、预审与监管）；第三编治安保卫（治安行政管理、清除社会丑恶现象、查处治安案件、群众治安保卫、户政管理、出入境管理、林业治安管理、内保与警卫）；第四编交通 消防（道路交通管理、巡特警、消防）；第五编公安建设（法制建设、秘书行政、科技装备、队伍建设、爱民为民活动、立功创模与英烈）。卷末设丛录；编纂始末。

浙江图书馆，衢州市地方志办公室、市图书馆、市档案馆以及衢州市公安局等单位存藏。

1.42 衢州市建设职业学校志

衢州市建设职业学校志编纂委员会编。编委会主任徐南昌，主编陈贵耀。本志2002年内部编印，16开本，138页。

本志记述上限1984年，下限2000年。

卷首有彩照6页36幅，正文分12部分，分别为概述、沿革与记事、起步与发展、组织与管理、基地与建设、办班与发证、荣誉录、规章制度、机构与管理（市局职工教育委员会、考试领导小组、行政机构、党组织）、人员编制［编内人员、管理工作人员（含临时）、服务人员（含临时）、任课教师］、各专业（含专业证书）班学员名单、附录，卷末编后话。

衢州市图书馆等单位存藏。

1.43 浙江省衢州第二中学校志

浙江省衢州第二中学校志编纂委员会编。编委会主任徐建平，主编徐建平，执行主编沈性白。此志为纪念建校50周年而编。2002年11月，本志编纂委员会成立，2003年9月内部编印，衢州新华印务有限责任公司印刷，82万字，印数6000册，精装，16开本。

本志记述上限1953年，下限2003年。

卷首有全国人大常委会副委员长彭珮云题词现场照及题词各1幅、衢州二中建校

50周年全体教工合影1幅，序1篇及大事记。正文14章。第一章学校的创建与发展（学校的创建、艰难的历程、抓住机遇、谋求发展）；第二章机构与管理（机构沿革、岗位职责、党群组织、管理制度）；第三章教学与科研工作（学制与课程、教学管理、课堂教学、现代教育技术的应用、教学科研、教学成果）；第四章德育工作（思想政治课、日常思想教育、学术团体活动）；第五章体育（体育课与课外活动、业余体校、教职工体育与军事体育、体育设施、体育竞赛）；第六章卫生（卫生教育、疾病防治、环境卫生、食堂卫生、计划生育）；第七章音乐 美术 校园文化（音乐教育、美术教育、校园文化）；第八章勤工俭学（校办农场、校办企业）；第九章教职工（教职工队伍基本情况、教师、工资、福利、住房、考核与奖励、离退休教职工管理）；第十章学生（生源、助学金与奖学金、学生管理、学科竞赛、毕业生去向）；第十一章经费与设施（经费、设施）；第十二章内外交流（国内交流与协作、海内外交流与出国访问考察、国际教师交流与聘任、来访的外国人士与代表团）；第十三章教育集团初具规模（衢州市信达学校、衢州华茂外国语学校）；第十四章文录。卷末设附录（历届学生名录、在校学生名录、衢州华茂外国语学校学生名录、衢州市信达中学学生名录）和后记。

浙江图书馆，衢州市图书馆，衢州第二中学等单位存藏。

1.44 衢州市质量技术监督志

衢州市质量技术监督局编。编纂委员会主任方华，副主任方锦坤、程鸿彬、詹庄国、吴海良。主编郑国明、吴明然。属《浙江省质量技术监督志·衢州卷》，系内部发行。2002年6月开始编纂，2004年11月完成。

本志上限依据编纂时掌握的资料尽量溯源，下限至2002年。

卷首彩照20页55幅。衢州市政府副市长张兵作序；凡例8条；概述、大事记。正文11篇48章93节。第一篇机构沿革简述［行政管理机构、事业（技术）机构、编制与经费、档案管理与利用］；第二篇计量工作简述(法制计量、量值传递与溯源、工业计量、商贸计量管理、医疗系统计量管理、计量器具制造修理);第三篇标准化工作简述(标准化法律制度、工业标准化、标准实施与监督、采用国际标准、农业标准化、标准化信息服务);第四篇质量管理(质量兴市、生产许可证制度、名牌战略);第五篇质量监督[产品质量监督抽查、产(商)品质量专项整治、质量监督抽查的后处理、打假治劣];第六篇认证与认可(质量认证、计量认证、实验室认可);第七篇锅容管特安全监察(锅容管特的设计、制造、安装许可证管理、锅容管特的普查整顿、锅容管特的安全监察、锅容管特的事故调查与处理、锅容管特案件查处);第八篇法制建设与行政执法(质量技术监督法制建设、行政执法责任制、政务公开制度、提高执法水平、加大执法力度);第九篇垂直管理与系统建设(垂直管理体制的实施、系统组织建设、思想政治与作风建设);第十篇直属事业单位概况(衢州市质量技术监督检测中心、衢州市质量技术监督稽查队、衢州市锅炉压力容器检验所、衢州市劳动安全卫生监测站);第十一篇各县(市)局、区分局简志(衢州市质量技术监督局柯城区分局简志、衢州市质量技术监督局衢江区分局简志、龙游县质量技术监督局简志、江山市质量技术监督局简志、常山县质量技术监督局简志、开化县质量技术监督局简志)。卷末设附录;编后记。

浙江图书馆,衢州市地方志办公室、市图书馆、市档案馆以及衢州市质量技术监督局等单位存藏。

1.45 衢州市科学技术志

衢州市科学技术志编纂委员会编。编委会主任胡立川,副主任范洁红、朱士华;主编胡立川,副主编陈剑德、兰卫国、范洁红、朱士华。2005年1月,浙江科学技术出版社出版,浙江印刷集团有限公司印刷,浙江省新华书店发行。精装护封,16开本,27.5印张,380页,定价70元。《衢州市科学技术志》于20世纪90年代始编,后因故中辍,2002年10月重启。2004年10月编就付梓。

本志记述以现行市域为基本范围,上限追溯到事物发端,下限截至2001年年末,个别事项到2002年年末。

卷首彩照4页18幅。中共衢州市委原书记茅临生、厉志海题词各1幅,市政府副市长郑樟林作序1篇。衢州政区图1幅。凡例8条;综述、大事记。正文4篇25章84节。第一篇资源管理篇(科技队伍、研究开发机构、科技管理机构、学术团体)；第二篇决策活动篇("科教兴市"战略与科技创先、科技经费与科技计划实施、成果、专利、技术市场、科技普及推广、科技与学术交流、科技奖励、高新技术产业化和信息化建设)；第三篇经济建设篇(农业、果树、林业、养殖业、冶炼、机械、电工器材、化工、轻工、纺织、食品、高新技术及其应用)；第四篇社会发展篇(资源调查与区划规划、气象、水利、能源、地震、地质、矿产、测绘、建筑、交通、医药卫生、环境保护、行业标准与软科学)。卷末设丛录(文献诗词选录、历史诗词、科技文献选编)；后记。

衢州市地方志办公室、市图书馆、市档案馆以及衢州市科学技术局等单位存藏。

1.46　衢州市政协志

衢州市政协志编纂委员会编。主编童效武，副主编傅秀祥、祝瑜英、龚泽球、姚庆云、毛洪才、王延生、欧阳建华、汪惠芳，编写组主任郑康法，责任编辑李沛、潘玉光。《衢州市政协志》2004年9月始编，2005年4月方志出版社出版，衢州教育印刷厂印刷。精装护封，16开本，36.5印张，53.9万字，575页，印数1000册。定价100元。

本志记述上限1985年7月中旬，下限截至2005年4月中旬。记述以现行市域为基本范围。为体现政协性质，记述衢州市政协建立20年的历史，以及各民主党派、商会、衢属县级政协围绕市政协职能的工作。

卷首彩照22页81幅。《衢州市政协志》编委会作序1篇。凡例7条；概述、大事记。正文6篇16章57节。第一篇组织机构(委员组成、领导班子、工作机构)；第二篇职能工作(政治协商、民主监督、参政议政)；第三篇日常事务(团结联谊、学习宣传、文史征编、机关工作)；第四篇民主党派 工商联 县级政协(民主党派、工商联、县级政协)；第五篇人物简介(政协领导、委员风采)；第六篇文献选录[会议文件、资政建言(存目)]。卷末设后记。

浙江图书馆，衢州市地方志办公室、市图书馆、市档案馆以及衢州市政协等单位存藏。

1.47　衢州市教育志

衢州市教育志编辑委员会编。编委会主任姚宏昌，主编徐海水。2004年志书始编，2005年9月杭州出版社出版，浙江省邮电印刷厂印刷，精装，16开本，29印张，70.5

万字，449页。定价180元。

本志记述上限追溯到各类教育发端，下限2004年。

卷首题词2幅，衢州市城区学校布局图1幅，彩照（内含题词）13页70幅，有序2篇及凡例、目录、概述、大事记。正文14篇62章：第一篇官学 书院 书塾（发展概况、官学、书院、学塾、科举）；第二篇学前教育（发展概况、教养任务与学制、保育教养、园务管理、幼儿园选介）；第三篇义务教育（发展概况、小学教育、特殊教育、初中教育、德育、体育与卫生、学校管理、学校选介）；第四篇普通高中教育（发展概况、教育任务与学制、德育和体育卫生、学校管理、学校选介）；第五篇中等职业技术教育（发展概况、教育任务专业与学制、技工教育、学校选介）；第六篇中（初）等师范教育（发展概况、中等师范学校、教师进修学校、学校选介）；第七篇高等教育［发展概况、衢州学院（筹）、衢州电大学校选介］；第八篇成人教育（发展概况、扫除文盲教育、文化技术教育、自学考试、学校选介）；第九篇教师（发展概况、教师资格与任用、教师培训、教师待遇、民办教师）；第十篇教学研究（发展概况、教育研究活动与教育改革实验、教育研究组织与教育报刊）；第十一篇经费与设施（经费、设施与装备）；第十二篇勤工俭学（发展概况、中小学劳动教育、校办企业、勤工俭学管理机构、校办企业选介）；第十三篇教育行政与党群组织（教育行政机构、教育管理体制、教育督导、国际教育交流、党群组织）；第十四篇教育人物（人物传略、人物名录）。卷末有附录2篇及后记。

浙江图书馆，衢州市地方志办公室、市图书馆及衢州市教育局等单位存藏。

1.48 衢州市卫生系统编年志（1985—2004）

衢州市卫生局编。2001年夏，衢州市卫生局决定编辑《衢州市卫生系统组织史》，并编写大事记，因大事记内容较多，条理难清，须细分条目，拟以《编年志》命名，并建立编委会，主任柴伊玲，副主任杨云贵、王金顺、陈英娟，确定裘忆慈为责编。

修改稿于2002年10月完成后，因故搁置。2005年4月，决定完成编年志，并将下限延至2004年底，以纪念衢州建省辖市二十周年。2005年10月定稿。内部发行。全书共30余万字，统计表格293张。

卷首为市委书记孙建国题词一幅；照片193幅，

内容为督导关爱、春华秋实、医学交流、环境新貌、人事更迭等5组彩照。正文按事情发生的时间分十个栏目归类表述，不作评述。没有具体日期的列当年本月之末，没有月份的列当年之末。情况综述：是对一年来工作的综述描述，资料大多来自年度总结。重要事件：记录一年的重要活动，重大疫情，灾情发生时采取的防病措施和在衢州召开的全省性会议。检查督导：部、省级有关部门的领导对衢州市卫生工作的检查与督导。组织建设：含市局属医疗卫生单位、县（市、区）卫生局、市局中层干部的任命；中心卫生院以上的各类医疗卫生机构的设置、撤销与更名。创建达标：经省、市组织的各类考核和已批准的达标项目。表彰先进：记录全国、省、市级（包括市卫生局等）表彰的先进单位与个人。科技活动：获得市以上科技成果奖和获奖优秀论文；新项目、新技术的引进与应用；科技活动；主任医师的审评等。基建设备：主要基建项目的立项与竣工，重要医疗设备的购置与应用。媒体报道：搜集市以上报刊发表的专题评述、重要活动、人物事迹等。文件选目：市卫生局制订的政策性文件目录。统计数据亦按年分列，主要包括机构、床位、人员、固定资产、财政补贴、业务收入以及传染病防治、地方病防治、医技科研、卫生监督、改水改厕、妇幼保健等内容。文后附有衢州市卫生局人事变动，包括局领导的任命，内设机构与挂靠机构中层干部的变动等。

衢州市地方志办公室、市卫生局存藏。

1.49 衢州市计划生育协会志

衢州市计划生育协会编。编委会主任郑时宏兼主编，副主编叶赛舟、盛忠英。2003年4月，《衢州市计划生育协会志》编委会成立。5月初编纂工作启动，至2005年12月完稿。2006年6月，中国人口出版社出版，32开本，28万字，定价28元。

本志记述上限为1986年，下限为2003年。某些内容追溯和延伸。

卷首题词9幅，彩照15页56幅，市委副书记陈荣作序1篇，凡例10条、目录、概述。正文6章27节。第一章机构［衢州市计划生育协会，县（市、区）计划生育协会，乡（镇）、街道计划生育协会，基层计生协会］；第二章例会（会员代表大会，市计生协理事会，市计生协常务理事会）；第三章主要活动（宣传教育，“三生”服务，参与“新家庭计划”活动，创建项目基地，扶贫帮困助学，计划生育系列保险，民主参与和民主监督，协作交流）；第四章自身建设（壮大组织，规划管理，建立制度，调查研究，提高素质，激励先进）；第五章人物（人物传略，人物简介，名录）；第六章专记（浙江省马寅初人口福利基金会衢州市执行部，会员看病“一免四减半”——激励机制的一种有益探索，群众生育观念现状的调查纪实）；卷末设大事记；附录；后记。

衢州市地方志办公室、市图书馆及市卫生局存藏。

1.50 衢州检察志

衢州检察志编纂委员会编。历任编委会主任周鸿富、金连山，顾问苏祖根、张光健、杨品逸；主编黄礼元，编审沈元龙。扉页由最高人民检察院副检察长朱孝清题写志名。2008年4月，方志出版社出版（ISBN 978－7－80238－293－0/D.1），上海新华印刷有限公司印刷。精装护封，16开本，39.5印张，76万字，591页，印数1000册，定价128元。《衢州检察志》编纂工作2003年初启动，至2006年6月基本完成。

本志记述以现行市域为基本范围，上限追溯到事物发端，下限截至2003年年末，个别事项作适当延伸。

卷首彩照29页90幅。衢州市人大常委会副主任周鸿富作序1篇。凡例9条；概述、大事记。正文12章44节。第一章检察机构（民国时期检察机构、人民政权检察机构）；第二章刑事检察（审查批捕、审查起诉、侦查监督、审判监督）；第三章经济检察（打击破坏森林犯罪、打击偷税抗税犯罪、打击贪污贿赂等犯罪）；第四章法纪检察（侵权检察、渎职检察、重大责任事故检察、一般监督）；第五章监所检察（看守所检察、劳改劳教检察、监外执行检察、社会改造检察）；第六章控告申诉检察（控告、举报、申诉、复查、刑事赔偿）；第七章民事行政检察（民事审判检察、行政诉讼检察）；第八章职务犯罪预防（社会预防、个案预防、行业预防、同步预防）；第九章检察技术（检察技术建设、检察技术效应）；第十章文秘　宣传及档案（文秘调研、检察宣传、档案工作）；第十一章后勤装备（办公用房、交通工具、通讯器材、办公设施、枪支配备、检察经费、服装配发、干警住房）；第十二章队伍建设（概貌、教育、管理、培训、奖惩）。卷末设丛录（文献、内部规章制度、论文、检察官风采）；后记。

衢州市地方志办公室、市图书馆、市档案馆及衢州市人民检察院等单位存藏。

1.51 衢州市人民医院　衢州中心医院院志（1948—2007）

衢州市人民医院　衢州市中心医院院志编纂委员会编。1994年，衢州市人民医院

组织人员收集资料，走访健在老医务人员，整理20余万字的史实资料。2005年12月成立医院志编纂委员会及院志编写办公室，抽调专职编写人员。特邀56位医院工作过人员提供文字与口述资料。2008年，编纂委员会集体审核定稿后印刷成书，内部发行。

卷首凡例8条、概述、大事记。正文9章。第一章医院历史沿革（医院名称和隶属关系沿革、医院床位和人员结构沿革、科室设置沿革）；第二章医疗与护理（门诊部、急诊科、住院部、中医、社区服务、医技科室、护理工作、预防保健、质控中心）；第三章科研与教学（科研、论文、新技术、教学、医院人才管理及研究生的培养与引进）；第四章行政后勤管理（总务、基建、财务会计、选派医务人员援非援藏、医院信息管理、医疗设备管理）；第五章精神文明建设（精神文明建设、医院形象建设）；第六章部门设置及人事更迭（行政管理机构设置及人事更迭、职能部门设置及人事更迭）；第七章党派、工、青、妇、群众组织（中国共产党、民主党派、群众团体）；第八章荣誉汇编（集体荣誉、个人荣誉、获得医院年度先进集体与个人名录）；第九章人物（人大代表、政协委员、人物传略、历年高级职称人员、在职干部、职工名录、离休干部名录、退休人员名录、曾在本院工作人员名录）。卷末设编后记。

衢州市地方志办公室、市图书馆、市人民医院存藏。

1.52 衢州市供销合作社志

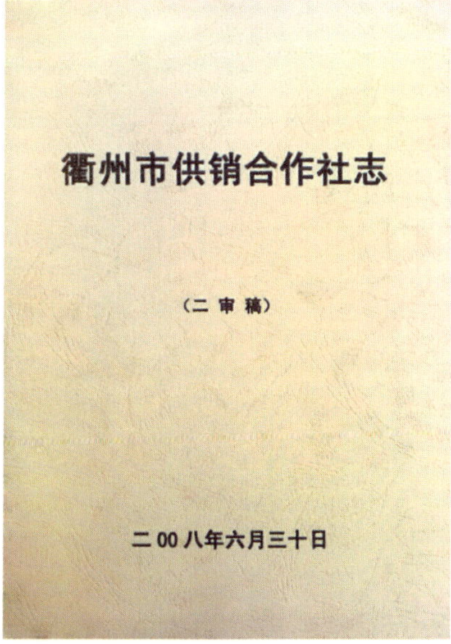

衢州市供销合作社编。主编刘金海，执行主编王启章，2008年6月完成二审稿，为内部资料本。

本志记述的时限，上限为所载事物之发端，下限至2005年年末。根据需要，某些内容酌情追溯或延伸。

全志设凡例12条，正文3篇19章50节，另有大事记、概述、附录。正文第一篇合作组织，下设2章：第一章中华民国时期的合作事业（信用合作社、战时合作社、合作金库、合作行政）；第二章新中国时期的合作事业［基层供销合作社、县供销合作社、市（地）供销合作社］。第二篇商品购销，下设11章：第一章棉花、蚕茧购销(棉花、蚕茧);第二章茶叶、柑橘购销(茶叶、柑橘);第三章土产品购销(柴炭、小土产);第四章竹材购销(毛竹、小竹);第五章农业生产资料购销(肥料、农药和药械、农具、农膜、耕畜);第六章日用杂品购销(土纸、陶瓷器、铁锅、夏令商品、烟花爆竹及其他);第七章废旧物资购销(收购、加工、销售);第八章畜产品购销(收购、加工、销售);第九章副食品购销(干鲜果〔瓜〕、干鲜菜调味品、其他副食品);第十章工业品购销(采购、供应);第十一章供销社工业(发展概况、主要企业)。第三篇经营管理,下设6章:第一章计划、统计(计划、统计);第二章财务会计(财务管理、会计核算);第三章行政物价(管理体制、商品价格);第四章劳动人事(职工队伍、定员编制、工资制度、职工福利);第五章职工教育(组织机构、办学形式);第六章经济体制改革(转换经营机制、产权制度改革)。附录为先进集体、先进人物名录和中、高级技术职称人员名录。

衢州市地方志办公室、衢州市供销合作社等单位存藏。

1.53 衢州民用航空志

衢州市民用航空管理局编。主编邵勤。2009年1月内部出版,准印证号:浙内图准字[2009]第001号,衢州新华印务有限责任公司承印。小16开本,6.2万字,印数500册。

本志记述上限依据编纂时所掌握的资料而定,下限至2008年11月底止。

有序言1篇、凡例8条、概述、大事记及正文13篇、编后记。第一篇机构[衢州市民航局(站)];第二篇机场(衢州机场、衢州民航站、场站管理);第三篇飞机　航线(机型、来源、航线、航班);第四篇客货运输(机构、运输服务);第五篇航空安检(机构、职责、设施、安检制度);第六篇航空机务(机构、设施、机务航线维修工作流程、故障处理、放行);第七篇航空油料(来源、管理、油库、运输);第八篇空中交通管制(机构、职责、部门职能、管制、规定);第九篇通信导航(机构、职责、工作、权限、分工);第十篇航空气象(机构、职责、气象工作应急保障方案、气象设备、气候特点);第十一篇科技　文化　教育(应用先进技术、更新航管装备、文化建设、专业培训);第十二篇党群团体(中国共产党组织、工会组织、共青团组织);第十三篇丛录(文告、文选、衢州籍寓外人士题词、诗选、国际友人赞衢州民航词、文)。

衢州市地方志办公室、市图书馆及市民航局存藏。

1.54 衢州市军事志

衢州市军事志编纂委员会编。编委员会主任吴熙杰。副主任姚小明、方士良、严三良、朱松海、方虎、胡浩、张正红、左何阳、王建强、蔡占平、顾海英。主编吴熙杰、副主编姜华清。2009年8月衢州新华印务有限责任公司承印，精装护封，16开本，63.25万字，656页，印数2000册。准印证：浙内图准字(2009)71号，内部发行。修志工作，早在1980年，成立衢州市军事志编纂领小组，军分区副司令员宋殿起为组长，1990年12月《衢州市军事志》启动。后暂停数年，2002年重新启动，2005年3月增加编纂力量。至2006年12月，完成军事志初稿，后经几次修改，历时7年多完成总纂。

本志记述上限追溯事物发端，下限止于2005年。

志书彩照31页98幅、地图6幅(衢州市行政区划图、衢州交通图、衢州市水系图、衢州市城区图、衢州市地理位图、衢州市地貌图)。志名由南京军区司令员朱文泉题写。衢州军分区司令员张明德、政治委员顾玉龙作序。有凡例、概述、大事记。正文11篇41章149节。第一篇军事环境(地理形势、自然地理环境、军事要地、环境影响、交通通信、经济与人文环境)；第二篇军事组织(军事机构、驻军、地方武装)；第三篇兵役(兵役制度、机构与管理、征兵程序与方法、优怃与安置)；第四篇军事工作(军事训练、军队行政管理、战备工作)；第五篇政治工作(党的组织建设、干部工作、宣传教育、双拥工作)；第六篇后勤与装备保障(后勤保障、装备保障)；第七篇国防动员(党管武装、国防动员体制、国防动员准备、国防动员演练、人民武装部建设)；第八篇民众武装(宋至民国民众武装、中华人民共和国成立后民兵组织、军事训练、政治教育、后勤与装备保障、主要作用)；第九篇防空(机构与队伍、设施建设与管理)；第十篇战事(东周至清代重大战事、民国时期战事、中华人民共和国成立后的战事)；第十一篇军事人物(传略、英名录、职官表)。另有附录(文献、文选、参考书目、编纂始末)。

南京军区、浙江省军区，衢州军分区及各县(区)人武部，衢州市地方志办公室、市图书馆、市档案馆存藏。

1.55 衢州市交通志(1985—2007)

衢州市交通局编。编委会主任吴茶香,副主任朱耀荣,主编潘玉光。2010年11月,方志出版社出版(ISBN 978－7－80238－945－8/F.64),衢州新华印务有限公司印刷。精装,16开本,21.5印张,38.8万字,313页,印数1000册,定价80元。2008年8月,拟出纲目和编纂方案,9月成立局编纂委员会,2009年3月完成征求意见稿,8月编成初审稿。12月18日邀请专家评稿,2010年2月形成送审稿。

本志上限为1985年,下限为2007年,某些重要大事适当上溯或下延。

该志设序10篇、凡例8条、概述。正文设6篇19章。第一篇基础设施(公路、水路、铁路、民航、站场、城区主要道路);第二篇运输(公路运输、水路运输、铁路运输、民航运输、市区公共交通);第三篇企业(公路运输企业、水路运输企业、工程建设企业);第四篇管理(管理机构、行业管理);第五篇科技 教育(科技、教育、先进集体和个人);第六篇丛录(文辑、统计表)。卷末设大事记。

浙江图书馆,衢州市地方志办公室、市图书馆存藏。

1.56 衢州市建筑业志

衢州市建筑业志编纂委员会编。编委会主任李邦勤、方正则,副主任傅金生、范家明、樊笑安、季日新、徐聘、范峻民。主编韩明臣,副主编官正春、林元春。2011年12月,方志出版社版(ISBN 978－7－5144－0343－5/F.38),衢州文捷印刷有限公司印刷。精装护封,16开本,98.8万字,988页,印数1200册,定价200元。修志从2002年开始,后搁置6年。2008年5月重新启动,至2011年8月完成终审稿,历时4年完成总纂。2017年5月,被中国建筑业协会评为全国建筑业经典史志成果。

本志记述上溯事物的发端,下迄2008年,个别内容延至事物的下限。

志首彩照10页20幅，地图2幅(衢州市在浙江省位置图、衢州市行政区划图)。序1篇，凡例12条，综述，大事记。正文6篇41章156节，丛录(碑记、诗词、楹联、文告、后记)。第一篇:队伍(从业人员、勘察设计单位、施工企业、人物)；第二篇勘察设计　施工(工程地质勘察、设计、施工技术、内外装饰、设备安装、电力线路架设、材料、工具、设备、旧城改建)；第三篇古建筑(居民、水利设施、交通设施、防御工事、公共建筑、商铺、会馆、宗教设施、纪念建筑、其他古建、古建筑的损毁与保护)；第四篇现代建筑(住宅、公共建筑、交通设施、水利设施、发电厂、输变电站、农林设施、煤窑、索道、环境设施、经济开发区建筑、防空设施、其他建筑)；第五篇管理(管理机构、资质管理、施工管理、建设监理、建筑市场管理)；第六篇文化(教育、科技、传统建筑文化、城市雕塑、现代企业文化)。

浙江省建设厅，衢州市地方志办公室、市图书馆、市档案馆存藏。

1.57　浙江省衢州第二中学校志续编(2008—2013)

浙江省衢州第二中学校志编纂委员会编。编委会主任、主编潘志强，副主任、副主编沈卫军，编纂毛建清。2013年10月，衢州日报商务彩印有限责任公司印刷，内部发行，40万字，印数2500册，精装，16开本。

本志记述上限2008年，下限2013年。

卷首印有校训、校风、教风、学风以及学校精神，中共衢州市委常委、宣传部部长诸葛慧艳序1篇，衢州二中校班子成员合影1幅，衢州二中建校60周年校庆全体教职工全家福1幅以及各科教研组、教务组、保卫组、后勤组合影19幅。

正文之前为《学校发展中长期规划》，共分4个部分:第一部分衢州二中办学历史回顾；第二部分学校态势分析；第三部分学校中长期发展的战略目标；第四部分学校中长期发展的保障措施。正文11章。第一章机构与管理(机构与职能、党群组织)；第二章教学与教育科研(深化课程改革、教学管理、课堂教学、教学科研、教学成果)；第三章德育工作(政治课教育、日常思想教育、社团活动、安全工作)；第四章音体美工作(体育课与课外活动、音乐教育、美术教育、业余体校、教职工体育与军训、体育竞赛)；第五章卫生工作(健康教育、疾病防治、环境卫生、食堂卫生)；第六章校园文化(儒学校园、国际理解教育校园、绿色低碳校园)；第七章教职工(教职工队伍基本情况、培养与考核、社会活动及荣誉、工资、住房)；第八章学生(生源、助学金与奖学金、学生管理、学科竞赛);第九章经费与设施(经费、设施);第十章内外交流(国内交流与合作、对外交流与合作);第十一章办学规模与拓展(华茂外国语学校初中部、华茂外国语学校高中部)。卷末大事记、学生名录。

衢州市图书馆、衢州第二中学等单位存藏。

1.58 衢州市教育志(2005—2014)

衢州市教育志编纂委员会编。编委会主任徐朝金,主编梅雪中,副主编杜一礼(常务)、黄坚、姚文湧。本志2014年年末始编,2015年9月由浙江人民出版社出版,杭州富春印务有限公司印刷。精装16开本,26.75印张,65.5万字,417页,定价200元。

本志记述上限2005年1月,下限2014年12月。

卷首有衢州市城区学校布局图、柯城区农村学校布局图、衢江区学校布局图、龙游县学校布局图、江山市学校布局图、常山县学校布局图、开化县学校布局图7幅,彩照35页101幅,有序2篇及凡例、目录、概述、大事记。正文14篇:第一篇学前教育(发展概况、班级保育与教育、课程与教材、幼儿园管理、家长工作与社区服务、幼儿园选介);第二篇义务教育(发展概况、课程、教学、德育、体育与健康、卫生与保健、艺术与科普教育、特殊教育、学校管理、学校选介);第三篇普通高中教育(发展概况、招生与教学、德育、体育、卫生、艺术教育、学校管理、学校选介);第四篇中等职业教育(发展概况、教育任务、专业与学制、教学、教学活动与成果、德育、体育、卫生与艺术、社会培训与就业服务、学校管理、学校选介);第五篇高等教育(发展概况、衢州学院、衢州职业技术学院、衢州广播电视大学);第六篇成人教育(发展概况、扫盲工作、文化技术教育、自学考试、学校选介);第七篇教师(概况、教师资格与任用、教师培训、教师待遇);第八篇教育教学研究(部门职能、教研活动、学术团体与教育报刊);第九篇教育交流与合作(内地交流与合作、港澳台交流与合作、国际交流与合作);第十篇经费 设施与校园安全(经费、设施、校园安全);第十一篇教育行政与党群组织(教育行政机构、教育管理、党群组织);第十二篇教育督导(机构与职能、督学与督政);第十三篇教育人物(人物传、人物简介、人物名录);第十四篇丛录(文件选编、市政府关于教育类规范性文件目录选、市教育局规范性文件目录选、要闻选编)。卷末设后记。

浙江图书馆,衢州市地方志办公室、市档案馆、市图书馆及衢州市教育局等单位存藏。

1.59 衢州市水利志

衢州市水利志编纂委员会编。编委会主任王盛洪，副主任黄李承；主编童冠寿，副主编徐方雄。中国文史出版社2016年9月第一版，中国版本图书馆CIP数据核字（2016）第218329号。金华日报商务彩印有限公司印刷。精装，16开本，60印张，113.1万字，918页，印数500册，定价360元。

《衢州市水利志》编纂工作始于2004年5月，2006年5月完成资料收集，2008年12月完成志书草稿。尔后经补充、修改、送审，至2015年10月付梓。

本志记述上起水事发端，下迄2003年，个别史事适当延伸。

卷首序言2篇（序一为省水利厅原厅长、党组书记钟世杰，序二为衢州市政府副市长朱建华），凡例10条、概述、大事记；彩照15页46幅，主题为：安澜兴帮、城防工程、水库水电站、农村供水、生态渔业；地图3幅：衢州市主要水利工程分布图、衢州市行政区划图、衢州市水系图；概述；大事记。正文13篇53章144节。第一篇自然环境（自然概况、水系、气候、水文、水资源、水能资源）；第二篇水旱灾害 防汛防旱（水旱灾害、防汛防旱）；第三篇防洪工程（河道治理、城市防洪）；第四篇灌溉 供水（蓄水工程发展概况、大型蓄水工程、中型蓄水工程、小型蓄水工程、引水工程、提水工程、灌区工程、灌溉面积、城乡供水）；第五篇水力发电（中型水电站、小型水电站、小型水电站管理）；第六篇山地丘陵治理开发（水土保持、红壤丘陵开发、低产田改造、自力更生治水县与粮食自给工程）；第七篇渔业（发展概况、渔业自然环境与资源、养殖与捕捞、渔政、渔船监督管理）；第八篇水利管理（管理组织、水资源管理、工程管理、灌区管理、综合经营）；第九篇基础工作 施工（资源调查、水文工作、勘测设计、工程施工）；第十篇科技（试验研究、水工建筑物、节水灌溉、技术改造、科技队伍与水利学会、科技成果）；第十一篇水政（机构、水行政管理与违法处罚、水利移民、水利经费）；第十二篇人物（传略、荣誉谱）；第十三篇丛录（文告、碑记、杂记、诗词、传说）。卷末设专家评审组名单；编后记。

浙江省水利厅、衢州市地方志办公室、市档案馆、市图书馆和市水利局等单位存藏。

柯城区志书

烂柯山

柯城区志书编修一览

表2

序号	书　名	编修(出版)时　间	编　修　者	收　藏　单　位
		综　合　志		
一、区　志				
2.1	柯城区志	2005年8月	柯城区志编委会	浙江图书馆,宁波天一阁,衢州市地方志办公室、市图书馆、市档案馆,柯城区档案馆、区各单位档案资料室
二、村　志				
2.2	小南门村志	1994年	小南门村志编委会	衢州市地方志办公室,柯城区档案馆、小南门村图书馆
2.3	航埠村志	1995年12月	航埠村志编委会	衢州市图书馆,衢县档案馆、柯城区档案馆、航埠镇政府图书室、村图书室
2.4	石室街村志	2008年	徐承榜	柯城区档案馆、石室乡政府图书室、村图书室
2.5	沙埠谱·志	2009年7月	沙埠谱志编纂委员会	衢州市图书馆,柯城区档案馆、村图书资料室、村民家庭
2.6	碗窑碗东村志	2013年6月	碗窑碗东村志编纂小组	柯城区档案馆
		专　志		
2.7	〔明万历〕烂柯山志	明万历末年	瞿溥纂	天津图书馆
2.8	〔明天启〕烂柯山志	明天启年间	徐日炅纂	久　佚
2.9	〔清顺治〕烂柯山志	清顺治四年	冷时中纂	久　佚
2.10	〔清〕续修烂柯山志	清	潘世懋纂	久　佚

续表2

序号	书　名	编修(出版)时　间	编　修　者	收　藏　单　位
2.11	〔清光绪〕烂柯山志	清光绪三十二年	郑永禧纂	浙江图书馆
2.12	〔清光绪〕游烂柯山记	清光绪	未著撰人名	摘自《浙江游览志》卷18
2.13	浙江灵鹫山志	民国三十七年(1948)	徐映璞	中科院文献情报中心(原稿)、柯城区档案馆
2.14	烂柯山志	1998年7月	烂柯山志编纂领导小组	衢州市地方志办公室、市图书馆、市档案馆,柯城区档案馆
2.15	浙江省衢州市柯城教育志	1998年12月	柯城区教育志编纂委员会	浙江图书馆,衢州市图书馆,柯城区档案馆、区教文体局档案资料室
2.16	衢州市柯城区土地志	1999年2月	柯城区土地志编纂委员会	浙江图书馆,衢州市地方志办公室、市图书馆,柯城区档案馆、区土管局档案资料室
2.17	衢州市柯城区军事志	2010年10月	衢州市柯城区军事志编纂委员会	柯城区档案馆、柯城区人武部资料室
2.18	峥嵘山志	2010年12月	汪筱联　叶裕龙	浙江图书馆,衢州市地方志办公室、市图书馆、市档案馆

柯城区志书

综合志

一、县(区)志

2.1 柯城区志

衢州市柯城区志编纂委员会编。名誉主任吴国升,历任编委会主任金运成、朱建华,副主任蔡晓春、蔡方林、郑晓霞,主编韩志宏。2005年8月方志出版社出版(ISBN 7－80192－585－8/K.421),上海新华印刷有限公司印刷。精装护封,16开本,66.125印张,131.9万字,1026页,印数2000册,定价260元。参与编纂和提供资料长编105人。修志工作2003年8月启动,历时2年。

本志记述上限一般上溯事物之发端,下限至2003年。对个别事物的记述延伸至脱稿之时。

志首彩照32页90幅,主题为历史名城、领导关怀、柯城新颜、柯城特产、湖光山色、文化教育、艺海撷英、出土文物、名山胜地。地图2幅(2005年柯城区行政地图、城区地图);序4篇(省方志学会会长魏桥作序一,区委书记吴国升作序二、区长金运成作序三、代区长朱建华作序四);凡例10条、概述、大事记。正文32编143章497节。第一编政区地理(建置、区划、地理);第二编街道乡镇(街道、社区、乡镇、村庄选介);第三编人口(人口规模、变动、构成、姓氏、家庭、居民生活、计划生育);第四编历史文化名城(古城、孔氏南宗、古建筑、古迹、名山、旅游);第五编城市建设(城市规划、市政建设、公用事业、建筑房产、乡村建设管理);第六编环境保护(环境质量、环境综合治理);第七编国土资源(开发利用、土地规划、地籍管理、建设用地管理);第八编交通(古道桥梁、铁路、公路、水路、民用航空);第九编邮电信息(邮政、电信、信息化建设);第十编商业(商市、私营个体、国合商业、粮油、饮食服务);第十一编工业(区属工业、民营经济、经济开发区、市级企业选介、巨化集团公司);第十二编水利(蓄水灌溉、防洪、水利管理、小水电、水产);第十三编农业(农业生产关系、粮棉油生产、经济特产、蔬菜食用菌、畜禽养殖、农具农机、农业综合开发);第十四编柑橘(生产与发展、加工与营销);第十五编林业(营林生产、森林保护、森林利用、科技兴林及花卉);第十六编财政税收及金融保险(财政、税收、金融保险);第十七编经济管理(计划管理、统计管理、工商质监、物价审计);第十八编中国共产党柯城组织(建区前党组织、柯城区党组织、纪检工作、组织工作、宣传工作、统战工作、其他工作);第十九编人民代表大会(区人民代表大会、乡镇人民代表大会);第二十编人民政府(政府工作机构、施政纪要、其他政务);第二十一编人民政协(市政协柯城联络处、政协例会、工作机构、主要工作);第二十二编党派团体(党派、团体);第二十三编公安司法(公安、检察、审判、司法行政);第二十四编军事(军事设施、兵役、民兵、拥军爱民、武装、历代战事);第二十五编民政(基层政权建设、拥军优抚安置、社会救助、其他民政工作);第二十六编人事劳动社会保障(机构编制管理、干部管理、人才管理、劳动管理、工资福利、社会保险);第二十七编科学技术(人员与信息、科技活动、科技成果);第二十八编教育(旧式教育、普通教育、高等教育及中等职业教育、业余教育、教职工队伍、经费设施);第二十九编文化(社会文化、戏曲、文艺创作、报纸广播电影电视、图书、地方史志、古代工艺、古籍选辑);第三十编卫生体育(医疗机构、疫病防治、血吸虫病、爱国卫生运动、保健、管理、体育);第三十一编宗教民俗(宗教、风俗、方言);第三十二编人物[人物传、烈士英名录、劳模先进生产(工作)者、寓外知名人士]。丛录4篇(文告、文选、碑碣、诗歌歌谣)。卷末设后记。

浙江图书馆,宁波天一阁博物馆,衢州市地方志办公室、市图书馆、市档案馆,柯城区档案馆、区各单位档案资料室存藏。

二、村　志

2.2　小南门村志

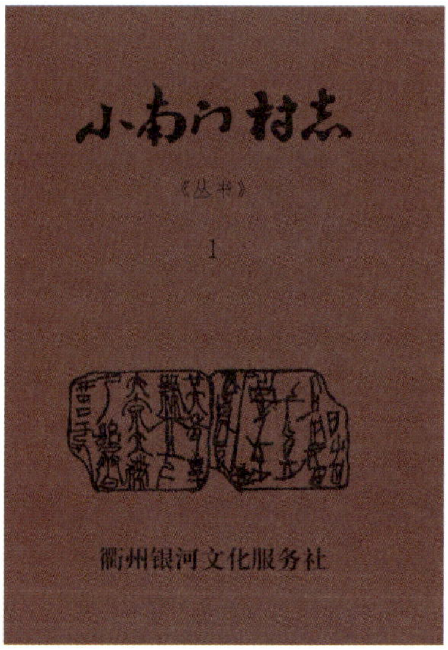

小南门村志编辑委员会编。主审戴阿陆、夏文化、宁静,主编鲁承禹、周谷昌,编委宁静、林文、罗文海、周谷昌、詹志荣、鲁承禹。1994年1月内部印发[浙报刊登记证(93)第001号],衢县人民政府印刷厂印刷。平装,32开本,164页,12.4万字,印数1100册。修志工作1991年启动,历时3年完成。

本志记述上限为东汉初平三年(192),下限1993年。

志名由柳正春题写。志首有黑白照片4页15幅;衢州市柯城区政府副区长郑时宏作序;凡例十条;本志采用篇目体,全书分10篇50目272分目。第一篇大事记,第二篇概述,第三篇自然,第四篇经济,第五篇政治,第六篇军事,第七篇科教文体卫,第八篇社会,第九篇人物,第十篇文献;志末为编后记。

衢州市地方志办公室、柯城区档案馆、小南门村图书室存藏。

2.3 航埠村志

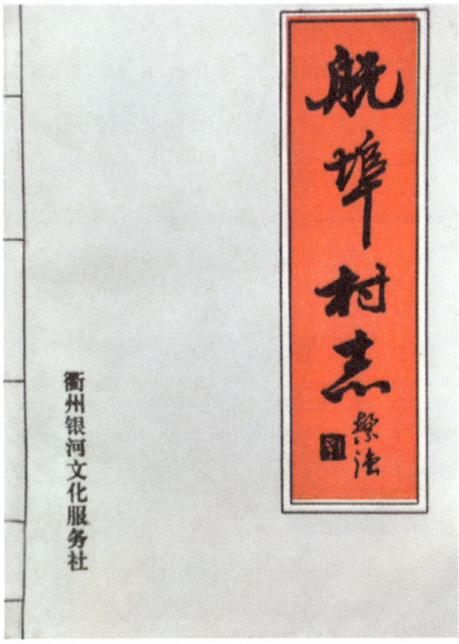

航埠村志编纂委员会编。主审叶雨良、叶土才、叶永寒、孔繁强、梁名康,主编鲁承禹、周谷昌。1995年12月内部印发〔浙衢报刊登记证(1993)第001号〕,衢州长城印刷厂印刷。平装,32开本,177页,印张6.5,15.5万字,印数1000册。

本志记述上限为东汉初平三年(192),下至1995年。

志名由孔繁强题写。志首有黑白照片4页9幅;中共衢县县委常委、宣传部部长廖立生作序;凡例十条;全书分10篇50目280分目。第一篇大事记,第二篇概述,第三篇自然,第四篇经济,第五篇政治,第六篇军事,第七篇科教文卫,第八篇社会,第九篇人物,第十篇文献;志末设编后记。

衢州市图书馆,柯城区档案馆、衢江区档案馆和航埠镇政府图书室、村图书室存藏。

2.4 石室街村志

徐承榜编修。2008年编成,32开本,138页,印数不详。

本志记述上限东汉初平三年(192),下限2005年,个别事物适当延伸。

志首有彩色照片4页10幅;序3篇(时任石室乡党委书记郑光华,乡长姜雨良,宣传委员郑才根分别作序);引言、村的由来及变迁、历史沿革、概述。全书分11章篇33节。第一章自然环境(自然风光、地貌、地理、水利资源、境内交通);第二章石室街村特产和物产矿藏(物产、特产、矿藏);第三章名胜与文物古迹(古祠花厅、庙宇与文昌阁、红枫古墓与古樟);第四章文教卫生事业(石室中心小学、石室初中及其他、医疗卫生事业）；第五章石室街村主要姓氏由来；第六章地灵人杰（历史人物小传、解放后人名录、寓外科技人员名录、截至2006年在读大学生名录）；第七章农业（生产关系与生产力、农业合作化、家庭联产承包责任制、生产条件、生产工具、农田基本建设五则）；第八章百业振兴（特色产业的兴起、畜牧业与水产业、个私工业蓬勃发展）；第九章风俗方言俗谚农谚（风俗与庙会、独特的石室街方言、对话交流的用词语法、俗谚与农谚的妙趣）；第十章展望未来；第十一章民间故事与附录（徐囊得宝吴清之投石、担头潭、八蓬山与八本山、朱祥高的故事四则）。志末设编后记。

柯城区档案馆和石室乡政府图书室、村图书室存藏。

2.5　沙埠谱·志

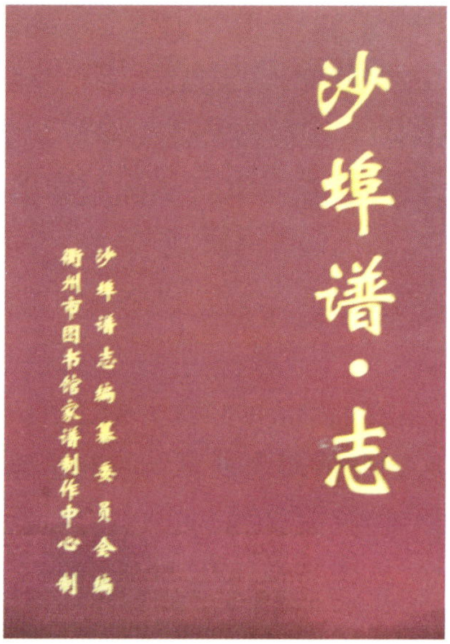

沙埠谱志编纂委员会编。编委会主任张至孝，名誉主任张显耀，副主任张红建、张至明、张至善、张金友、张水梁、祝雪清、张善祉、鲁三弟、张世模、张金泉、张至源、姜国清。2009年7月编印，衢州市图书馆家谱制作中心制作。精装护封，16开本，647页（其中沙川张氏老谱1948年版120页），印数不详，村里内部发行。参与编纂和提供资料长编90人。修志工作2008年1月启动。

本志上至各姓氏迁居沙埠村第一代起的世系，下至2009年7月。

志首彩照17页44幅，地图1幅（沙埠在柯城位置图）；张水木、张雪良作序；凡例10条。正文11章：第一章村落概况；第二章行政沿革；第三章历届村干部；第四章大事记；第五章世系（沙埠各姓氏世系）；第六章公告；第七章浅谈沙埠张氏；第八章熙祖公坟冢记；第九章沙埠后记；第十章老谱影印；第十一章老谱目录。

衢州市图书馆，柯城区档案馆、村图书资料室、村民家庭存藏。

2.6　碗窑碗东村志

衢州市柯城区碗窑碗东村志编纂小组编。主编徐为全，编委卢宋家、陈三连木、巫立祥、巫志建、罗志仁、罗志勇、谭明如。2013年6月成书，自行印刷，大16开本，382页，印数不详。修志工作2012年1月启动，历时1年半。

本志记述上限为1949年5月6日，下限为2011年12月31日。

志首有国画一幅、村全景航拍照片1幅、地图2幅（柯城区、沟溪乡），其他彩照13

幅;序2篇(中共柯城区委组织部副部长巫立山作序一,衢州市作家毛芦芦作序二)。正文16章:第一章编辑说明;第二章概述;第三章建制沿革;第四章大事记(1949年、1957年、1962年、1978年、2001年、2004年);第五章自然环境;第六章村落概貌(村名住房、交通运输、广播电视、通信设施、电力能源);第七章工业(烧窑制碗、沟溪水电站、采石场、衢州启航电动车业有限公司、粮食加工厂);第八章农业(传统耕作制度、水稻、柑橘、其他作物、植物保护、农具、农业生产关系);第九章商业;第十章水利(水文、水库、水井、自来水);第十一章社会(中共支部、行政组织、历任村干部名单、生活图景、村民经济);第十二章文教体卫(家谱传承、诗文选、方言土语、学校教育、计生医保、问题活动);第十三章村风民俗(家训、生产习俗、建房习俗、婚丧喜庆习俗、时节习俗、分家习俗、忌讳习俗、休闲活动、儿童游戏);第十四章姓氏名录;第十五章村籍人物(传记、能工巧匠专业户、个私企业主、部分寓外人士、全日制大中专学历名单);第十六章附录(重要文献、人物专访、管理制度、村规民约、媒体报道、小说选编)。志末设后记。

柯城区档案馆存藏。

专志

2.7 〔明万历〕烂柯山志

明衢州知府达州瞿溥纂。约在万历末年。

天津藏有明刊本,四册。

本志见郑永禧《衢县志》卷十四著录,略云:"瞿公为四川达州进士,万历四十五年任衢守。曾于柯山建日迟亭。今亭已改建,碑记犹存。"

(摘自《浙江方志考》浙江人民出版社1984年版　洪焕椿　编著)

2.8 〔明天启〕烂柯山志　2卷

明西安徐日炅纂。

徐日炅,明天启二年(1622)进士,山志约作于明末。

本志见《千顷堂书目》、《续通志》、《续文献通考》著录。《四库全书》据两淮马裕家藏本存目。《四库总目提要》云："日炅后改名日曦，浙江西安人。烂柯山在衢州府城南三十里，因晋樵者王质遇仙观棋于此，因以为名。日炅居与山近，因纂辑晋、唐迄明诗赋杂文，以成是编。"

此书书名，《四库全书》《续通志》《续文献通考》皆无"洞"字。近人郑永禧云："日炅为瞿公溥门下士，见柯山日迟亭炅所书碑。则其所志，或因瞿公之旧而增益之，题日《洞志》，以别于瞿，未必同时有两本并出也。"（民国《衢县志》卷十四）郑氏《烂柯山洞志》之说，未知何据。

（摘自《浙江方志考》浙江人民出版社1984年版　洪焕椿　编著）

2.9 〔清顺治〕烂柯山志　2卷

清衢州知府内江冷时中纂。

本志纂于清顺治四年（1647），雍正《浙江通志》卷二百五十三著录，今无传本。

郑永禧云："康熙府县志均不载存此书。考之府官表，冷时中于顺治四年任。以柯山丙戌残碑证之，当为冷之所作。其碑首云丙戌之秋移守衢州，则其莅任尚在三年。又云予乡人瞿公溥曾守兹土。内江与达州同属蜀中，其时去瞿公未远，或亦补辑瞿《志》之未竟者也。"（民国《衢县志》卷十四）

（摘自《浙江方志考》浙江人民出版社1984年版　洪焕椿　编著）

2.10 〔清〕续修烂柯山志

清西安潘世懋纂。

潘世懋字公赏，清初诸生。

本志见嘉庆《西安县志》著录，已无传本。

（摘自《浙江方志考》浙江人民出版社1984年版　洪焕椿　编著）

2.11 〔清光绪〕烂柯山志　4卷

西安郑永禧纂。

清光绪三十二年（1906）不其山馆刊本，浙图收藏。

（摘自《浙江方志考》浙江人民出版社1984年版　洪焕椿　编著）

2.12 〔清光绪〕游烂柯山记

未著撰人名。

有清光绪年间铅印《小方壶斋舆地丛钞》本。

（摘自《浙江方志考》浙江人民出版社1984年版　洪焕椿　编著）

2.13 浙江灵鹫山志

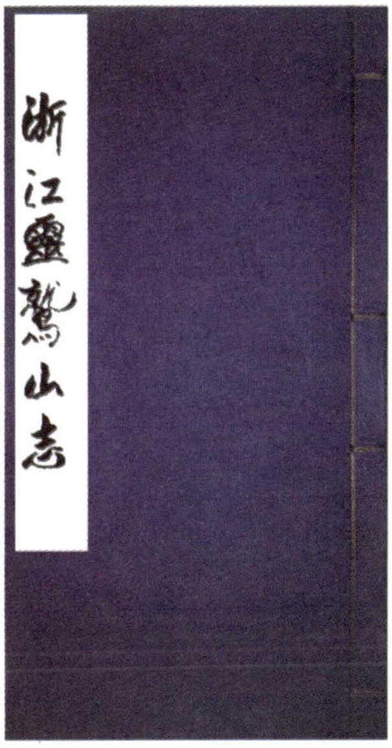

民国三衢乡贤徐映璞编。全书分地理、梵宇、人物、艺文、丛载五类，有方位、交通、名贤、名刹等30余目，全面记述衢州九华山的历史文化内涵。

衢州的九华山，又名灵鹫山、小九华山、大猴岭等。1942年日本侵略军发动浙赣会战，徐映璞避难九华山一带，曾在灵鹫寺佛前祈祷，若中国复兴、衢城克复、山中安宁三愿得偿，当编辑山志以答神灵。1945年8月抗战胜利，徐映璞先生修志工作启动，历时3年成稿，以连载方式发表于《浙赣路讯》。

该志堙没多年。2017年11月，中国科学院文献情报中心将《浙江灵鹫山志》(复制品)赠给衢州市柯城区区委、区政府，衢州九华山有了自己的历史谱系。

中国科学院文献情报中心(原稿)、衢州市柯城区档案馆(复制件)存藏。

2.14 烂柯山志

烂柯山志编纂领导小组编。组长王义布，副组长虞安生、徐文荣，顾问余子安、傅春龄，成员诸葛静、梅建宏、范显铠，主编徐文荣、诸葛静、范显铠，摄影马更利、王关富、林锦雄。1998年7月浙江人民出版社出版(ISBN 7－213－01409－9/K.429)，浙江上虞印刷厂印刷。32开本，11.75印张、28.4万字、340页，印数3500册，定价29元。修志工作1995年4月启动，历时3年多。

本志记述上限起于晋朝虞喜《志林》载王质遇仙对弈之传说，下限1997年6月，个别事物适当延伸。

志首有中国佛教协会会长赵朴初等9位名人的烂柯山题词，彩照18幅，烂柯山现状地图1幅；序2篇(衢州市人大常委会副主任姜宁馨作序一，王义布作序二)；凡例7条；前言；大事记。正文9章35节。第一章石室仙踪(传说由来、烂柯志闻、山名更迭)；第二章柯山概貌(自然环境、生物状况、辖区简介、柯山特产、名山比邻)；第三章柯山胜景(景点古迹、名祠古墓、碑碣石刻)；第四章地灵人杰(毛氏世家、徐氏世家、人物选记)；第五章国祺仙地(烂柯棋谱、围棋高手、围棋赛事、棋手摇篮);第六章名山文缘(道教佛教、院校诗社、柯山著述);第七章艺文集锦(记、序、疏、赋);第八章诗词曲歌(唐代、宋代、元代、明代、清代、民国、当代);第九章从录(文告、烂柯异说、杂记)。志末设附录;编后记。

衢州市地方志办公室、市图书馆、市档案馆,柯城区档案馆存藏。

2.15 浙江省衢州市柯城教育志

衢州市柯城区教育志编纂委员会编。编委会主任周天一,副主任吴林标、郑晓霞、吴剑卿,主编毛金根、张炳炎。1998年12月由衢州新华印务有限责任公司印刷。精装护封,16开本,10印张,12万字,152页,印数1000册,定价68元。参与编纂和提供资料长编20人。修志工作1989年下半年启动。

本志记述上起1985年7月,下至1996年6月。

志首彩照17页56幅。区教育局局长周天一作序;凡例8条。卷首大事年记、概述。正文10章42节。第一章机构设置(机构沿革、组织与职能、党组织的建立和发展);第二章幼儿教育(发展概况、学制和保教);第三章小学教育(发展概况、学校设置、学校管理、教学工作、思想品德教育、学前教育);第四章中学教育(发展概况、德育教育、学校管理);第五章教学研究(机构设置、教研活动、教学研究);第六章体育卫生文化(体育工作、卫生工作、文化工作);第七章教师队伍(学校领导和教师的任用、教师的培养和提高、教师的待遇);第八章财务基建设备(机构和人员、经费投入与管理、基建、设备);第九章勤工俭学;第十章附则(教育工会、教育学会、教育通讯站、民主党派、退休教育者协会)。

浙江图书馆,衢州市图书馆,柯城区档案馆、区教文体局档案资料室存藏。

2.16 衢州市柯城区土地志

柯城区土地志编纂委员会编。历任编委会主任徐松华,副主任江善城、朱寅生、徐发华,主编徐发华。1999年2月方志出版社出版(ISBN 7-80122-415-9/S.16),中国人民解放军第1201印刷厂印刷。精装护封,16开本,12.5印张,20万字,181页,印数1000册,定价80元。参与编纂和提供资料长编21人。修志工作1997年8月启动。

本志记述上限不限,下限至1997年。

志首彩照8页37幅;地图3幅(1987年柯城区行政地图、古衢州府城总图、土地利

用现状图);序2篇(中共柯城区委书记毛洪才、区长黄小民作序一,区土管局局长徐松华作序二);凡例10条。正文15章67节。第一章政区沿革(建制、区域、辖区乡镇、街道情况);第二章自然环境(地质地貌、土地资源、气象资源、水文资源、变异气候、旅游资源);第三章人口与土地(人口、人口与耕地、土地对人口的承载力);第四章土地制度(上古时期、封建社会、新民主主义时期、社会主义初级阶段、土地使用沿革);第五章土地开发(土地后备资源、围滩造田、园地开发、土地复耕、地力开发);第六章土地利用总体规划(规划宗旨、土地利用现状、总体规划、专项规划、近期规划);第七章土地保护(土壤、基本农田保护、土壤保护、殡葬改革保土挖潜、文物风景旅游区保护);第八章"菜篮子"工程建设(蔬菜生产、渔业生产、蔬菜商场建设);第九章地籍管理(土地调查、土地利用现状变更调查、地籍调查、纠纷调处、土地市场规范管理);第十章建设用地管理(城市建设总体规划、老城改造、新区开发、乡镇村建设规划、交通建设规划);第十一章建设用地管理(国家集体建设用地管理、乡村居民建设用地管理);第十二章土地法规监察(法制建设、创建"三无"乡村、执法检查、三项非农建设大清查、查处党政干部"三违"建私房、土地信访、人大代表提案专项处理);第十三章国策宣传与土地信息(土地法规宣传、土地信息与报道);第十四章地价与地税(地价、地租、赋税);第十五章机构与队伍(管理机构、局下属事业单位、开发型直属事业单位、队伍建设、科技应用与档案建设、精神文明创建活动、先进荣誉录)。丛录3篇(文献辑存、考略、土名地名趣闻)。

浙江图书馆,衢州市地方志办公室、市图书馆,柯城区档案馆、区土管局档案资料室存藏。

2.17 衢州市柯城区军事志

衢州市柯城区军事志编纂委员会编。编委会主任陈飞球,副主任王国强、刘宏、余伟,主编陈飞球,主笔韩志宏。2010年10月内部发行,准印证号浙内图准字(2010)114号,衢州新华印务有限责任公司印刷。精装护封,大16开本,48.6万字、369页,印数1000册。参与编纂12人。修志工作2002年10月启动,历时8年。

本志记述追溯事物发端,下限2005年。

志首彩照22页78幅。地图6幅(柯城区地理位置图、柯城区地貌图、柯城区行政区划图、柯城区交通图、柯城区水系图、柯城区城区地图);柯城区人武部政委田伟、部长孙岩作序;凡例10条。正文8编35章127节。第一编军事环境(地理形势、自然环境、人文环境、环境灾害、军事要地、军事交通);第二编军事组织(军事机构、驻军、地方武装);第三编军队建设(军事训练、政治工作、后勤保障、装备保障);第四编兵役(兵役制度、兵役机构、兵员征集和程序、退役和安置);第五编民众武装(武装组织、民兵、教育训练、武器装备、地位作用);第六编国防动员(机制与职责、经济动员、教育卫生动员、交通信息动员、政治动员、防空);第七编战事(统治者争斗、民众反抗斗争、抗日战争、人民革命斗争);第八编人物(人物传略、革命英烈、职官表)。附录4篇(文件文告辑录、文献碑文选录、诗歌选录)。卷末设后记。

柯城区档案馆、柯城区人武部资料室存藏。

2.18 峥嵘山志

汪筱联、叶裕龙编纂。2010年12月中国文史出版社出版(ISBN 978－7－5034－2415－7),金华市曙光印务有限公司印刷。16开本,27印张,39万字,416页,印数1000册,定价49元。修志工作2000年启动,历时10年多。

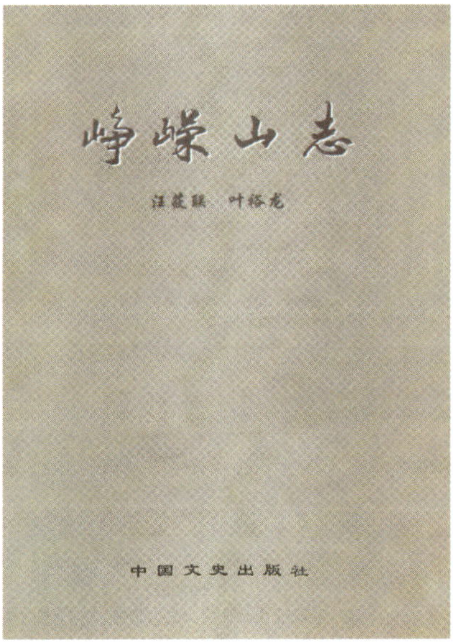

志首序1篇(衢州市政协副主席祝瑜英序),凡例9条,插入马杭清、徐胜昌两幅书法作品,引言、大事记。正文11章49节。第一章地理及历史沿革(峥嵘山地理、历史沿革);第二章军事(姑篾 秦 汉屯兵军事史、三国 西晋 南朝屯兵军事史、隋 唐 五代十国屯兵军事史、北宋 南宋屯兵军事史、元代军事、明代军事、清代军事、清代民国战事、民国军事、解放后军事、防空);第三章府(州、路)衙署(唐吴越国州衙署及官吏、北宋州衙署及官吏、南宋州衙署及官吏、元路总管府衙署及官吏、明衢州府衙署及官吏、清金衢严守道·分守金衢严道·衢州府衙署、民国时期峥嵘山衙署设置、1949年后峥嵘山衙署设置);第四章学校学宫学署(唐吴越国、北宋南宋时期衢州州学、元代衢州路学教育、明代衢州书院教育、清代衢州府学和教育、共和国府山教育变迁、衢郡中学堂至浙江省立八中、衢州中学历任学校负责人、衢州省立八中毕业生名录、各朝州路府学碑碣选）；第五章唐到民国文选；第六章考记文选；第七章诗词楹联（历代诗词、楹联、民国后楹联、民国后诗词）；第八章人物；第九章古迹 文化遗址（城寨、官署、学宫、寺庙宫观、亭台楼阁、堂轩馆坊、其他、民俗、府山地名录、史籍杂录）；第十章园林（历代园林、民国时期园林、共和国时期园林、府山国家重点公园、府山公园植物篇、衢州府山国家重点公园形成大事记）；第十一章文献资料图片（文字资料、峥嵘山历代存图和资料图片）。卷末设后记。

浙江图书馆，衢州市地方志办公室、市图书馆、市档案馆存藏。

衢江区志书

天脊龙门

衢江区志书编修一览

表3

序号	书　名	编修(出版)时　间	编　修　者	收　藏　单　位
综　合　志				
一、县　志				
3.1	〔明〕西安县志	明·洪武年间	留文溟纂	久　佚
3.2	〔明〕西安县补志	当修于明代	不可考	久　佚
3.3	〔清康熙〕西安县志	康熙三十七年(1698)	清知县陈鹏年修 西安徐之凯等纂	故宫、复旦、南大、浙图、上图
3.4	〔清嘉庆〕西安县志	嘉庆十五年(1810)修 民国六年(1917)蕲春桂铸西重补刻本	清知县姚宝煃等修，西安范崇楷等纂	北图、北大、南图、南大、上图、浙图，衢州市地方志办公室、市档案馆存有复制本
3.5	〔明〕西安县新志正误	道光二十一年(1845)	陈埙　撰	南京大学图书馆 浙江图书馆
3.6	〔清〕衢志备志	清	张德容辑	已散佚
3.7	〔民国〕衢县志	民国十五年(1926)成书	郑永禧纂辑	存本尚多，衢州市政协《衢州历史文献集成》录入
3.8	衢县志	1992年8月	衢县志编纂委员会	衢州市地方志办公室、市档案馆、市图书馆，衢江区档案馆
3.9	衢县志(1985—2001)	2002年10月	衢县志编纂委员会	浙江图书馆，衢州市地方志办公室、市档案馆、市图书馆，衢江区档案馆
二、乡镇志　村志				
3.10	乌溪江人	2001年12月	乌溪江人编委会	宁波天一阁博物馆，衢江区有关部门及部分乌溪江籍人士
3.11	彭家村志	2007年9月	彭家村志编委会、衢州市图书馆家谱制作中心	衢州市图书馆、廿里镇彭家村委会
3.12	乌溪桥村志	2007年11月	乌溪桥村志编委会、衢州市图书馆家谱制作中心	衢州市图书馆、樟潭街道乌溪桥村委会

续表3

序号	书　名	编修(出版)时　间	编　修　者	收　藏　单　位
3.13	湖南村村志	2015年7月	湖南村村志编纂小组	衢江区档案馆、衢江区湖南镇湖南村委会
3.14	贺邵溪村志	2015年11月	贺邵溪村志编纂小组	衢州市地方志办公室、市档案馆、市图书馆，衢江区档案馆，横路办事处，贺邵溪村委会
3.15	童何村村志	2014年12月	童何村村志编纂小组会	衢州市图书馆，衢江区档案馆、童何村委会
		专　志		
3.16	衢州风俗简志	1984年10月	中共衢州市委宣传部、衢州市文化馆	浙江图书馆，衢州市地方志办公室、市图书馆，衢江区文化馆
3.17	衢州市土壤志	1985年6月	衢州市农业局衢州市土壤普查办公室	浙江图书馆
3.18	衢县粮食志	1989年	衢县粮食志编纂委员会	衢江区粮食局、区委党史研究室
3.19	衢县劳动人事志	1989年12月	衢县劳动人事志编纂委员会	衢州市图书馆，衢江区人劳局、衢江区档案馆
3.20	衢县水利志	1989年	衢县水利志编纂委员会	浙江图书馆，衢州市图书馆，衢江区水利局、衢江区档案馆
3.21	衢县畜禽疫病志	1990年8月	衢县畜牧兽医站编写组	衢州市图书馆、衢江区畜牧兽医站
3.22	衢县民政志	1991年8月	衢县民政志编纂委员会	浙江图书馆，衢州市图书馆，衢江区民政局、衢江区档案馆
3.23	衢县交通志	1992年9月	衢县交通志编纂委员会	衢江区交通运输局、衢江区档案馆
3.24	衢县教育志	1994年12月	衢县教育志编纂委员会	浙江图书馆，衢州市图书馆，衢江区教育局、衢江区档案馆

续表3

序号	书　名	编修(出版)时　间	编　修　者	收　藏　单　位
3.25	衢县林业志	1994年6月	衢县林业志编纂委员会	浙江图书馆,衢州市地方志办公室、市图书馆,衢江区林业局、衢江区档案馆
3.26	衢县文化志	1996年6月	衢县文化志编纂委员会	浙江图书馆,衢州市图书馆,衢江区文广局、衢江区档案馆
3.27	衢县土地志	1996年6月	衢县土地志编纂委员会	浙江图书馆,衢州市图书馆,衢江区国土局、衢江区档案馆
3.28	衢县地名志	2002年9月	衢县地名志编纂委员会	浙江图书馆,衢州市地方志办公室、市图书馆,衢江区民政局、衢江区档案馆
3.29	衢县姓氏志	2002年12月	衢县地名志办公室	衢州市地方志办公室、市图书馆,衢江区民政局、衢江区档案馆
3.30	衢县水利志	2005年11月	衢县水利志编纂委员会	衢江区水利局、区档案馆
3.31	衢州明果禅志	2008年	衢州明果禅寺志编纂委员会	衢江区档案馆、明果寺
3.32	衢州市衢江区军事志	2010年3月	衢州市衢江区军事志编纂委员会	衢江区人武部、区档案馆

衢江区志书

综合志

一、县　志

3.1 〔明洪武〕西安县志

明留文溟纂修。

洪武间修，刊本四册，久佚。

本志见《文渊阁书目》卷二十新志类著录。又见康熙《衢州府志》卷二十九著录。

郑永禧云：“汉献帝初平三年，分太末置新安。晋初以弘农有新安，改信安。唐始以西安名，隶衢州。”（民国《衢县志》卷首《古西安同名异地考》）

（摘自《浙江方志考》浙江人民出版社1984年版　洪焕椿　编著）

3.2 〔明〕西安县补志

纂修人不可考，当修于明代。

清康熙《西安县志》例言云：“郡志书目，旧有《西安县志》四册，相传为明司训留公文溟所撰。后又有《补志》二册，然考之故老，从未见其书，盖散忘久矣。”清康熙《衢州府志》卷二九著录，题《西安县续志》，注云：“不知何人著，见赵镗《府志》。”

（摘自《浙江方志考》浙江人民出版社1984年版　洪焕椿　编著）

3.3 〔清康熙〕西安县志　12卷首1卷

清知县沧州陈鹏年修，西安徐之凯等纂。

清康熙三十七年（1698）创修，次年完成。刊本，十四册，北京故宫、复旦大学图书馆、南京大学图书馆、浙江图书馆、上海图书馆（缺卷首）收藏。美国国会图书馆亦有藏本，钤有“抱经楼”藏印。

本志陈鹏年序略云：“始事于戊寅之冬，八阅月而竣事。其大要折衷于郡志，可因则因之，宜创之而已。”全书分十二类：舆地六目，建置八目，山川五目，官师五目，学校十二目，风俗四目，赋役八目，祠祀八目，水利五目，人物十一目，艺文六目，灾祥二目。

（摘自《浙江方志考》浙江人民出版社1984年版　洪焕椿　编著）

3.4 〔清嘉庆〕西安县志　48卷首1卷

清知县姚宝煃等修，西安范崇楷等纂。

嘉庆十五年(1810)修，次年刊本，十册，北京图书馆、北京大学图书馆、南京图书馆、南京大学图书馆、上海图书馆、浙江图书馆各馆均有收藏。又有民国6年(1917)蕲春桂铸西重补刻本。台北《中国方志丛书》系据民国重刻本影印。

郑永禧云："此志尽变陈公前例。其凡例云：仿照通志为四十八门，首图考，终杂记。其坊巷、乡庄、封荫、仕籍，从旧志增入。然门类虽增，子目仍有合并者，故四十八卷只分十二册，陈《志》相仿佛。今原板漫漶，且多残缺。民国六年，知事桂铸西补刊之，复成完帙。"(民国《衢县志》卷十四)。此书《八千卷楼书目》作十八卷，夺去"四"字。

衢州市地方志办公室、市档案馆存有复制本。

(摘自《浙江方志考》浙江人民出版社1984年版　洪焕椿　编著)

3.5 〔清道光〕西安县新志正误　3卷

清西安陈埙撰。

此书作于道光二十五年(1845)，有光绪九年(1883)刊本，一册，南京大学图书馆收藏。浙江图书馆有民国24年(1935)传钞本一部，曾经余绍宋手校。

本书吴善述序略云："嘉庆间，邑侯姚公宝延江西胡进士森修为新志，而任意增删，舛谬实甚。先行举而正之，凡四百条。"

郑永禧评论云："此书成于道光初年，推崇陈《志》，攻击姚《志》。以陈《志》为旧，姚《志》为新。故名《新志证误》。计上中下三卷，凡四百余条。其中多有未见原书而妄肆诋者，非至当之论也。"(民国《衢县志》卷十四)余绍宋亦云："陈埙《正误》这作，其指摘诸端，涉于毛举。又多附会，未中其失。"(民国《衢县志》序)

(摘自《浙江方志考》浙江人民出版社1984年版　洪焕椿　编著)

3.6 〔清〕衢志备志

清西安张德容辑。

张德容字松坪，号少薇，生于清嘉庆二十五年(1820)。

此系稿本，未刊，见民国《衢县志》著录，今已散佚。

郑永禧云："此系先生平日观书所得，随手笔录。凡二类；一为古籍所载而前志漏未收入者；一为耆旧所传而出前志已成之后者。如《蘋洲渔笛谱》之小蓬莱，柯山贞元、元和二碑之塌本，皆足有资地方掌故也。惜未编次。先生殁后，稿亦散失。"(民国《衢县志》卷十四)

(摘自《浙江方志考》浙江人民出版社1984年版　洪焕椿　编著)

3.7 〔民国〕衢县志　30卷首1卷

衢县郑永禧纂辑。

民国9年(1920)创修,民国15年(1926)成书,民国25年(1936)铅印本,二十册,存本尚多。浙江图书馆有传钞原稿本一部,卷端有余绍宋题记。上海图书馆残存稿本三册,存卷十七至十八,卷十二六至二十七。

西安县于民国元年(1912)二月改称衢县,本志卷首有《衢志源流考》《释衢》《古西安同名异地考》《修志肤言》。作者精于考订,书中订正嘉庆在《西安县志》伪误凡百数十条。方言及碑碣两入篇,尤为精审。余绍宋序云:“此编为收凡三十卷,……就体例言,已胜旧志。……其中方言、碑碣两篇……精审为全书之冠。其他诸篇除人物志外,亦极抉择辩证之能事;而补正两旧志之缺失者,无虑数百条。”

衢州市政协《衢州历史文献集成》录入。

(摘自《浙江方志考》浙江人民出版社1984年版　洪焕椿　编著)

3.8 衢县志(1982年版)

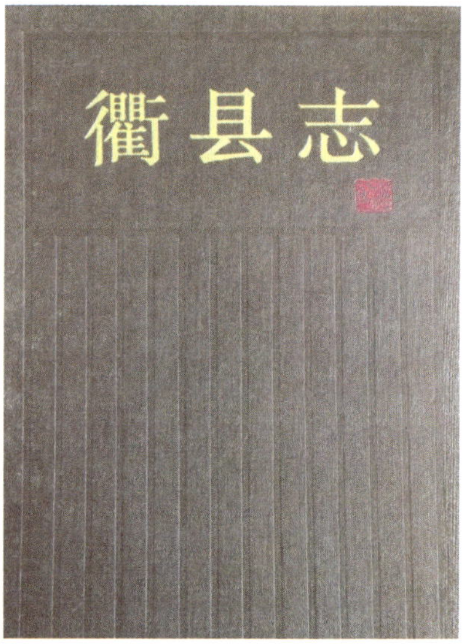

衢县志编纂委员会编。编委会主任邓超兴、张尧昌,副主任徐钦学、王月敬,主编王家寿、副主编张振宇。1992年8月浙江人民出版社出版(ISBN 7－213－00772－6/K.192),上海市印刷七厂印刷,精装,16开本,印张45.5,插页15页,101.5万字,印数3000册,定价38元。参与编纂和提供资料长编96人。修志工作1987年8月启动,历时5年。

本志记述上限视掌握资料而定,下限1985年。1986年行政区划变化后的衢县,加记《1986年至1989年基本情况》于后。

志首彩照14页56幅,主题为:市区面貌、城市交通、环境、文化、经济。地图3幅(1985年衢县政区图、1985年衢县城区图、衢县五里方图);序三篇(1989年中共衢县县委书记傅章经、县长邓超兴作序一,1991年衢县县委书记王松林、县长张尧昌作序二,辛未年正月(1991年)——魏桥作序三);凡例10条、县情综述、大事记。正文25篇130章363节。第一篇建置(沿革、县境、城镇、行政区域);第二篇居民(人口演变、人口结构、计划生育、人民生活);第三篇自然环境(地质、地貌、气候、水系、土壤、自然资源);第四篇城乡建设(县城建设、乡镇建设、建筑行业、环境保护、房产及土地管理);第五篇农业(生产关系变革、粮棉油生产、柑橘生产、桑茶瓜菜水果、黄土丘陵开发、饲养业、水产业、农具农机）；第六篇林业（经营管理、营林生产、森林利用、森林保护）；第七篇水利电力（蓄水工程、引水工程、提水工程、防洪工程、水电、经营管理）；第八篇工业（私营工业、国营工业、集体工业、乡镇工业）；第九篇商业（私营商业社会主义改造、经营体制、收购供应、粮油购销、饮食服务、对外贸易）；第十篇工商管理（工商行政管理、物价管理、计量管理）；第十一篇交通邮电（铁路、公路、水路、民间交通、邮电）；第十二篇财政金融（财政、税收、管理审计、金融机构、货币、信贷存汇、保险）；第十三篇劳动人事（职工队伍、劳动就业、劳动工资、劳保福利、城市人口安置）；第十四篇党派群团（中国共产党、民主党派、中国国民党及其他党派、群众组织）；第十五篇政权政协（人民代表大会、政府、政协、汉至清代县令知县名录、民国政府、民国时期代议机构）；第十六篇政法（公安工作、检察工作、审判工作、司法行政）；第十七篇军事（兵事、驻军、地方武装、兵役、民兵、拥军爱民、防空）；第十八篇民政（基层政权建设、优抚安置、救灾救济、社会福利、婚姻登记、移民事务）；第十九篇教育体育（学塾、书院、学宫、普通教育、专业教育、成人教育、管理体制、教职工队伍、经费及设施、体育）；第二十篇科技（组织机构、科技推广、科技成果）；第二十一篇文化（文化机构、戏曲、音乐、舞蹈、书画、摄影、工艺、文学、电影、新闻、图书、文物、胜迹、孔氏南宗家庙）；第二十二篇卫生（医疗机构、医疗队伍、药政管理、血吸虫病防治、防疫保健）；第二十三篇风俗宗教方言（风俗、宗教、方言）；第二十四篇人物（人物传、烈士英名录）；第二十五篇丛录（文献摘选、诗文选辑、碑碣选录、旧志序选及存目、传说、歌谣、异闻）。志末为1986年至1989年基本概况（经济部分、政治部分、文化部分）；后记，编纂机构及工作人员名录。

衢州市地方志办公室、市档案馆、市图书馆，衢江区档案馆存藏。

3.9 衢县志（1985—2001）

衢县志编纂委员会编。编委会主任江汛波，副主任金召卫、严曦，主编金召卫，副主编严曦、汪洪才。2002年10月方志出版社出版（ISBN 7－80122－850－2/K.468），杭州富春印务有限公司排版印刷，精装，16开本，印张43，字数80万字，印数3000册，定价125元。参与编纂和提供资料125人。修志工作2001年2月启动，历时2年。

本志记述上限1985年，下限2001年。

志首彩照24页95幅，主题为：市区面貌、城市交通、环境、文化、旅游、农特优产品、工业经济。地图3幅

(1985—1992年衢县政区图。1992—2001年衢县政区图、衢州市衢江区政区图2001.12—);序3篇(2001年中共衢县县委书记江汛波作序一,衢县人民政府县长陈建良作序二,浙江省方志学会会长魏桥作序三);凡例10条、概述、大事记(1985.5—2001.12)。正文27编109章297节。第一编县境(建置、自然环境、居民);第二编乡镇[31个乡镇(办事处)];第三编农业(农业生产关系、粮棉油生产、经济特产、农业综合开发、畜牧业、农业机械、农村能源、农场);第四编柑橘(生产与发展、柑橘文化);第五编林业(经营管理、营林生产、森林利用、森林保护、科技兴林);第六编水利电力(蓄水工程、灌溉工程、小型水电站、输变电工程、河道治理、水产);第七编工业(经济管理体制、技术改造和新产品开发、沈家经济开发区、乡镇企业、二轻工业、主要工业门类及企业简介);第八编商业贸易(商业、供销合作商业、粮油购销、对外贸易、经济技术协作、物资流通、烟草专卖);第九编旅游(旅游资源、旅游开发、主要风景区);第十编经济管理(计划与统计、工商行政管理、物价管理、审计事务、质量技术监督);第十一编城乡建设(规划建设、环境保护、房产管理与房改);第十二编交通邮电(铁路、公路、水路、邮政电信);第十三编土地管理(土地开发利用、土地规划、地籍管理、建设用地管理);第十四编财政金融(财政、税收、金融保险);第十五编人事劳动(机构编制管理、干部管理、人才管理、劳动管理、工资福利、社会劳动保险、老龄委工作);第十六编党派群团(中国共产党、民主党派、社会团体);第十七编政权政协(人民代表大会、人民政府、人民政协);第十八编政法(政法委工作、公安工作、检察工作、法院工作、司法行政);第十九编军事(兵役、民兵、拥政爱民);第二十编民政(基层政权建设、优抚安置、社会救助、移民工作、其他民政工作);第二十一编科学技术(科技队伍、科技推广、科技成果);第二十二编教育体育(普通教育、业余教育、管理体制、教职工队伍、经费和设施、体育);第二十三编医疗卫生(机构队伍、医政药政医学、防疫保健、爱国卫生、公费医疗);第二十四编文化(文化艺术、新闻、档案图书、文物、史志著述);第二十五编驻衢单位;第二十六编人物(人物传、人物简介、人物录);第二十七编丛录(重要文件、文献选辑、资料统计、历史大事纪略)。志末设衢江区概况;索引;后记;县志编纂有关文件;编纂机构及工作人员名单。

浙江图书馆,衢州市地方志办公室、市档案馆、市图书馆,衢江区档案馆存藏。

二、乡镇志　村志

3.10　《乌溪江人》人物志·资源志·移民志

乌溪江人编委会编。主编邱以祥,副主编缪宏、廖元中,参与编纂28人。衢州华胤彩色制版印务有限公司印刷厂印刷。32开本,35万字,印数3000册,定价29.80元。2001年12月第1版。

本书以“乌溪江”为区域概念，包括洋口乡、举村乡、岭头乡、白坞口乡、坑口乡和湖南镇。

本书记录上下限为有史以来至2001年6月。

志首序言（中共衢县县委书记江汛波）；人民日报社长、中华全国新闻工作者协会主席邵华泽，中华全国新闻工作者协会党组书记、副会长郑梦熊，新华通讯社原社长穆青题词。凡例8条；彩照12页36幅。正文2篇10章。第一篇为人物篇：第一章乌溪江人才录；第二章乌溪江区、乡（镇）党政正职名录；第三章中级职称以上科教文卫人员录；第四章台胞、华侨人员名录；第五章乌溪江的“特殊客人”；第六章1912年以来乌溪江大学生名录；第七章姓氏、现存家谱及革命烈士英名录；第八章乌溪江古今诗文选录；第九章寓外人士通讯录。第二篇为资源、移民篇：第十章附录（包括自然资源录、乌溪江黄坛口移民录以及乌溪江引水工程录）。卷末设后记；人名索引。

宁波天一阁博物馆、衢州市衢江区有关部门及部分乌溪江籍人士存藏。

3·11　彭家村志

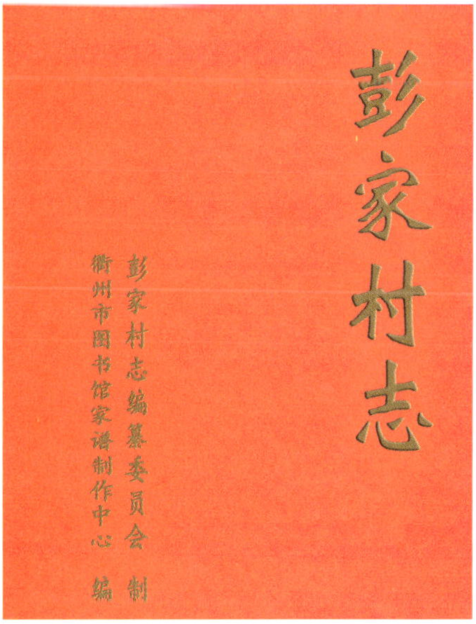

衢江区廿里镇彭家村志编纂委员会、衢州市图书馆家谱制作中心编制。主编彭建成，编委成员彭和气、彭义大、姜根生、彭义真、姜根才。2007年9月编修完成。内部发行。

本志记述上限至事物发端，下限至2007年9月。

志首叶美峰题词：“落笔述天地 志成鉴古今”；序言（村党支部书记彭六古）；彭家村在衢江区区规划图中的位置地图；彩照6页16幅，主题为：村两委合影、集体荣誉、村情村貌、自然环境。正文14章：第一章村情概况；第二章行政沿革；第三章大事记；第四章彭家村历届村干部；第五章荣誉栏；第六章党员名单；第七章老年协会名单；第八章入伍名单；第九章保洁公约；第十章经济发展；第十一章村庄建设；第十二章村民生活；第十三章文教卫生；第十四章风俗文化。志末设编后记。

衢州市图书馆、廿里镇彭家村委会存藏。

3·12 乌溪桥村志

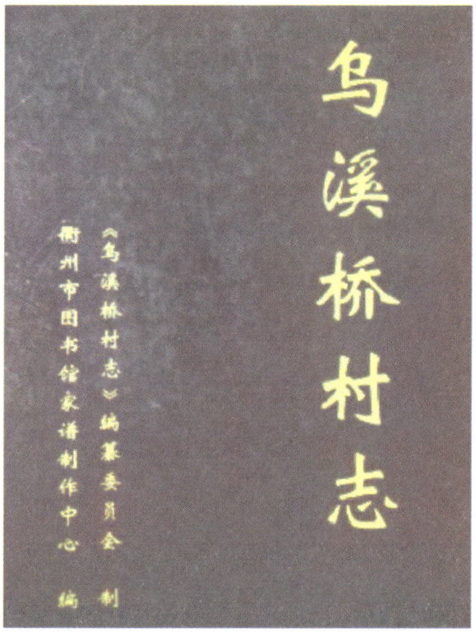

衢江区樟潭街道《乌溪桥村志》编纂委员会、衢州市图书馆家谱制作中心编制。编委主任叶贤光，编委成员吴金水、李承江、陈泉根、叶三来、蒋炳生。2007年11月编修完成。内部发行。

本志记述上限至事物发端，下限至2007年10月。

志首题词5幅(汪泉水、邓荣海、巫建民、李志刚、徐强才)；序言(陈雪祥)；乌溪桥村位置图1幅；凡例7条；彩照17页39幅，主题为：村两委合影、集体荣誉、村情村貌、干部活动、村民文化、敬老爱幼、自然环境。正文32章：第一章村情概况；第二章行政沿革；第三章大事记；第四章乌溪桥村历届村干部；第五章党员、团员名单；第六章村民代表、民兵名单；第七章村支部主要职责；第八章党支部书记职责；第九章村民委员会主任职责；第十章村治保会职责和工作守则；第十一章妇代会委员的分工及职责；第十二章妇代会主任委员一览表；第十三章妇代会主任职责；第十四章乌溪桥村村两委成员及各线负责人的工作分工；第十五章乌溪桥村村委管理制度；第十六章樟潭街道村级财务管理制度；第十七章村规民约；第十八章卫生公约；第十九章保洁公约；第二十章经济发展；第二十一章农作物；第二十二章椪柑；第二十三章养殖业；第二十四章村庄建设；第二十五章村民生活；第二十六章风俗文化；第二十七章时令节气；第二十八章传统节日；第二十九章中国公民道德；第三十章浙江公民道德；第三十一章八荣八耻；第三十二章各姓氏世氏来源。志末设编后记。

衢州市图书馆、樟潭街道乌溪桥村委会存藏。

3.13 湖南村村志

衢江区湖南镇湖南村《湖南村村志》编纂小组编。编纂小组成员聂天宏、余高峰、祝燕青、王明申、祝耀华、姜建明、江涛、祝四三。定价30元，2015年7月编修完成。内部发行。

本志记述上限至民国5年(1916)，下限至2015年。

志首彩页16页55幅，主题为：镇村两级领导、单位办公场所、自然环境、文化、旅游、珍贵动植物。序言(2015年7月湖南镇党委书记王立宏)；前言(2015年7

月湖南村党支部书记余高峰);湖南村来历;概况;历史沿革。正文14章:第一章保家卫国　匹夫有责(复退军人名录、革命烈士、缅怀先烈);第二章人才辈出　灿若繁星(人才名录);第三章文化建设(大学生名录、教师名录、文革年代);第四章山林 土特产;第五章电站建设 淹没征地(电站工程、库区淹没、扶持成果);第六章乡愁(乡愁是什么、乡愁、门前的小溪、那座水碓那座油坊、童年的摇篮、家乡的"千洞山"、故乡的山故乡的水);第七章非物质文化遗产(民间手工艺、民间文学);第八章姓氏录(姓氏来历、姓氏一览表、现存家谱);第九章青山绿水延年益寿(80岁以上老人姓名登记);第十章民风(岁时习俗);第十一章百善孝为先;第十二章乡村旅游景点(将军石、纱帽尖、廊桥、银矿遗址、山区旅游、老家的水碓、节理石柱);第十三章民间故事;第十四章天文地理(节气表、时辰计算表、气象知识、民间谚语、劝人为善廿四心、方言及民谚俗语、食疗歌)。志末设后记。

衢江区档案馆、衢江区湖南镇湖南村委会存藏。

3.14　贺邵溪村志

衢江区横路办事处《贺邵溪村志》编纂小组编。编纂小组长刘红星,副组长傅诚、郑文立、杜倩雯,主编祝佩森,副主编李晓良。2015年11月编修完成,字数10万字。内部发行。参与编纂14人。修志工作2014年4月启动,历时2年。

本志记述上限至元末明初,下限至2014年。

志首2014年8月谢高华题词(贺邵溪村　家乡梦圆);序言(2015年6月《百姓书院》草根堂堂主李丁富);编辑说明8条;前言(2015年11月贺邵溪村党支部书记傅诚);村址地处(贺邵溪手绘地图);彩照30页149幅,主题为:干部业绩、自然环境、产业经济、文教卫生、姓氏渊源、崇尚人物、新闻掠影、习俗语言。正文9章35节。第一章村情概况(建制沿革、村情概况、村情分解、村中之事、活动样板);第二章干部业绩(主职人员、干部业绩、在册党员);第三章自然环境(环境概述、地貌纸质、农田山地、水利命脉、交通发展、古树名木);第四章产业经济(产业多样、厂商结合、厨师村);第五章文教卫生(文教启蒙、历史病源);第六章姓氏渊源(祖源追溯、祖像历历、统览姓氏、宗谱纪实、姓氏了然、题赞仰慕、墓图仍存、祖祠灵碑、家训勿忘、对联佳句);第七章新闻掠影[留存记忆(朱镕基视察贺邵溪村)、故事集锦];第八章崇尚人物[崇尚人才(谢高华)、人物定格];第九章习俗语言(习俗理念、语言多样)。志末设后语、参考书目；附录（村服务团队、便民服务、连心网、村规民约、《贺邵溪村志》编纂小组、文化长廊、存档证书）。

衢州市地方志办公室、市档案馆、市图书馆，衢江区档案馆、横路办事处，贺邵溪村委会存藏。

3.15 童何村村志

衢江区横路办事处童何村《童何村村志》编纂小组编。编纂组长刘红星、副组长吴建平、管水祥、章国花，主编祝佩森，副主编王文南、洪志江。2014年12月编修完成。内部发行。

本志记述上限至明代，下限至2014年。

志首题签（衢州市老年诗词研究会副会长 刘天汉）；凡例10条；地图1幅（童何村手绘图）；彩页35页227幅，主题为：领导关怀、村官工作、党员合影、童何奖牌、干部任职、太公遗像、期颐寿星、童何村景、学习健身、生活文艺、靓丽民居、村企兴旺、种养共存、今昔对比、社区文书、旧时建筑、古木逢春、古墓灵碑、古塘古井、古堰生辉、旧物记忆、民间收藏、宗谱传承、名间作品、干部荣誉。序言（2013年12月童何村党支部书记吴建平）；前言（2013年3月 祝佩森）；村情概览；村规民约；干部任职。正文9章：第一章沿革大事；第二章自然环境（环境、地貌、山田、水利、交通）；第三章产业厂矿（矿业、厂矿）；第四章文教卫生；第五章姓氏渊源（元祖、来源、宗谱、家训、统览、对联）；第六章故事集锦（发掘、故事、集锦）；第七章崇德尚贤（道德、能人）；第八章习俗语言（习俗、谚语、歇后语、方言、幽默、谜语、歌谣、立言、顺口溜）；第九章其他精华（斤求两、码钱分、医处方、组合字、忆珠算、工尺谱）。志末设编后记；主要参考书目；附录。

衢州市图书馆，衢江区档案馆、童何村委会存藏。

专　志

3.16 衢州风俗简志

《衢州风俗简志》由中共衢州市委（县级）宣传部、衢州市文化馆编。主编楼翠如，主审张复兴、王先芝、徐钦学、周观以。封面由中国书法家协会副主席沙孟海题词。

1984年10月完成编写，打印本，内部发行。16开本，134页。本志主要记述衢州现代和近代（大体是20世纪流传的）民俗习尚和其他民族事象。

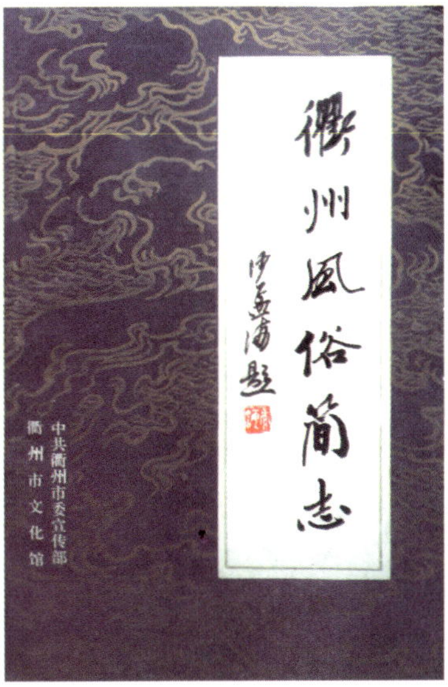

卷首张复兴诗词1首，前言1篇。正文7章23节。第一章概述；第二章生产习俗（农业习俗、手工业习俗、商业习俗、其他习俗）；第三章生活习俗（饮食、服饰、住宅和器用、交通运输、医药卫生、文娱和游戏、其他习俗）；第四章礼仪习俗（婚姻和家庭、喜庆、丧葬和祭祖、族规）；第五章岁时习俗（节日、时令节气）；第六章信仰习俗（神祇、名臣志士、仪典迷信、巫术和讨彩）；第七章其他习俗（民间习俗、民族与小姓）。

浙江图书馆，衢州市地方志办公室、市图书馆，衢江区文化馆等单位存藏。

3.17 衢州市土壤志

衢州市农业局、衢州市土壤普查办公室编，执笔杨延生，审稿定稿吴灿琮。系1980年3月至1982年年底第二次土壤普查资料的基础上整理而成。1985年6月内部发行。

本志记述上限有史以来，下限1980年。

卷首为前言、目录。正文8章21节：第一章概况（地理位置和行政区划、自然概况、社会经济与农业生产概况）；第二章土壤的形成及分类（土壤形成过程、自然条件对成土过程的影响、土壤的分类）；第三章土壤分布（土壤分布概况、土壤的地域性分布、土壤的微域性分布）；第四章土壤性态各论（红壤土类、黄壤土类、岩性土土类、潮土土类、水稻土土类）；第五章土壤养分；第六章低产田改造[低产田概况、低产田改良意见、山（旱）地土壤存在的问题、高产土壤培肥]；第七章土壤改良利用分区（土壤改良利用分区分类依据、土壤改良利用分区、改良类型概述）；第八章土壤普查成果的应用。卷末附录1：衢州市耕层养分农化分析结果表；附录2：土壤普查工作人员名单；说明。附图照5幅：衢州市行政区图、衢州市地貌图、地势图、衢州市水系图、衢州市岩性图及《浙江省第二次土壤普查验收证书》。

浙江图书馆存藏。

3.18 衢县粮食志

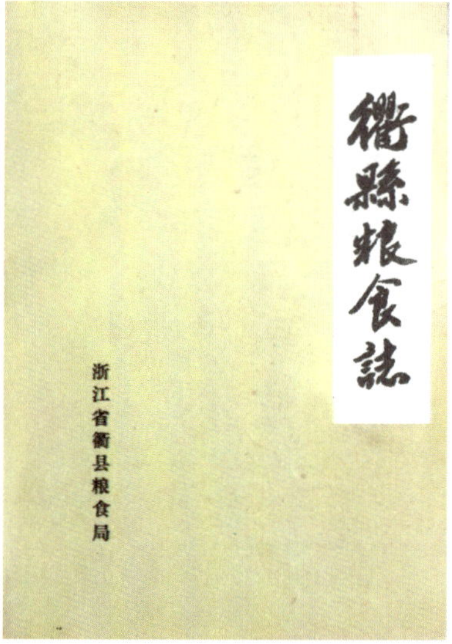

衢县粮食局编。修志领导人汪明霞，主编宋近友，修志工作人员宋近友、邬宗斌、孙惠康、谭祥德、张立刚、濮阳煜；1989年编修完成，参与编纂7人。16开本，241页。内部发行。

本志记述上起1912年，下讫1989年。

志首题词“衢县粮食志”（衢州市政协原主席吴海松）；地图1幅（衢县粮油库点分布示意图）；黑白照片3页5幅，主题为：办公大楼、粮食仓库、粮油商场、粮油加工厂、饲料加工厂；序两篇（衢县粮食局党委书记汪明霞作序一、衢县粮食局局长姚小毛作序二）；凡例8条；大事记；概述。正文7章38节。第一章机构设置（建国前、建国后）；第二章粮油征购销（粮政沿革、建国初期农业税征收、农村粮食统购统销、农村粮食购销形式、农村粮食储备、生产补助粮与奖售粮、城镇粮食供应、油脂购销、粮油贸易）；第三章物价检验（粮油价格、价格管理、粮油检验、粮食折率）；第四章粮食储运（粮油仓库、粮油保管、“四无”粮仓、储粮虫害、粮油运输）；第五章粮油工业（粮油加工沿革、粮油工业、粮油工业门类、经营形式和管理、饲料）；第六章商业财务（建国初期财务会计、记账演变、会计核算、财务管理、经济责任制、增产节约运动）；第七章杂记（衢县乡镇区域沿革、衢县历史人口变迁、新建制衢县人口情况、衢县特产、粮食油料重量系数、各种油饼含氮磷钾成分、建国后衢县主要年份旱涝灾害情况）。志末设编史修志小组人员名单。

衢江区粮食局、衢江区委党史研究室存藏。

3.19 衢县劳动人事志

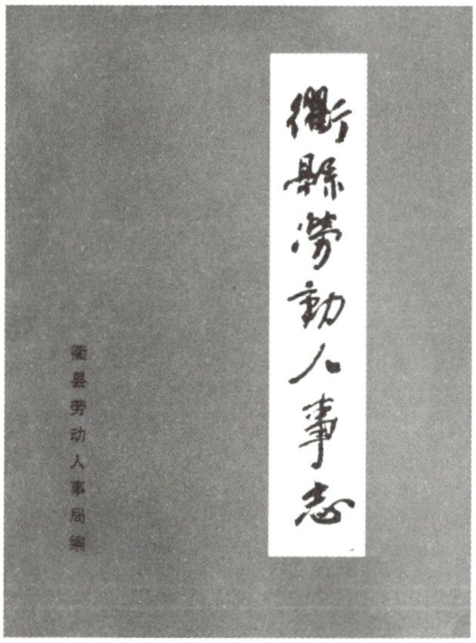

衢县劳动人事局编。负责人张之华，主编王水法，编辑占美香、汪仲林、李仲生、吴永生、周德兴、林关炎、劳子平、劳水琴、张宏、张赛珠、徐金渭、曾玉仙、潘吉祥；1989年12月编修完成，参与编纂15人。内部发行。

本志记述上起事物的发端，下迄1985年。

志首序言（1989年12月张之华）；凡例6条。正文6章16节。第一章劳动、人事机构演变（劳动机构、人事机构、所属机构、历任主要领导情况）；第二章干部及管理（干部状况、干部管理、落实知识分子政策）；第三章劳动就业（对城镇社会劳动力的安置、对城镇知识青年的安置）；第四章工资奖金（三次工资制度改革、八次工资调整、提高工资区类别、其他工资）；第五章劳保福利（劳动保护、劳动保险）；第六章乡村企业职工（职工队伍、职工收入）；志末设附录（衢县劳动人事局现职人员岗位分工、衢县劳动人事局目标岗位责任制及考核奖惩办法）；编后语。

衢州市图书馆，衢江区人劳局，衢江区档案馆存藏。

3.20　衢县水利志（1989年版）

衢县水电局编。主编余松福，编辑张轶群、张浩文。衢州新华印刷厂印刷，32开本，65万字，印数400册。1989年11月编修完成，参与编纂10人。修志工作1988年启动，历时2年。内部发行。

本志记述上限为事物的发端，下限至1988年。

志首序言（1989年12月邓超兴）；凡例8条；彩照8页16幅，主题为：办公大楼、水库、渡槽、灌溉机埠、渔业、电站。地图1幅（衢县政区 水系 水利 水电图）；概述；大事记。正文12章36节。第一章自然地理（地理特点、河流水系）；第二章气候水文（水文站、雨量站、气候概况、水文资料、水资源）；第三章水旱灾害（灾情综述、灾情实录、防洪抗旱）；第四章河道治理（衢江干流治理、常山港、江山港治理、乌溪江治理、衢江其他支流治理）；第五章蓄水工程（小型水库、山塘、大中型水库）；第六章引水工程（堰坝、乌溪江引水工程）；第七章提水工程（机电提水机埠、水轮泵、水锤泵站、喷灌）；第八章电力工程（水电建设发展过程、农村小型水电站、境内非县属水电站、输变电工程和电力供应）；第九章水产渔政（水产资源、养殖、养鱼技术、捕捞、渔政管理）；第十章机构沿革（建国前水利机构、建国后水利机构）；第十一章投资效益（水利投资、工程效益）；第十二章经营管理（工程管理、水费、综合利用）。志末设编后话；本志主要参考资料。

浙江图书馆，衢州市图书馆，衢江区水利局、衢江区档案馆存藏。

3.21　衢县畜禽疫病志

衢县畜牧兽医站编写组编。主编胡乐天，副主编何水银。1990年8月编写完成，打印本，320页。内部发行。

本志记述以当时实际县属为基本范围，上限力求事物发端，下限1989年。《衢县畜禽疫病志》为畜禽疫病全面普查的成果。

卷首凡例9条、概述，衢县政区图1幅。正文3篇14章。第一篇概况（自然地理条件、社会经济概况、公共卫生、畜牧业、畜牧兽医机构设置）；第二篇疾病防治（疾病防治总述、畜禽疾病流行概况、疫病防制）；第三篇流行病分述（人畜共患流行病、猪主要流行病、牛羊主要流行病、家禽主要流行病、兔主要流行病、蜂主要流行病）。卷末设附录（衢县畜牧兽医科技成果奖目录、刊登在省及省以上专业杂志上的文章目录）；后记（畜禽疫病普查组织机构、衢县畜禽疫病志编写人员及分工）。

衢州市图书馆，衢江区畜牧兽医站等单位存藏。

3.22　衢县民政志

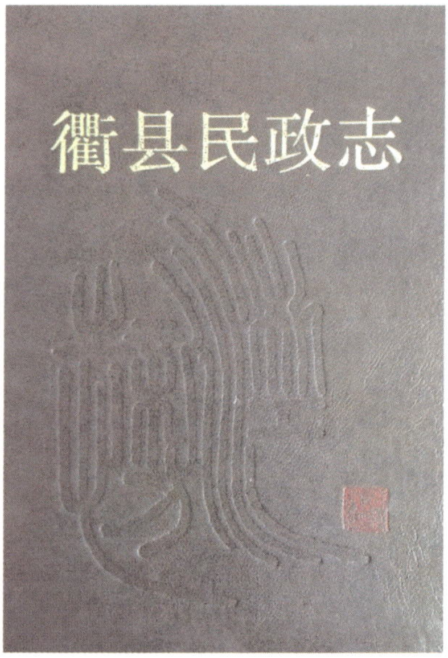

衢县民政志编纂委员会编。编委会主任叶卸海，副主任郑雨明、唐逢俊，主编童海良，副主编汪启华、王继武。1991年8月浙江人民出版社出版发行（ISBN 7－213－00734－3/K.177），浙江新华印刷二厂印刷，32开本，印张10.625，24万字，印数2000册，定价15元。1990年编修完成，参与编纂14人。修志工作1988年启动，历时3年。

本志记述上限不等，下限至1988年。

志首彩照12页25幅，主题为：城区全貌、自然风光、名胜古迹、军地两用人才开发基地、烈士褒扬、敬老养老、荣誉。地图1幅（衢县政区图）；序一篇（1990年5月衢县民政局原局长、衢县人大常委会原副主任叶卸海）；凡例7条；概述；大事记。正文16章55节。第一章民政沿革（机构演变、职能范围）；第二章行政区划（县域概况、乡镇区划、建制镇）；第三章地名管理（区镇乡村名录、地名更改）；第四章基层政权建设（民国时期地方自治、建国后基层政权建设、历届乡镇人民代表大会）；第五章拥军优属（拥军支前、慰问活动、拥政爱民、国家抚恤、定期定量补助、群众优待、烈军属残废转业复员军人代表会议）；第六章复员安置（机构沿革、复员退伍军人安置、军队离休干部安置、扶持农村复退军人劳动致富、福利事业单位）；第七章救灾救济（概况、农村扶贫、农村家庭财产保险、时令救济、自然灾害与救济、其他救济）；第八章社会福利（机构沿革、老人福利、婴儿福利、儿童福利、残疾人福利、社会福利企业）；第九章移民安置（人口流徙、建国后移民安置、城市人口下放）；第十章革命老区（革命老区概况、扶持革命老区建设）；第十一章婚姻登记；第十二章殡葬改革（殡葬习俗、善举义举、推行火葬）；第十三章社团登记（民国时期社团登记、建国后社团登记）；第十四章其他民政工作（户政、地政、收容遣送、寺庙宗教管理、信访、民政事业费的管理和使用）；第十五章烈士褒扬（革命烈士英名录、英烈传记）；第十六章丛录（县民政局领导人名录、考略）。志末设后记。

浙江图书馆，衢州市图书馆，衢江区民政局、衢江区档案馆存藏。

3.23　衢县交通志

衢县交通志编纂委员会编。编委会主任叶光中，副主任陈克勤、方平，主编陈元海，副主编胡江宜。1992年9月编修完成，150万字，参与编纂18人。修志工作1988年9月启动，历时5年。内部发行。

本志记述上限于交通资料可稽最早之时，下限至1989年。

志首彩照14页26幅，主题为：城区全貌、自然风光、城乡道路、路政港监执法、局机关干部。地图1幅（衢县交通图）；题词（1992年10月中共衢县县委书记陈崎嵘）；序（衢县县长张尧昌）；凡例7条；概述；大事记。正文10章46节。第一章古道（驿道、驿站、大路、桥梁）；第二章公路（路线、路面、公路桥梁、公路养护、公路运输、公路监理）；第三章铁路（干线、支线、道口桥涵、车站、客货运输和装卸作业、行车安全、机构设置）；第四章水路（航道、码头建设、船舶、水路运输、渡口管理、水上管理、联运）；第五章民间交通（道路、凉亭、桥梁、运输工具及运输方式）；第六章县城交通（县城、城区道路、城区桥梁）；第七章隧道、索道、管道、机场（乌溪江隧道、架空索道、输油管道、衢州机场）；第八章交通工业、企业（汽车维修、车辆维修行业管理、船舶修造、机械设备修造、衢县汽车配件经销部）；第九章交通管理机构（衢县交通局、衢县公路段、衢县县乡公路管理所、衢县航运管理所、衢县公路稽征管理所）；第十章人物（造桥建渡人物、先进人物、先进集体、历年劳动模范、先进人物）。志末设编后记、衢县交通志编审委员会。

衢江区交通运输局、衢江区档案馆存藏。

3.24 衢县教育志

衢县教育志编纂委员会编。编委会主任胡振基，副主任黄民新，主编包其传、王家寿，编辑王家寿、王爱卿。1994年编修完成，参与编纂11人。修志工作1988年10月启动，历时6年。内部发行。

本志记述上限至事物发端，下限至1989年。

志首彩照8页25幅，主题为：领导视察、校舍建设、学生活动、技能训练。序1篇（1994年衢县教育委员会主任胡振基），凡例10条；概述；大事记。正文17章55节。第一章科举时代教育（府学县学、学官、书院讲舍、书院简介、社塾学塾、教学课程、生员考试、科举科名）；第二章幼儿教育（设置、管理、教学）；第三章小学教育（学校设置、学校管理、教学工作、学校简介）；第四章中学教育（学校设置、学校管理、教学工作、学校简介）；第五章师范教育（初等师范、中等师范、教师进修、学校简介）；第六章职业教育（农职业教育、卫生学校、技工学校）；第七章成人教育（文化基础、组织管理、农民教育、城市劳动人民教育、干部教育、其他形式教育、学校简介）；第八章思想品德教育；第九章体育与卫生；第十章课外活动；第十一章教研与辅导（教学研究、辅导）；第十二章招生与考试；第十三章经费设施与勤工俭学（经费收支、经费管理、校舍建设、教学设施、勤工俭学）；第十四章教师队伍（任用、素质、师生比、培训、待遇）；第十五章教育机构（县级机构、基层机构）；第十六章教育人物（人物传、人物传略、衢籍寓外人士名录）；第十七章教育丛录（学制系统图、文献选录、诗文摘选、校歌选辑）。志末设后记；编制人员名单。

浙江图书馆，衢州市图书馆，衢江区教育局、衢江区档案馆存藏。

3.25 衢县林业志

衢县林业志编写组编。编委会主任方正明，副主任袁荣根、方根清，委员毛开富、徐文良、陈锡钧、何亚明，主编毛开富，编辑王银仙、廖元中、徐凤鸣、孙水标、徐文良、张健康、柴金苟、周文科。1994年6月中国林业出版社出版发行（ISBN 7－5038－1260－5/S.0713），浙江省衢州市新华印刷厂印刷，16开本，印张21，45万字，印数1000册，定价52元。1993年编修完成，参与编纂14人。修志工作1988年10月启动，历时5年。

本志记述上限为事物发端，下限至1989年，部分内容延伸至志书脱稿之时。

志首彩照8页39幅，主题为：古树名木、自然条件、环境绿化、森林资源、基地建设。地图2幅(1985年衢县政区图,衢县森林资源分布图);序3篇(1993年2月省林业厅原厅长王宪恩作序一,1993年3月中共衢县县委书记陈崎嵘、衢县县长张尧昌作序二,1993年3月衢县林业局局长方正明作序三);凡例8条;概述;大事记。正文10篇31章98节。第一篇自然环境(自然条件、森林资源);第二篇营林(绿化造林、用材林与竹林、木本油料);第三篇果桑茶(柑橘、板栗、柿及其他果木、蚕桑、茶叶);第四篇森林利用(木材生产、林产工业、林副产品);第五篇木材经营(经营机构、木材购销、计价变革);第六篇经营管理(山林所有制、资源管理、资金管理);第七篇森林保护(护林防火、护林联防、森林病虫害、马尾松毛虫综合防治);第八篇林业科教(科学研究、林业教育);第九篇管理机构、营林单位(管理机构、营林单位);第十篇丛录(文献辑存、先进集体和个人、诗词林谚传说、植物、病虫名录、专题调查摘选)。志末设后记;评审委员会成员名单;《衢县林业志》稿评审意见;编纂机构及编写人员名单。

浙江图书馆,衢州市地方志办公室、市图书馆,衢江区林业局、衢江区档案馆存藏。

3.26 衢县文化志

衢县文化志编纂委员会编。(前期)主编梅谷民,副主编郑英全、倪更生,(后期)编委会主任黄浩,主编周冀平,编辑余渭泉、沈华龙、周天与。1996年6月衢州新华印刷厂印刷,内部发行。大32开本,9.75印张,23万字,印数1000册,定价15元。修志工作1986年9月启动,中途停顿4年,1996年3月编修完成,参与编纂21人,历时6年。

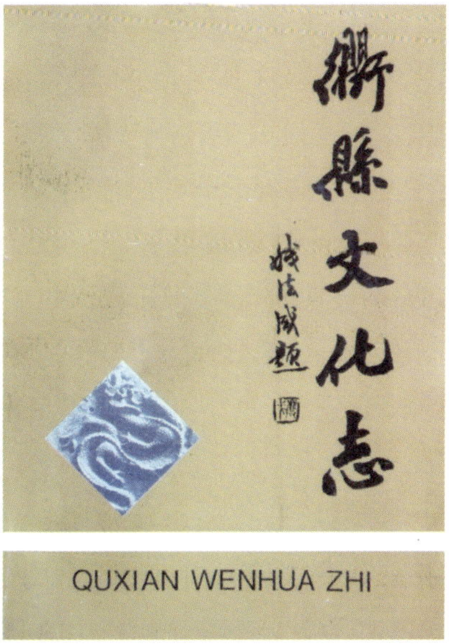

本志记述上限溯至事物开端,下限1992年,个别延伸至1995年。

志首题词(傅春龄),地图1幅(衢县乡镇文化设施分布图),黑白照片16页34幅,主题为:县机关大院、文物胜迹、戏曲表演、书画作品、民间文化、红军标语。序1篇(衢县政府副县长陈韬);凡例9条;概述;大事记。正文11章35节。第一章文学(文学创作、民间文学);第二章戏曲(剧种、表演团体、戏曲创作、曲艺、演出活动、戏台剧院);第三章音乐舞蹈(音乐、乐器、舞蹈);第四章民间娱乐(花灯、庙会、坐唱班、其他娱乐);第五章书画摄影民间工艺(书画创作与展览、摄影、民间工艺);第六章图书报刊;第七章电影(电影放映活动、电影院、录像管理、电影管理);第八章文物胜迹[古遗址、古建筑、摩崖题记(碑记)、革命文物、孔氏家庙、馆藏文物、胜迹];第九章机构(行政机构、文化事业单位、文学艺术队伍);第十章人物(人物传、人物录);第十一章丛录(诗词曲、文选、文件、民间文萃)。志末设后记;编制人员名单。

浙江图书馆,衢州市图书馆,衢江区文广局、衢江区档案馆存藏。

3.27　衢县土地志

衢县土地志编纂委员会编。编委会主任李生海,副主任叶柳青、江永华、严土良、徐富生,委员刘荣芳、余宁林、周锡祥、吴根生、宋土木、胡潭渊,主编毛开富,责任编辑毛开富、张奇、席耕先。1999年6月方志出版社出版发行(ISBN 7-80122-499-3),北京顺义先进印刷厂印刷,16开本,印张24.25,37万字,印数1000册,定价82元。修志工作1995年8月启动,1998年9月编修完成,历时3年,参与编纂21人。

本志记述上限至事物发端,下限至1997年。

志首彩照8页26幅,主题为:领导视察、土地开发、椪柑之乡、荣誉、地籍管理。地图3幅(衢县政区图,1998年2月衢县土地利用总体规划图,1998年2月衢县土地利用现状图);序2篇(1998年10月衢县县长江讯波作序一,1998年9月衢县土地管理局局长李生海作序二);凡例7条;概述;大事记。正文12篇33章96节。第一篇地理环境(地域位置、地质地貌、土壤植被、气候);第二篇人口与土地资源(人口与土地、水与水利资源、矿产资源、旅游资源);第三篇土地制度(土地所有制变革、土地使用制度改革);第四篇土地开发与整治(耕地开发与农田水利、山地开发利用、红壤丘陵与滩地开发利用、土地深度开发利用、土地整治);第五篇土地规划与保护(土地规划、土地规划);第六篇建设用地管理(用地审批、用地补偿与安置);第七篇地籍管理(土地清丈与调查、地籍调查、土地登记发证、土地市场管理);第八篇土地税费(土地税、土地费);第九篇地租地价;第十篇法规监察(土地执法、土地信访);第十一篇科技与档案(土地科技、土地档案);第十二篇机构队伍。志末设丛录(文献、文告、诗文、后记、《衢县土地志》编纂机构及工作人员名单)。

浙江图书馆,衢州市图书馆,衢江区国土局、衢江区档案馆存藏。

3.28 衢县地名志

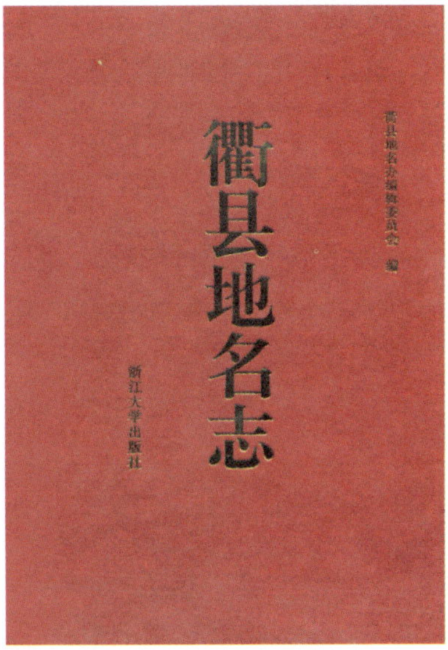

衢县地名志编辑委员会编。编委会主任徐德余，副主任孙亦政，主编王家寿，副主编吕信七。2002年9月浙江大学出版社出版发行(ISBN 7－308－03063－6/K.078)，杭州大众美术印刷厂印刷，16开本，印张37，70万字，定价98元。修志工作1998年9月启动，历时3年，2001年编修完成，参与编纂9人。

本志记述上限至事物发端，下限至2000年。

志首地图31幅(衢县政区图，上方镇、灰坪乡、太真乡、庙前乡、七里乡、峡川镇、双桥乡、杜泽镇、周家乡、九华乡、莲花镇、云溪乡、石梁镇、高家镇、安仁镇、樟潭镇、沟溪乡、航埠镇、横路乡、全旺镇、华墅乡、大洲镇、廿里镇、后溪镇、长柱乡、坑口乡、湖南镇、举村乡、岭头乡、洋口乡)；序2篇(2001年12月衢县县长陈建良作序一，2001年12月衢县民政局局长徐德余作序二)；凡例7条。正文9卷。卷一县名综述(县名来历、建置沿革、县境概览、自然环境、经济总情、人文胜迹、社会事业)；卷二政区地名(概述、上方镇、灰坪乡、太真乡、庙前乡、七里乡、峡川镇、双桥乡、杜泽镇、周家乡、九华乡、莲花镇、云溪乡、石梁镇、高家镇、安仁镇、樟潭镇、沟溪乡、航埠镇、横路乡、全旺镇、华墅乡、大洲镇、廿里镇、后溪镇、长柱乡、坑口乡、湖南镇、举村乡、岭头乡、洋口乡)；卷三山川地名(山、溶洞、峡谷、河流、滩涂)；卷四水利地名(电站、水库、水塘、水堰、防洪坝、干渠、电灌机埠、河道治理)；卷五交通地名(铁路、公路、县道、乡道、水路、码头、渡口、桥梁、古桥)；卷六胜迹地名(祠庙、佛寺、古塔、古墓、牌坊)；卷七历史地名(县、区、乡、自然村)；卷八单位地名(工厂、公司、台站、馆所、场店、学校、社段)；卷九地名文存(地名管理条例、关于开展地名补查和资料更新工作的通知、浙江省地名管理实施办法、浙江省地名管理办法、衢州市地名管理办法、关于衢县沈家经济开发区地名暂命名的通知)。志末设后记；编纂人员名单。

浙江图书馆，衢州市地方志办公室、市图书馆，衢江区民政局、衢江区档案馆存藏。

3.29 衢县姓氏志

衢县地名志办公室会编。编委会主任徐德余，副主任孙亦政，主编王家寿。修志工作2000年启动，2001年12月编修完成，历时1年。内部发行。

本志记述上限至事物发端，下限至2001年。

志首序言2篇(衢县县长陈建良作序一、衢县民政局局长徐德余作序二)；正文4

篇。第一篇姓氏综述；第二篇各姓人数；第三篇姓氏分布；第四篇姓氏来源（徐、郑、吴、陈、王、叶、余、张、周、方、朱、黄、李、刘、杨、毛、舒、姜、祝、汪、胡、童、江、何、邱、翁、林、吕、杜、邵、廖、傅、程、严、柴、蓝、金、罗、俞、姚、曾、孙、谢、洪、宋、赖、许、章、袁、龚、魏、蒋、吾、詹、缪、巫、夏、饶、范、彭、颜、阮、邓、华、高、潘、赵、卢、万、琚、沈、蔡、尹、郭、丰、苏、曹、贵、柳、冯、孔、钱、倪、聂、项、秦、梅、裴、应、雷、熊、董、涂、马、崔、邹、薛、陶、陆、梁、钟、储、管、温、甘、留、池、唐、丁、肖、柯、段、包、揭、封、楼、施、季、宁、凌、完、庄、欧阳、顾、盛、汤、鲁、鄢、符、樊、谭、平、殷、桂、虞、黎、慎、诸葛、练、富、戈、纪、郎、古、濮、修、伊、卜、过、耿、支、芮）。

衢州市地方志办公室、市图书馆，衢江区民政局、衢江区档案馆存藏。

3.30　衢县水利志（2005年版）

衢县水利志编纂委员会编。审定胡广济、审核郑志良、宋立明、陈雪清，编辑叶开泰、苏朝荆、包其传。衢州新华印务有限公司印刷，16开本，20万字，印数400册。修志工作2004年启动，2005年11月编修完成，参与编纂8人。历时2年。内部发行。

本志记述上限为事物发端，下限至2001年。

志首题词2幅（中共衢州市衢江区委书记毛建民，中共衢州市衢江区委副书记、代区长陈锦标）；彩照12页24幅，主题为：水库、干渠渡槽、灌溉机埠、防洪工程、渔业、电站、自然风光。地图2幅（衢县水系图、衢县政区图）；序1篇（衢江区副区长刘祖堂）；凡例8条；概述；大事记。正文10编29章63节。第一编水利环境（自然地理、气候水文、水资源）；第二编水旱灾害（灾情综述、防汛抗旱）；第三编治水工程（河道治理、蓄水工程、引水工程、提水工程）；第四编水力发电（发展历程、小水电、非县属水电、输变电工程）；第五编水产渔政（水产养殖、渔政管理）；第六编城乡供水（城乡供水、沈家经济开发区供水、乡镇村供水）；第七编投资效益（水利投资、工程效益）；第八编经营管理（工程管理、水费、综合利用、水利改革）；第九编机构沿革（新中国建立前水利机构、新中国建立后水利机构、水利工程管理机构）；第十编丛录

（人物、丛录）。志末设附录；编后；编纂人员名单。

衢江区水利局、衢江区档案馆存藏。

3.31 衢州明果禅寺志

衢州明果禅寺志编纂委员会编。顾问释戒成、朱荣华，编纂释定照、刘国庆。浙内图准字〔2008〕第113号，衢州新华印务有限责任公司，16开本，6万字。参与编纂10人，2008年编修完成付梓。内部发行。

本志记述上限至唐朝，下限至2008年。

彩照24页95幅，主题为：禅寺全景、匾额、佛像、书影、诗碑、大藏经、合影。地图1幅（明果禅寺位置示意图）；序3篇（衢州市人大常委会原副主任姜宁馨，市政协副主席祝瑜英，释万泰）。缘起；概述；纪事。正文8卷117节。卷一寺院（布局、天王殿、大雄宝殿、肉身殿）；卷二人物（〔唐〕大彻禅师、〔唐〕白居易、〔唐〕释道恷、〔唐〕赵抃、〔宋〕毛维瞻、〔宋〕释道行、〔宋〕释昙华、〔宋〕钱端礼、〔宋〕李浩、〔宋〕释咸杰、〔宋〕释守诠、〔宋〕释崇岳、〔宋〕释了悟、〔宋〕李宗勉、〔宋〕释光元、〔元〕释无碍、〔元〕释兰谷、〔元〕释旨堂、〔元〕郑用和、〔元〕祝完者都、〔明〕释道永、〔明〕杨子臣、〔清〕释形山、〔清〕释顿闻、〔民国〕释德渊、〔现代〕释定照）；卷三碑碣（西京兴善寺传法堂碑《白氏长庆集》、西京兴善寺传法堂碑《文苑英华》、元和证真塔记、宋元丰明果禅寺记、大彻禅师殿记、明果院重兴记、同人游明果寺诗碑）；卷四文选（京兆兴善寺惟宽禅师、唐京兆兴善寺惟宽传、兴善惟宽禅师、衢州桐山明果禅寺语录、大彻禅师祈雨感应香亭记、大彻禅师与禅宗、惟宽及其“不得忘”、白居易与大彻禅师、说说明果寺）；卷五诗词（赠兴善公上人、赠彻公、寄彻公、洛下赠彻公、宿大彻禅师故院、明果禅寺证真塔颂、赠禅僧、铜山、宿莲花寺倾从赵清献公游今十年矣、寄归宗华侄禅师、赞佛眼叔祖雪堂和尚侍立、乌巨山逵长老命立首坐持师顶相请赞、悟道诗、送杰侍者还乡、赞睦州和尚、赞密庵禅师、赠禅者、芝山智默长老请赞密庵先师、应庵师祖赞、应庵密庵同日忌、送悟藏主还姑苏、衢州祥符僧堂帐化士、三衢椿监寺修造佛殿、密庵先师赞、金华圣者赞、读政黄牛、密庵讣音至、至正壬午二月望旦奉仪大夫祝完者都．嘉仪大夫郑用和游明果寺题、无题、忆顿闻和尚、游明果寺吊大彻禅师、明果寺、明果禅寺、同人游明果寺诗并序、前题、明果寺玉佛、铜山源游、朝圣明果寺、《衢州明果禅寺志》审稿感怀、重光明果寺、庙前道上、明果寺、铜山道中、明果寺殿前菊花、明果禅寺、明果寺、赞定照法师纂志、如梦令·丁亥秋谒明果寺后感、如梦令·明果寺、忆佛、禅乐)；卷六楹联(山门、大殿、观音阁、肉身殿)；卷七杂录(应庵禅师祭文、应庵禅师塔铭、密庵禅师语录序、密庵和尚住衢州乌巨山乾明禅院语录、衢州大中祥符语录、密庵禅师塔铭、叙惟宽公末序)；卷八故事(草鞋仙和明果寺、草鞋仙和霸王神、武则天为明果寺题匾额)。志末设附录(南宗禅传承简表、衢州市佛教协会明果寺公告、诸佛菩萨圣诞纪念日、明果寺联系方式、助印人功德芳名、主要引用书目)；后记。

衢江区档案馆、明果寺存藏。

3.32 衢州市衢江区军事志

衢州市衢江区军事志编纂委员会编。编委会主任汪樟华、傅忠武，副主任毛剑泓；主编毛剑泓，副主编叶开泰，责任编辑徐爱俊、王家寿、苏朝荆。衢州新华印务有限公司印刷，浙内图准字(2009)73号，大16开本，37.28万字，印数1000册。修志工作2003年启动，2010年12月编修完成，历时6年，参与编纂16人。内部发行。

本志记述上限至事物发端，下限至2005年。

志首彩照18页50幅，主题为：荣誉表彰、领导视察、党管武装、国防演练、民兵军事训练、历史回顾。地图4幅(1985—1992年衢县政区图、衢江区政区图、衢江区水系图、衢州市地貌图)；序1篇(中共衢州市衢江区委书记朱建华、区长蔡晓春)；凡例11条；概述；大事记。正文8篇33章96节。第一篇军事环境(地理形势、自然地理环境、军事要地、环境影响、交通通信广播电视、人文地理环境)；第二篇军事组织(军事机构、驻军、地方武装)；第三篇兵役(兵役制度、机构与管理、征兵程序与方法、优抚与安置)；第四篇军队建设(军事训练、政治工作、后勤保障和装备)；第五篇国防动员(党管武装、国防动员体制、工作开展、国防演练、全民国防教育、基层人武部建设、防空)；第六篇民众武装(宋至清的民众武装、民国时期民众武装、中华人民共和国成立后民兵)；第七篇战事(古近代战事、民国时期战事、中华人民共和国成立前夕及其后战事)；第八篇军事人物(人物传、革命英烈、名录)。志末设附录(文告电文、规范性文件、文摘、诗词、使用资料目录、编纂始末)。

衢江区人武部、衢江区档案馆存藏。

江山市志书

江郎山

江山市志书编修一览

表4

序号	书　名	编修(出版)时　间	编　修　者	收　藏　单　位
		综　合　志		
一、县(市)志				
4.1	〔明〕江山县志	明正统以前		已散佚
4.2	〔明正德〕江山县志	明·正德十五年(1520)	明吴仲修,徐文溥纂	久　佚
4.3	〔明嘉靖〕江山县志	明·嘉靖二十三年(1544)	明黄伦修,谭金韶纂	久　佚
4.4	〔明天启〕江山县志	明·天启三年(1623)	明张凤翼修,徐日葵纂	台湾"中央图书馆"收藏江山市档案馆有复印本
4.5	〔清康熙〕江山县志	清·康熙二十二年(1683)	清余锡纂修	未　刊
4.6	〔清康熙〕江山县志	清·康熙四十年(1701)	清朱彩修,朱长吟纂	上海图书馆收藏
4.7	〔清康熙〕江山县志	清·康熙五十二年(1713)	清汪浩修,宋俊等纂	北图、北大、浙图收藏
4.8	〔清乾隆〕江山县志	清·乾隆四十一年(1776)	清宋成绥修,陆飞等纂	北图、故宫博物院、上图、南图、武大、浙图收藏
4.9	〔清同治〕江山县志	清·同治十二年(1873)	清王彬等修,朱宝慈等纂	全国有60多个图书馆收藏
4.10	〔民国〕江山县志稿	民国26年(1937)	王槐卿等纂修	江山市博物馆存1本残稿
4.11	〔民国〕江山县新志稿	民国37年(1948)	宁海干人俊编	江山市博物馆征得2本7卷残稿
4.12	〔民国〕江山县志稿	抗日战争后		江山市档案馆存志稿14本
4.13	江山县志简编	1984年12月	江山县县志编纂办公室	江山市档案馆
4.14	江山市志(1990年版)	1990年2月	江山市志编纂委员会	省、市地方志办公室,浙江图书馆,衢州市图书馆,江山市图书馆、市档案馆
4.15	简化字现代标点本〔清·康熙〕江山县志	2010年11月	江山市档案局(史志办)	衢州市地方志办公室江山市史志办公室江山市档案馆

续表4

序号	书　名	编修(出版)时　间	编　修　者	收　藏　单　位
4.16	江山市志（1988—2007）	2013年9月	江山市地方志编纂委员会	省、市地方志办公室，浙江图书馆，衢州市图书馆，江山市图书馆、市档案馆
二、乡镇志　村志				
4.17	江山城关镇志	1991年7月	江山城关镇志办公室	浙江图书馆，省地方志办公室，衢州市图书馆，江山市图书馆、市档案馆
4.18	江山市长台镇志	2001年5月	江山市长台镇人民政府	省地方志办公室，浙江图书馆，衢州市图书馆，江山市图书馆、市档案馆
4.19	清湖镇志	2003年1月	清湖镇志编纂委员会	省地方志办公室，浙江图书馆，衢州市图书馆，江山市图书馆、市档案馆
4.20	廿八都镇志	2007年1月	江山市廿八都镇志编纂委员会	省、市地方志办公室，江山市档案馆、市图书馆
4.21	峡口镇志	2012年12月	峡口镇志编纂办公室	浙江省地方志办公室，江山市图书馆、市档案馆
4.22	大桥镇志	2015年8月	大桥镇志编纂委员会	浙江省地方志办公室，江山市图书馆、市档案馆
4.23	白沙村志（1991年版）	1991年6月	浙江江山定村乡白沙村志编纂组	浙江图书馆，衢州市图书馆，江山市图书馆、市档案馆
4.24	花园岗村志	2007年3月	江山市清湖镇花园岗村委会	江山市图书馆、档案馆
4.25	白沙村志（2012年版）	2012年7月	江山市凤林镇白沙村志编纂领导小组	浙江图书馆，衢州市地方志办公室，江山市图书馆、市档案馆
4.26	淤头村志	2015年6月	淤头村志编纂委员会	浙江图书馆，江山市图书馆、市档案馆
4.27	鳌头村志	2017年12月	鳌头村志编委会	衢州市地方志办公室，江山市史志办、市档案馆，鳌头村委会

续表4

序号	书　名	编修(出版)时　间	编　修　者	收　藏　单　位
专　志				
4.28	〔清康熙〕仙霞岭天雨庵志	清康熙年间	释正龙	浙江图书馆
4.29	浙江省江山县地名志	1984年12月	江山县地名委员会	浙江图书馆，江山市档案馆
4.30	江山县农村金融志	1986年9月	中国农业银行江山县支行农村金融志编写组	浙江图书馆、江山市档案馆
4.31	江山水泥厂志	1988年12月	江山水泥厂志编委会	浙江图书馆，衢州市地方志办公室，江山市档案馆、虎山集团
4.32	江山市粮食志（1990年版）	1990年10月	江山市粮食局	浙江图书馆、江山市档案馆
4.33	江山市蜂业志	1991年8月	江山市养蜂管理站	江山市档案馆
4.34	浙江省江山市教育志	1992年7月	江山市教育委员会	浙江图书馆，江山市图书馆、市档案馆
4.35	江山交通志	1993年9月	江山交通志编委会	浙江图书馆，衢州市图书馆，江山市图书馆、市档案馆
4.36	江山民政志	1994年8月	江山民政志编纂办公室	浙江图书馆，衢州市地方志办公室，江山市图书馆、市档案馆
4.37	江山市育才中学校志（1988—1993）	1994年	江山市育才中学校志编纂组	江山市图书馆、市档案馆
4.38	江山城东幼儿园简志（1956—1994）	1995年8月	幼儿园简志编纂小组	江山市城东幼儿园
4.39	江山农村金融志	1995年12月	农行江山市支行农村金融志编写组	浙江图书馆，江山市图书馆、市档案馆
4.40	六　家　志	1996年10月	毛东武	江山市档案馆
4.41	江山法院志	1997年1月	江山市人民法院	浙江图书馆，衢州市地方志办公室，江山市图书馆、市档案馆
4.42	江山市土地志	1998年5月	江山市土地管理局	江山市图书馆、市档案馆
4.43	江山市水利志	1998年9月	江山市水利志编委会	浙江图书馆，衢州市地方志办公室，江山市图书馆、市档案馆

续表4

序号	书　名	编修(出版)时　间	编　修　者	收　藏　单　位
4.44	江山中学校志(1938—1998)	1999年9月	江山中学校志编委会	浙江图书馆、江山中学
4.45	江山市人民医院院志(1940—1990)	2000年	江山市人民医院院志编纂办公室	江山市图书馆、市档案馆
4.46	江山市供销合作社志	2003年6月	江山市供销合作社志编纂领导小组	江山市图书馆、市档案馆
4.47	江山政协志	2003年10月	江山政协志编委会	浙江图书馆,衢州市图书馆,江山市图书馆、市档案馆
4.48	江山市人大志	2006年10月	江山市人大志编委会	浙江图书馆,江山市图书馆、市档案馆
4.49	江山实验小学百年校志(1906—2006)	2006年10月	江山实验小学百年校志编写组	浙江图书馆、江山市实验小学
4.50	江山市粮食志(2008年版)	2008年5月	江山市粮食志编委会	衢州市地方志办公室,江山市图书馆、市档案馆
4.51	江山中等专业学校、江山市第八中学校志(1958—2008)	2008年10月	江山中专、江山八中校庆校志办公室	江山中专、江山八中
4.52	江山农村合作金融志	2008年10月	江山农村合作金融志编委会	江山市图书馆、市档案馆
4.53	江山市电力工业志	2009年5月	江山市电力工业志编委会	江山市图书馆、市档案馆
4.54	江　化　志	2009年7月	江化志编委会	江山市图书馆、市档案馆
4.55	江山公安志	2009年10月	江山公安志编委会	江山市图书馆、市档案馆
4.56	江山市军事志	2010年10月	江山市军事志编委会	江山市人武部
4.57	江山市工会志	2011年2月	江山市工会志编委会	衢州市图书馆,江山市图书馆、市档案馆
4.58	江山检察志	2011年10月	江山检察志编委会	江山市图书馆、市档案馆
4.59	虎山集团志(1988—2007)	2012年4月	虎山集团志编委会	浙江图书馆,衢州市地方志办公室,江山市虎山集团
4.60	红火集团志(1979—2013)	2015年8月	红火集团志编委会	江山市红火集团

江山市志书

综合志

一、县(市)志

4.1 〔明〕江山县志　20卷

纂修人不可考,修于明代。

《文渊阁书目》卷二十新志类著录,当修于明正统(1436—1449)以前。

(摘自《浙江方志考》浙江人民出版社1984年版　洪焕椿　编著)

4.2 〔明正德〕江山县志　10卷

明吴仲修,徐文溥纂。纂修于明正德十五年(1520),10卷,刊本已佚,见《千顷堂书目》、《万卷堂书目》、清康熙《衢州府志》卷二十九著录。

(摘自《浙江方志考》浙江人民出版社1984年版　洪焕椿　编著)

4.3 〔明嘉靖〕江山县志

明黄伦修,谭金韶纂。明嘉靖二十三年(1544)修,刊本已佚,见《千顷堂书目》、康熙《衢州府志》著录。

(摘自《浙江方志考》浙江人民出版社1984年版　洪焕椿　编著)

4.4 〔明天启〕江山县志　10卷

明张凤翼修,徐日葵纂。明天启三年(1623)修,10卷,刊本,台湾"中央图书馆"收藏,缺末二卷。北京图书馆、上海图书馆、南京图书馆均有胶卷(存卷1至卷8)。日本宫内厅书陵部藏有抄本4册,全。

(摘自《浙江方志考》浙江人民出版社1984年版　洪焕椿　编著)

江山市档案馆藏有日本宫内厅书陵部抄本复印本,全。

4.5 〔清康熙〕江山县志　10卷

清余锡纂修。修于清康熙二十二年(1683),10卷,未刊,北京图书馆有抄本7卷(缺卷1至卷3),上海图书馆有胶卷复制传抄本。

(摘自《浙江方志考》浙江人民出版社1984年版　洪焕椿　编著)

4.6 〔清康熙〕江山县志 15卷

清朱彩修，朱长吟纂。修于清康熙四十年（1701），10卷，刊本，4册，上海图书馆藏。

（摘自《浙江方志考》浙江人民出版社1984年版 洪焕椿 编著）

4.7 〔清康熙〕江山县志 14卷首1卷末1卷

清汪浩修，宋俊等纂。修于清康熙五十二年（1713），14卷首1卷末1卷，刊本，北京图书馆、北京大学图书馆、浙江图书馆均有藏本。

（摘自《浙江方志考》浙江人民出版社1984年版 洪焕椿 编著）

4.8 〔清乾隆〕江山县志 16卷首1卷末1卷

清宋成绥修，陆飞等纂。修于清乾隆四十一年（1776），16卷首1卷末1卷，8册，刊本。

北京图书馆、故宫博物院图书馆、上海图书馆、南京图书馆、武汉大学图书馆、浙江图书馆收藏。

（摘自《浙江方志考》浙江人民出版社1984年版 洪焕椿 编著）

4.9 〔清同治〕江山县志 12卷首1卷末1卷

清王彬等修，朱宝慈等纂。修于清同治十二年（1873），同年文溪书院刊本，12卷首1卷末1卷8册。

全国有60多个图书馆收藏。台北成文出版社又据同治原刊本影印，编入《中国方志丛书》中。

（摘自《浙江方志考》浙江人民出版社1984年版 洪焕椿 编著）

4.10 〔民国〕江山县志稿

民国26年（1937），江山县县长周心万招聘王槐卿等纂修。稿成正值日军侵扰江山，未付梓，原稿散失殆尽。江山市博物馆存1本残稿。

4.11 〔民国〕江山县新志稿

民国37年（1948），宁海干人俊在杭州任职时，参阅民国《浙江通志稿》等有关资料编纂，未付梓，原稿散失殆尽。

江山市博物馆征得2本7卷残稿。

4.12 〔民国〕江山县志稿

抗日战争后纂修，下限至民国37年（1948），未刊。

江山市档案馆存志稿14本。

4.13 江山县志简编

江山县县志编纂办公室编。主纂郑立墉、方炳炎、毛东武。1984年12月上海中华印刷厂印刷，精装，32开本，8.25印张，10万字，204页，印数5000册，定价4元。

本志记述上限依事物的发端和掌握的资料而定，下限截止1982年，部分下限适当延伸至1983年年底。

彩照14页，题词1幅（杨芝荣），前言。正文7编69节。第一编自然环境（地理位置、面积、地形、河流水系、气候特征、物产）；第二编历史概况（建县简史、近代史事、解放前中国共产党的活动、中华人民共和国成立后的三十多年、人口与计划生育、设置沿革与历任县长）；第三编经济述要（农业、经济特产、林业、水利水电、工业生产、交通、邮电通讯、商业和对外贸易）；第四编文教卫生（教育、文化艺术、医药卫生、科学技术、新闻与广播）；第五编名胜古迹（江郎山、仙霞关、大陈岭溶洞、龙虎山和鸡公山、太阳山、仙居寺、据源寺、城隍庙和萃贤亭、清湖小江郎、峡里凉风、景星塔、百塔、凝秀塔、清漾塔、凤林塔、峿峰塔）；第六编历史人物（赵师旦、毛渐、毛滂、徐存、毛晃及毛居正、柴蒙亨等）；第七编附录（江山古治考证资料、历代《江山县志》新探、编纂人员名单）。

江山市档案馆存藏。

4.14 江山市志(1990年版)

江山市志编纂委员会编。历任市（县）志编纂委员会主任卢锦良、叶锡宏，副主任楼兆棣、贺冰清、祝瑜英、杜东平、徐仁敏，主编郑立墉，副主编朱德田、朱云亨、毛东武，顾问魏桥、潘一平、林衍经。浙江人民出版社1990年2月出版（ISBN 7－213－00448－4/K.111），上海印刷七厂印刷。精装，16开本，70.7万字，670页，印张46，印数5000册，定价36元。修志工作1985年启动，历4年。参与编纂和提供初稿资料99人。

本志记述上限依事物的发端和掌握的资料而定，下限截止1987年，个别事物下限

适当延伸。

志首赵朴初题词1幅，彩照22页53幅，地图4幅（江山市政区图、江山市城区图、江山市地形图、江山市土壤分布图），序2篇（市委书记叶锡宏、市长徐仁敏作序一，浙江省社会科学院副院长魏桥作序二），凡例7条，目录，概述，大事记。正文23编130章393节。第一编建置（沿革、境域、区划、市区、区乡）；第二编自然环境（地质、地貌、气候、水文、土壤、生物、自然灾害）；第三编人口（人口发展与分布、人口构成、计划生育）；第四编经济综述（经济发展与变化、所有制、体制改革、经济管理、人民生活）；第五编农业（粮食生产、经济特产、畜牧生产、林业生产、水产养殖、名特产品、黄土丘陵开发利用、水利建设、农业机具、农业场站）；第六编工业（建材工业、机电工业、食品工业、化学、塑料工业、纺织工业、电力工业、采矿工业、造纸、印刷工业、工艺美术工业、制革、服装工业、冶金及其他工业、管理体制）；第七编商业（经营体制、生产资料购销、生活资料购销、土特产品购销、对外贸易、饮食服务、集市贸易）；第八编城乡建设（市区建设、乡镇建设、房地产管理、建筑业管理、环境保护、农村能源）；第九编交通邮电（驿道与乡道、公路、铁路、水路、桥梁与渡口、邮电）；第十编财政金融（财政、税收、金融、债券、保险、审计）；第十一编工商管理（工商行政管理、物价管理、计量）；第十二编党派团体（中国共产党、中国国民党、民主党派、其他党派、群众团体）；第十三编政权政协[权力机构、市（县）政府机构、人民政协、民国时期议事机构]；第十四编公安司法（公安、法院、检察、司法行政）；第十五编军事（驻军、地方武装、兵役、民兵、军事设施、主要兵事）；第十六编民政（基层政权建设、拥军优属、社会福利、社会救济、婚姻登记、移民与支边）；第十七编劳动人事（职工队伍、劳动就业、劳动保护监察、工资劳保福利）；第十八编教育（县学书院学塾、初等教育、中等教育、成人教育、教育经费和学校建设、教师、教育体制与教学改革）；第十九编科学技术（机构与队伍、科研活动与成果、科普工作、科技体制改革）；第二十编文化（群众文化、文艺创作、戏剧、电影、图书、新闻、文物胜景）；第二十一编卫生体育（医疗机构、中医西医、疾病预防、妇幼保健、体育事业、体育竞赛）；第二十二编社会（风俗、宗教、姓氏、方言、民间故事）；第二十三编人物（人物传、烈士英名录、江山籍在台湾和国外部分知名人物）。志末设附录。

1992年，本志获浙江省地方志优秀成果二等奖。1993年获全国新编地方志优秀成果二等奖。

浙江图书馆，省、市地方志办公室，衢州市图书馆，江山市图书馆、市档案馆存藏。

4.15 简化字现代标点本〔清康熙〕江山县志

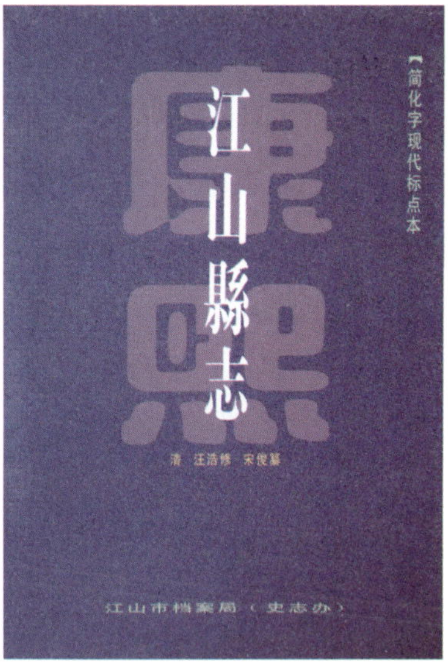

江山市档案局（史志办）据〔清〕康熙五十二年（1713）刻本之抄本整理刊印。江山旧志整理指导委员会主任赖瑞洪、副主任王卫明，审稿徐青、王熊，点校朱云亨、叶朝海、刘毅。点校工作始于2008年3月，2010年11月内部出版印刷。32开本，605页，定价120元。

点校本卷首为整理说明、目录；汪浩重修县志序；徐文溥、黄伦、蒋德璟、张凤翼、徐日葵、郑世熙、朱彩旧序各一；宋俊重修县志序；例言；卷首图说。正文14卷：卷一舆地志；卷二建置志；卷三国计志；卷四学校志；卷五礼轶志；卷六职官志；卷七选举志；卷八恩荣志；卷九人物志；卷十拾遗志；卷十一典册志；卷十二艺文志；卷十三艺文志中；卷十四艺文志下。卷终设附录；后记。

衢州市地方志办公室、江山市史志办公室、江山档案馆存藏。

4.16 江山市志（1988—2007）

江山市地方志编纂委员会编。市地方志编纂委员会顾问陈锦标，主任王良春，副主任张炳福、毛正彩，主编祝龙光，副主编朱云亨、蔡恭。方志出版社2013年9月出版（ISBN 978－7－5144－0887－4/K.714），浙江江山鑫华印刷有限公司印刷。精装，16开本，170.3万字，1182页，印数3000册，定价398元。修志工作2009年启动，2012年9月完成初审稿。

本志为《江山市志》续志。上限1988年1月江山撤县设市正式命名授牌，下限2007年12月，个别内容适当追溯和延伸。

志首赵朴初题词一幅，彩照30页65幅，地图6幅（江山市在浙江省区位图、江山市政区图、江山市中心城区图、江山市交通图、江山市旅游交通图、江山市水系图），序1篇（中共江山市委书记陈锦标、市长王良春作序）、凡例10条，目录，概述，大事记。正文25篇134章488节。第一篇区域环境［建制区域区划、城区街道（乡镇）、地理环境、气候水文、自然资源、环境保护］；第二篇居民（人口、计划生育、人口管理、居民生活）；第三篇体制改革

(工业体制改革、农村体制改革、商业流通体制改革、教育卫生体制改革、财税金融体制改革、行政管理体制改革);第四篇城乡建设(城市建设、村镇建设、建筑房地产业、电力);第五篇交通(公共交通、公路建设、公路运输、公路管理、铁路建设、铁路运输、水路交通);第六篇信息传输(邮政、电信、移动通讯、信息化建设);第七篇工业(建材工业、化学工业、机电工业、竹木制品、食品药品、纺织服装、塑料皮革、文体用品、工业园区);第八篇农业林业(种植业、养殖业、农业机械、农村能源农业执法、林业);第九篇水利(农田水利工程、防洪工程、重点水利工程、防汛抗旱、水产养殖、水利管理);第十篇商业贸易(市场、商品购销、粮食购销、外向型经济);第十一篇财税金融(财政、税务、金融);第十二篇经济综合管理(计划管理、统计管理、工商经济管理、物价管理、质量技术监督、审计管理、土地管理、矿产资源管理、食品药品管理、安全生产管理、招商引资);第十三篇党派(中国共产党、民主党派工商联);第十四篇社会团体(工会、青少年组织、妇女联合会、科学技术协会、文学艺术工作者联合会、残疾人联合会、台联侨联、关工委老龄委);第十五篇政权政协(市人民代表大会、市人民政府、市政协);第十六篇军事(机构驻军、兵役、民兵、军民关系、人民防空);第十七篇政法(社会治安综合治理、公安、检察、审判、司法行政);第十八篇人事劳动社会保障(人事、劳动、社会保障);第十九篇民政(优抚安置、社会救助、社会福利、婚丧管理、地名与社团管理、社区建设与村民自治);第二十篇教育(教育行政、基础教育、职业教育、成人教育);第二十一篇科学技术(科技研发与服务机构、科技队伍、科技企业与高新技术产品、科技项目、科技成果、重大科技活动);第二十二篇文化新闻(文化设施建设、文学艺术、文化活动、新闻、档案史志、图书文物、文化市场管理);第二十三篇卫生体育(医疗机构、医疗队伍、传染病预防与控制、地方病防治、公共卫生与保健、卫生监督管理、体育活动、体育队伍与设施);第二十四篇旅游(景区景点、申报创建、景区建设、市场开拓、服务管理);第二十五篇人物(人物传、人物录、人物表)。志末设附录。并附电子光盘一张。

浙江图书馆,省、市地方志办公室,衢州市图书馆,江山市图书馆、市档案馆存藏。

二、乡镇志　村志

4.17　江山城关镇志

江山城关镇志办公室编。主编朱云亨。1991年7月浙江人民出版社出版(ISBN 7－213－00700－9/K·174),浙江上虞印刷厂印刷。精装,32开本,11.75印张,21.2万字,328页,印数1500册,定价16元。修志工作1985年启动,一年多时间,编成20多万字的镇志稿。1989年,又重开修志之议,于6月成立镇志编纂领导小组,下设办公室,聘请编纂人员,开展编纂工作。

本志记述上溯事物之发端，下限至1988年，部分事物延伸至1990年年初。

志稿彩照11页。地图1幅（江山市城区图）；序3篇（江山市长徐仁敏作序一，徐元礼、姜存庚作序二，城关镇书记邵作彬、镇长郑其生作序三）；凡例6条；概述；大事记。正文17章69节。第一章建制；第二章镇区建设；第三章工业；第四章农业；第五章商业；第六章金融 财税 工商管理；第七章交通 邮电；第八章中国共产党；第九章政权；第十章民政；第十一章军事；第十二章群众团体；第十三章教育；第十四章文化；第十五章卫生 体育；第十六章居民；第十七章人物。志末编后记。

浙江图书馆，省地方志办公室，衢州市图书馆，江山市图书馆、市档案馆存藏。

4.18 江山市长台镇志

江山市长台镇人民政府编。主编朱青麟。2001年5月内部出版，江山市鑫华印刷有限公司印刷。32开本，26印张、28万字、362页，印数1000册。

本志记述上限不求统一，视事物发端而定，下限至2000年。

志稿题词2幅（衢州市人大常委会副主任姜宁馨、江山市政府副市长何蔚萍）；彩照10页；地图3幅（长台镇旧政区图、长台镇现行政区图、长台镇区示意图）；序2篇（长台镇党委书记陈水平，镇长江勇作序一；安徽大学历史系林衍经作序二）；凡例6条；概述；大事记。正文19章77节。第一章镇域；第二章自然环境；第三章镇区建设；第四章农业；第五章工业；第六章商业；第七章金融 保险 财税与工商管理；第八章交通邮电；第九章中国共产党；第十章政权；第十一章民政；第十二章军事 司法；第十三章群众团体；第十四章文化；第十五章教育；第十六章卫生 体育 环保；第十七章居民；第十八章社会；第十九章人物。志末设编后记。

浙江图书馆，省地方志办公室，衢州市图书馆，江山市图书馆、市档案馆存藏。

4.19 清湖镇志

清湖镇志编纂委员会编。主任陈道喜,副主任陈新林、郑建阳。主编毛东武,副主编查国康、柴俊树。2003年1月天马图书有限公司出版发行(ISBN 962-450-123-8/D.44963),江山市鑫华印刷有限公司印刷。精装,16开本,印张31.5,53.2万字,491页,印数2000册,定价98元。志稿2001年3月启动,先后四易其稿,五改篇目。2002年6月,编纂基本结束。

本志记述上限视事物发端而定,下限至2000年。

志稿地图1幅(清湖镇行政区划图);彩照30页;序言2篇(中共江山市清湖镇委员会书记陈道喜、清湖镇镇长陈新林作序一,中国地方志协会副会长魏桥作序二);叙例1条;概述;大事记。正文设天、地、人、文4个部类:天部3章(自然环境、环境保护、自然风光);地部8章(地域建置、种植业、养殖业、林业、水利、工业、财贸、工商、镇村建设、交通邮电);人部8章(人口、政权、党群、政事、军事、人物传、人物表、世业之家、当代名流);文部5章(教育、文化、卫生、体育、风俗、宗教、民情)。志末设跋;清湖镇志编纂人员名单。

浙江图书馆,省地方志办公室,衢州市图书馆,江山市图书馆、市档案馆存藏。

4.20 廿八都镇志

江山市廿八都镇志编纂委员会编。历任主任毛培泉、毛舒峰,副主任黄家标、叶顺海,主编蔡恭,特约主编祝龙光。中国文史出版社2007年1月出版(ISBN 978 - 7 - 5034 - 1908 - 9),金华新华印刷有限公司印刷。精装护封,16开本,86.6万字,46.75印张,677页,印数2000册,定价180元。修志工作于2002年启动,2007年完成。

本志记述上限依事件发端,下限至2004年。大事记及少数事物适当延伸。

志首彩照36页105幅,地图5幅(廿八都镇全境图、廿八都镇镇区图、1984年版江山县地名志廿八都乡图、1984年版江山县地名志周村乡图、廿八都古图），浙江文化研究工程成果文库总序（中共浙江省委书记、省人大常委会主任习近平），序3篇（中共江山市委市委书记、市人大常委会主任吴雪桦作序一，中共廿八都镇党委书记毛舒峰、镇长叶顺海作序二，廿八都镇党委原书记毛培泉、镇长黄家标作序三），凡例12条，目录，综述，大事记，正文42章161节。第一章镇域建置（镇域变迁、建置沿革、行政村、自然村）；第二章地理环境（地质背景、地质发展历史、地貌水系、地质地貌景观、气候、灾异）；第三章生态环境（自然植被、人工植被、国家保护树种 动物和古树名木、环境质量现状、生态环境保护）；第四章土壤（山地土种、水稻土土种）；第五章景观（浮盖山、枫溪十景、其他景观、景区建设）；第六章古镇概貌（古镇发展、街巷、镇区建设、水电）；第七章古建筑群（公共古建筑、古民居、桥梁街灯石经幢、保护维修）；第八章历史文化保护区保护规划（历史文化价值概述、历史文化保护区保护规划总则、古镇格局与风格特色的保护、历史街区的保护、文物古迹的保护、优秀文化传统的继承与发扬）；第九章土地利用（土地利用的目标、土地利用的结构调整、土地利用分区、土地开发 保护 整理和复垦、实现规划的政策与措施、土地价格、地籍调查）；第十章人口（人口数量、人口构成与分布、计划生育）；第十一章人民生活（粮食服饰、经济收入、私人建房、家用电器、下山脱贫）；第十二章古代交通（仙霞古道、驿站驿铺、其他古道、凉亭）；第十三章现代交通邮电（205国道、乡村公路机耕路、景区公路过境省道、交易工具车站、邮电、移动电话互联网）；第十四章农业（耕地面积、粮食播种面积与产量、水稻品种与耕作制度、水稻栽培技术与病虫害防治、其他粮食作物、水利、农机具）；第十五章林业畜牧业（森林资源、植树造林、林产品、畜牧业）；第十六章经济特产（脐橙、山药、高山蔬菜、茶叶、油菜白豆蔻）；第十七章农田保护（主要控制指标、具体工作及成果、基本农田调整和待置换用地划定）；第十八章农村改革（农田承包、山林承包、税费改革）；第十九章商业（晚清至民国中期的商业、家族型的商业集团、民国后期和解放后的商业、廿八都供销合作分社）；第二十章工业（清代与民国时期的手工业、解放后的工业手工业、新时期工业、发电供电、外出务工）；第二十一章金融工商管理（金融、工商管理、检查站）；第二十二章中国共产党（建国前党的活动、建国后镇级党组织沿革、基层党组织自身建设及活动）；第二十三章政权［建国前基层政权、镇（乡）人民政府、镇人民代表大会］；第二十四章军事（历代战事、红军攻打廿八都、仙霞岭抗日大捷、解放廿八都剿匪、驻军、地方武装、民兵、军事设施）；第二十五章民政（拥军优属、社会福利、灾祸救济、婚姻登记、殡葬改革、知识青年安置和儿童收养）；第二十六章群众团体（农会商会、青少年组织妇女组织、老年协会关心下一代协会残联、教育会台联会、科协红十字会佛教会）；第二十七章教育（学塾、幼儿教育、小学教育、中学教育、成人教育）；第二十八章文化（文化活动、文化组织、花灯木偶剪纸、广播电影电视）；第二十九章卫生体育（医疗机构沿革、廿八都镇卫生院、疫病防治、爱国卫生、体育）；第三十章姓氏（姓氏数量与人口、姓氏渊源、姓氏的空间分布、姓氏与人口迁徙、始迁祖职业）；第三十一章方言（廿八都官话、江山腔浦城腔广丰腔洋田腔、灰山腔岭头腔溪下腔乌石块腔、徽州腔南丰腔下浦腔贵州腔、廿八都“官话”音系、官话的称谓及常用词语）；第三十二章风俗（耕作习俗、建房乔迁、时令习俗、婚嫁习俗、生日寿庆、丧葬习俗、风味饮食）；第三十三章民间故事；第三十四章民歌（民歌歌词、歌词配曲）；第三十五章民谚歇后语（气象谚语、农事谚语、处世谚语、歇后语）；第三十六章人物（人物传、科技界企业界人士、领导干部、台湾同胞）；第三十七章文件选辑；第三十八章历代碑文选辑；第三十九章历代文选；第四十章历代诗词选；第四十一章枫溪十景诗选；第四十二章古代楹联选。另附专记11篇、附录27篇。卷末设编后记。

《廿八都镇志》被收录进《浙江文化研究工程成果文库》出版。

省、市地方志办公室，江山市图书馆、市档案馆存藏。

4.21 峡口镇志

峡口镇志编纂办公室编。历任编纂委员会主任张志军、毛香水，副主任赵卫国、徐彪、毛建森，主编祝龙光，特约主编朱云亨，副主编毛位远、毛达基。人民出版社2012年12月出版（ISBN 978－7－01－008528－9），浙江江山鑫华印刷有限公司印刷。精装，16开本，62.2万字，567页，印数1000册，定价228元。修志工作2009年启动，历4年。

本志记述上限以事物发端或收集的资料而定，下限至2009年，个别事件及大事记延伸到2011年。

志首地图1幅（江山市峡口镇政区图），彩照32页157幅，序（中共峡口镇党委书记毛香水、镇长毛建森），凡例7条，目录，概述，大事记。正文26章126节。第一章建置（沿革、境域、区划、行政村居委会）；第二章自然环境（地貌地质、气候、山脉河流、土壤、植被野生动物、峡里风）；第三章镇区建设（街道巷弄、公共建筑古民居、规划和建设、土地管理、环境整治与美化、供水供电）；第四章居民与生活（人口、计划生育、生活）；第五章民政（拥军优属、赈灾济困、助残事业、老年工作及养老保险、婚姻登记、移民安置及知青插队、殡葬改革）；第六章工业（发展概况、手工业、工业企业、生态工业功能区、来料来样加工业）；第七章农业（土地关系及体制改革、耕地面积、粮豆作物、经济作物、畜禽、农业科技、农业机械、特色效益农业）；第八章林业（森林资源、桑茶果木、绿化造林、林木管理、森林保护、林业三定、主要林产品与竹木利用）；第九章水利(水库、堰坝水渠堤埂、溪河改造与水毁工程修复、农田改造与土地整理开发、防灾与抗灾救灾、水产养殖);第十章商业贸易(建国前商贸、粮油商业、供销商业、生猪购销、服务业、个体商业、集市贸易、工商管理);第十一章交通邮电(古道及民间大道、公路康庄工程、渡口码头桥梁、场站亭、交通工具交通事故、邮政电信、移动通讯互联网);第十二章财税金融(财税机构、财税收入、金融机构、金融业务、服务三农及中小企业);第十三章中国共产党(解放前党的组织及活动、解放后镇党组织沿革、镇域内的区乡级党组织);第十四章政权[清峡口同知署、民国时期政权、镇(乡)人民政府、镇域内设立过的区公所乡政府、镇(乡)人民代表大会];第十五章军事(军事设施、历代驻军、主要兵事、民兵组织及活动);第十六章社会治安(派出所交警中队、法庭检察室、综合治理、法律服务、消防工作);第十七章社会团体(工人组织、农民组织、青少年组织、妇女组织、商会统战联谊会、关工委);第十八章教育(书院私塾、幼儿教育、小学教育、中学教育、职业教育、成人教育培训、教师队伍、学校建设);第十九章文化(文化机构、舞蹈戏曲文艺宣传演出、书画剪纸摄影、广播电视电影);第二十章卫生体育[卫生院(所)、卫生服务站与卫生室、个体诊所、药店,疾(疫)病防治及爱国卫生、医疗队伍,体育设施及活动];第二十一章姓氏与方言(姓氏与人口、姓氏分布、方言);第二十二章风俗;第二十三章名胜古迹(三卿口制瓷作坊、古塔牌坊、祠堂楼厅庙宇、文物及其保护、古桥古井、峡里湖峡里风);第二十四章民间故事(传说故事、地方歌谣);第二十五章人物(人物传、英烈);第二十六章历代诗文选(诗词、文选)。志末设后记。

浙江省地方志办公室,江山市图书馆、市档案馆存藏。

4.22 大桥镇志

大桥镇志编纂委员会编。编纂委员会主任陈建宏、陈国平,副主任周克俊、徐群年,主编朱云亨,特约主编祝龙光,副主编毛达基、余存义。2015年8月出版[浙内图准字(2015)H06号],浙江江山鑫华印刷有限公司印刷。精装,16开本,62.4万字,444页,印数1100册。修志工作2011年5月启动,2014年3月完成。

本志记述上限以事物发端或收集的资料而定,下限至2010年,个别事件延伸到2013年。

志首地图1幅(大桥镇政区图),彩照27页85幅,序(中共大桥镇党委书记陈国平、镇长徐群年),凡例6条,目录,概述,大事记。正文26章124节。

第一章建置(沿革、境域变动与土地权属界调查、区划、行政村);第二章自然环境(地质地貌、气候、河流、土壤、森林植被与野生动物、自然灾害、环境保护);第三章镇区建设(建设规划、街道巷弄区片、公共建筑、集镇建设与美化、住宅建设、镇村建设管理);第四章居民与生活(人口、计划生育、生活概况);第五章农业(土地关系改革、耕地变动、耕地建设与农田保护、种植业、养殖业、专业合作社园区、特色效益农业);第六章农业机械与农业科技(农业机械、农机化作业与农机管理、农业科技);第七章林业(森林资源、采种育苗、植树造林、桑茶果木、林木管理、森林保护、主要林产品、林业生产责任制与林地流转);第八章水利(水库山塘、堰坝渠道、溪河治理、防汛防旱、抗灾救灾、淡水养殖、水利管理与水利体制改革);第九章工业(发展概况、手工业、工业企业、来料来样加工、安全生产、电力供应);第十章商业(供销合作商业、粮油购销、生猪购销、个体商业、边界贸易、集市、市场管理);第十一章交通邮电(民间大道机耕路、公路康庄工程、亭桥站、交通工具客运、公路管理与养护、邮政电信、移动通讯互联网);第十二章财税金融(财政、村级财务、金融、保险);第十三章民政(拥军优属与复退军人优待、扶贫济困、社会福利、婚姻登记、移民安置与知青插队、殡葬及其改革、地名普查);第十四章中国共产党(镇党组织沿革、历次党的代表大会、镇域内的乡级党组织、基层党组织建设);第十五章政权[民国时期政权、镇(乡)人民政府、镇域曾设立过的乡政府、镇(乡)人民代表大会];第十六章军事(驻军、兵事、民兵);第十七章社会治安(组织机构、法制教育、刑事案件民事调解、综合治理、边界联防);第十八章社会团体(工人组织、农民组织、青少年组织、妇女组织、其他组织);第十九章教育(幼儿教育、小学教育、中学教育、成人教育、教师队伍、校舍建设);第二十章文化(文化机构、舞蹈戏曲文艺演出、书画剪纸工艺、文化节、遗址文物、歌谣谚语);第二十一章卫生体育(医疗机构、血吸虫病防治、疫病防治及爱国卫生、妇幼保健、医疗队伍、体育);第二十二章姓氏方言(镇区姓氏统计、姓氏分布、姓氏迁徙、方言);第二十三章风俗;第二十四章人物(人物传、烈士英名录、人物录、人物表);第二十五章文选;第二十六章民间故事。志末设后记。

浙江省地方志办公室,江山市图书馆、市档案馆存藏。

4.23　白沙村志(1991年版)

定村乡白沙村志编纂组编。主编毛东武,副主编毛兆丰。1991年6月学林出版社出版(ISBN 7－80510－609－6/K.40),丹阳新华印刷厂。平装,32开本,6.125印张,13.8万字,178页,印数1300册,定价3.95元。白沙村志编写于1981年启动,前后历经10年,编成江山市第一部社会主义新村志。

本志记述上限自明洪武年间(1368—1398),下限至1989年。

志稿首页题词1幅(中国书法家协会浙江分会主席郭仲选);地图1幅(白沙村地

图）；黑白照片3页；序言2篇（郑立墉、朱德田作序一，上海古籍出版社副总编汪贤度作序二）；凡例10条；简述。正文11卷：卷一（地理位置、建置沿革、山岭、溪流、土壤、人口、计划生育）；卷二（土地改革、互助合作、人民公社、生产责任制、围滩造田、修渠建堤、农业机具、粮食生产、畜禽饲养、养鱼捕鱼、养蜂、狩猎）；卷三（林业资源、林木种植与抚育、林木砍伐与销售、茶叶、山苍籽、油桐、油茶、靛青、棕榈、林木管理）；卷四（手工业、小电站、村办工厂、户办工厂、信用服务站、商店）；卷五（古道、公路、机耕路、木板桥、公路桥、肩运、木排运输、竹娘筏运输、胶轮木车运输、拖拉机运输）；卷六（经济发展村级经济、公共建筑、住宅建设、村民生活）；卷七（苏维埃活动、中共支部、村行政组织、共青团支部、妇女委员会、武装组织、治保调解委员会）；卷八（私塾、小学、幼儿班、农民夜校、山歌、茶灯、曲团、广播、电影、电视、文牍档案、医疗卫生）；卷九（岁时节日、婚姻嫁娶、寿庆、新居、丧葬、山乡用具、风味吃食、民性民风、氏族）；卷十（人物传、人物录）；卷十一（家规选载、戒忌选载、据证存录、歌谣传说辑录、诗文选辑）。志末设大事记略；跋；赞助者名单；白沙村志编纂组名单。

浙江图书馆，衢州市图书馆，江山市图书馆、市档案馆存藏。

4.24　花园岗村志

清湖镇花园岗村支委会、花园岗村村民委员会编。村志编纂领导小组组长吴柏发，副组长曹立贵，主编朱青麟。2007年3月内部出版，江山盛华彩印包装有限公司印刷。精装，32开本，23万字，10.5印张，322页，印数500册。修志工作历时1年完成。

本志记述上限依事件发端，下限至2006年。

志首题词2幅，彩照10页27幅，地图3幅（原定村乡行政图、清湖镇政区图、花园岗村庄平面图），序2篇（中共江山市委书记吴雪桦作序一，江山市政协原秘书长祝龙光作序二），凡例8条，目录，志引，概述，大事记。正文13章：第一章村域；第二章自然环境；第三章农业；第四章林业；第五章工商企业；第六章交通邮电;第七章文教卫生;第八章公共设施建设;第九党政社团活动章;第十章民政;第十一章军事治安;第十二章村民;第十三章社会。志末设附记;编后记。

江山市图书馆、市档案馆存藏。

4.25 白沙村志(2012年版)

江山市凤林镇白沙村志编纂领导小组编。历任组长应维忠、王红梅,副组长林水清、郑日福、毛水根,主编毛东武,副主编祝龙光、毛兆丰。方志出版社2012年7月出版(ISBN 978-7-0504-0/K.410),杭州艺文报刊印务有限公司印刷。精装,16开本,91.3万字,51印张,787页,印数2000册,定价200元。修志工作于2007年3月启动,2011年9月完成。

本志记述上限1990,下限至2009年。其中大事纪年延至2010年。

志首郭仲选题词1幅,彩照35页85幅,地图1幅(白沙村示意图),序3(中共江山市委常委、组织部部长叶美峰作序一,中国地方志学术委员诸葛计作序二,浙江省地方志办公室编纂一处副处长颜越虎作序三),目录,凡例14条,概述。正文5环43节。第一环天人(位置沿革、山岭溪渠、农田、土壤、气候、居住环境、人口、计划生育、人物传、人物录);第二环产业(农业生态、木材加工、农副产品与石材加工、饲养种植、林业绿化、道路运输、经商信贷、村居建设、公共经济);第三环政俗(村行政组织、村务公开、中共村支部、村群众组织、民间节日、村民习俗、婚庆丧葬、拥军敬老、家庭新俗、世代民风);第四环世系(白沙自然村姓氏族派、水碓淤自然村姓氏族派、白沙自然村户籍与户主身世、水碓淤自然村户籍与户主身世);第五环文韵(人才培养、文化传承出新、广播影视、谱志编写、方言土语、胜迹、卫生医疗、体育、文艺创作、作品选辑)。卷末设文献;大事纪年;代跋。

浙江图书馆,衢州市地方志办公室,江山市图书馆、市档案馆存藏。

4.26 淤头村志

淤头村志编纂委员会编。编纂委员会主任张志军,副主任徐元安、毛谦富、毛利明、姜秋梅,主编祝龙光,常务副主编毛井泉,副主编毛重海、黄增荣、姜志书。中国文史出版社2015年6月出版(ISBN 978－7－5034－6319－8)，浙江江山鑫华印刷有限公司印刷。精装，16开本，33.7万字，321页，定价98元。修志工作2012年10月启动，2015年1月完成。

本志记述上限以事物发端或收集的资料而定，下限至2014年12月，个别事件及大事记延伸到2015年初。

志首地图1幅(淤头村域示意图)，彩照26页98幅，序一(中共贺村镇党委书记张志军)，序二(中华毛氏联谊研究会会长毛炳汉)，序三(中共淤头村书记毛利明)，凡例8条，目录，概述，大事记。正文19章90节。第一章村域(地理位置、沿革、区划、自然村)；第二章自然环境(地质地貌、气候、溪流、土壤、森林植被与野生动物、自然灾害、环境保护)；第三章村(镇)建设(建设规划、街道道路、公共建筑、村镇及住宅建设、供水)；第四章农业(土地关系与体制改革、耕地面积、耕作制度粮食品种、种植方式生产工具、粮食生产、经济特产、畜牧生产、专业合作社)；第五章水利林业(水利、林业生产)；第六章工业(个体手工业、二轻工业、村办工业、镇办工业、民营企业)；第七章商业贸易(村域内的商贸机构、生产生活资料购销、粮食仓储及购销、超市药店、宾馆酒店照相馆、其他店铺、集市贸易)；第八章交通邮电(古道机耕路、公路通村联网公路、桥梁渡口、场站路亭及公路管理机构、交通工具、邮电移动通讯互联网)；第九章民政(拥军优属、扶困济贫、社会福利、婚姻登记、知青插队与移民安置、殡葬及其改革)；第十章中共村级组织[村党支部沿革、村党支部成员名录、村域内的区、镇(乡)党组织、党员发展概况、先进荣誉]；第十一章村行政机构(行政机构沿革、村行政机构组织人员、村域内区、乡行政机构概况、村民小组、先进称号)；第十二章社会团体(共青团、妇代会、民兵组织、治调组织、计生协会、老年协会、残疾人协会)；第十三章教育(书塾、学前教育、小学教育、初中教育、高中教育、职业成人教育培训辅导)；第十四章文化[文化机构、图书室(馆)书店农家书屋、广播电视电影、编志修谱著述、剧团村歌文化礼堂、文化活动]；第十五章卫生体育(医疗机构、医疗设施与防病治病、环境卫生整治、体育活动)；第十六章姓氏人口(主要姓氏及迁入状况、全村姓氏录、计划生育)；第十七章生活与习俗(生活概况、习俗)；第十八章民间故事；第十九章人物(人物传、人物录)。志末设附录；后记。

浙江图书馆，江山市图书馆、市档案馆存藏。

4·27 鳌头村志

《鳌头村志》编纂委员会编。编委主任詹寿明，副主任郑咸刚；主编王荣兰。2017年12月，中国文史出版社出版（ISBN 978－7－5034－9503－8），北京振兴印刷厂印刷。精装，16开本，20印张、29.6万字、322页，印数1000册，定价118元。

本志上涉唐宋，下限2015年年末。

志稿首页题词4幅；地图3幅；彩照22页；序言2篇；凡例10条；概述、大事记。正文5编21章77节。第一编环境（村落、资源、交通 邮政 电力）；第二编产业（农林、工商、村民收入、旧具）；第三编政务（组织、军事）；第四编社会（人口、教育、卫生、民政、习俗）；第五编人文（古迹 民谣 谚语、古文献、当代文献存目、当代书画作品、文化生活 村歌、人物、文选）；志末设编后记。

衢州市地方志办公室，江山市史志办公室、市档案馆，江山市坛石镇鳌头村委会存藏。

专 志

4.28 〔清康熙〕仙霞岭天雨庵志

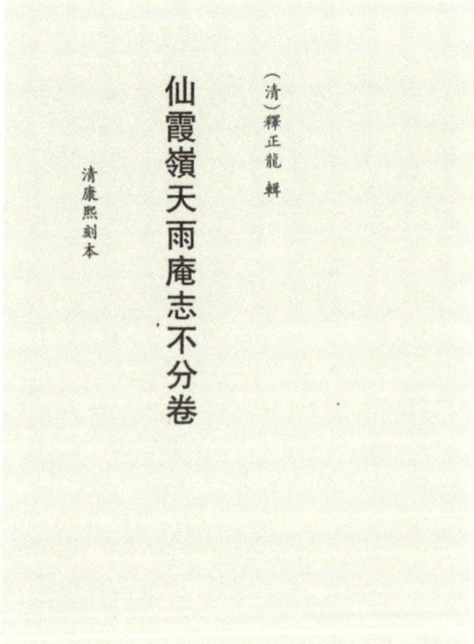

清释正龙辑纂。不分卷，详细记述帝王、文人、名家等描写仙霞古道的诗词歌赋。

浙江图书馆收藏。国家图书馆出版社据康熙刻本影印，编入《衢州文献集成》。

4.29 浙江省江山县地名志

江山县地名委员会编。1984年12月内部出版，江山县印刷厂印刷。16开本，38.5印张、88万字、603页，印数1000册。志书始编于1983年5月，定稿于1984年5月。

志书前言1篇，照片1张（江城新貌），卷首各类县图（图例、江山县政区图、江山县古县图、江山县古城图、江山县地势图、江山县水系图、江山县交通图)。正文8卷:卷一全县综述(江山县概况、江山县历史沿革、江山县古城考、江山县山脉简志、江山县溪流简志、江山县公路简志);卷二行政区划和居民点(城关镇、上余区、坛石区、清湖区、长台区、淤头区、峡口区);卷三专业部门(场站、企业、事业);卷四人工建筑(水库、渠道等、电站、桥梁)卷五名胜古迹(名胜古迹、江山文物);卷六自然地理实体(山、山洞、河、泉);卷七历代地名诗选;卷八附录。

浙江图书馆,江山市档案馆存藏。

4.30 江山县农村金融志

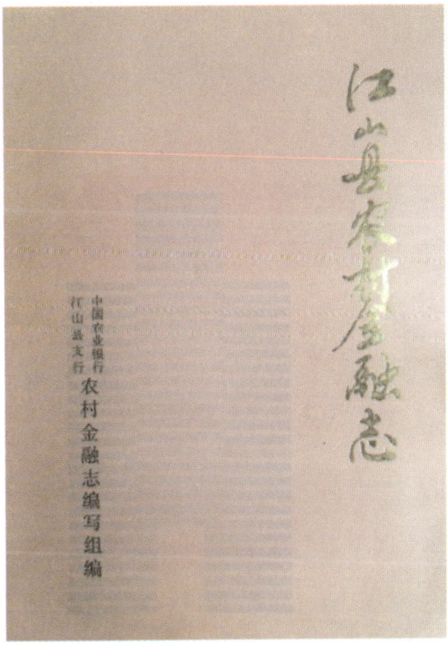

中国农业银行江山县支行农村金融志编写组编。主审王厚恭、何阳生,主编毛烹甫。1986年9月内部出版,简装,32开本,75.72印张、119页,成本费2元。

本志记述上限起自1873年,下限止于1985年。

志首目录;黑白照6页11幅;序言。正文13章40节。第一章概述;第二章旧中国金融业概况(金融实业组织、银行机构);第三章社会主义农村金融(机构沿革、中国农业银行江山县支行、分支机构、农村信用合作社);第四章货币(旧中国时期的货币流通、新中国的人民币、新中国时期的货币流通、旧中国时期的货币贬值);第五章存款保险侨汇(存款、保险、侨汇);第六章贷款(农业贷款、乡镇企业贷款、工商企业贷款、国营农业企业贷款、个人贷款);第七章公债(人民胜利折实公债、国家经济建设公债、期票、国库券、金融债券);第八章结算(结算、农业银行结算业务量变化、联行往来);第九章企业管理(资金管理、制度建设、指标考核、基建及财产管理);第十章职工教育(概况、文化补课、函授中专、脱产培养、多种业余学习);第十一章党群组织(党的组织、共青团组织、工会组织、职工代表大会);第十二章光荣榜;第十三章大事简记。志末设金融历史人物;编后语;编纂资料来源;编审人员名单。

浙江图书馆、江山市档案馆存藏。

4.31 江山水泥厂志

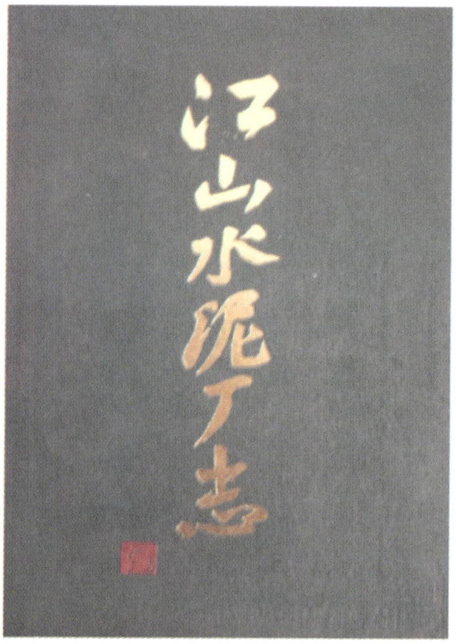

江山水泥厂志编纂委员会编。编委会主任王宽，副主任余来夫、周献光、何云法，主编何云法，副主编吴继文、宋今明、李也红。1988年12月浙江人民出版社出版，上海市印刷七厂印刷。精装，16开本，15.25印张，22.7万字，216页，印数3000册，定价18元。1985年8月启动。1986年6月完成资料征集和初稿工作。1987年7月开始修改稿工作，11月，成立厂志编纂委员会和厂志编辑部。

本志断限，上起1956年，下迄1986年年末，少数内容延伸至1987年志书成稿之时。

志首彩照19页38幅，题词3幅，地图1幅（江山水泥厂平面示意图），序言1篇，凡例6条，概述，大事记。正文10编50章129节。第一编机构沿革（沿革、现状）；第二编建设（筹建、环境、兴建、调整、续建、玉山矿、扩建三号窑、基建部门）；第三编生产（工艺流程、生产各系列、主要技术经济指标、产品、附属生产）；第四编管理（综述、计划管理、生产管理、财务管理、质量管理、劳资管理、物资管理、能源管理、设备管理、销售管理、计量 标准管理、安全环保管理、厂务管理）；第五编科学研究与技术改造（科技管理、重大技术改造项目及效果、重大科研项目及效果、新产品试制、科技成果）；第六编文化、技术教育（职工教育、厂办学校）；第七编党群工作（党委工作、武装保卫、职工民主管理、群众团体）；第八编生活福利（生活管理、医疗卫生、计划生育）；第九编友好往来（协作与支援、国际往来、国内往来）；第四编人物（人物传、人物简介、获省人民政府 国家部委嘉奖的先进人物、历任厂党政领导干部名录、离休 退休干部 工人名录）。志末设附录；编后记。

浙江图书馆，衢州市地方志办公室，江山市档案馆、虎山集团存藏。

4.32 江山市粮食志（1990年版）

江山市粮食局编。主审刘一华，编写王元厚、何瑞安。1990年10月内部出版，16开本，250页。1985年下半年开始编写。

本志记述上限追述明、清以远，下限止于1989年。

志首有江山市粮食机构分布图一幅；黑白照12页24幅；目录；序；凡例6条；概述；大事记。正文16章：第一章机构设置（建国前、建国后）；第二章征粮（田赋、农业税）；第三章购粮（收购、派募、粮政积弊、建国初期统购、合同定购、收购兑换折率）；第四章

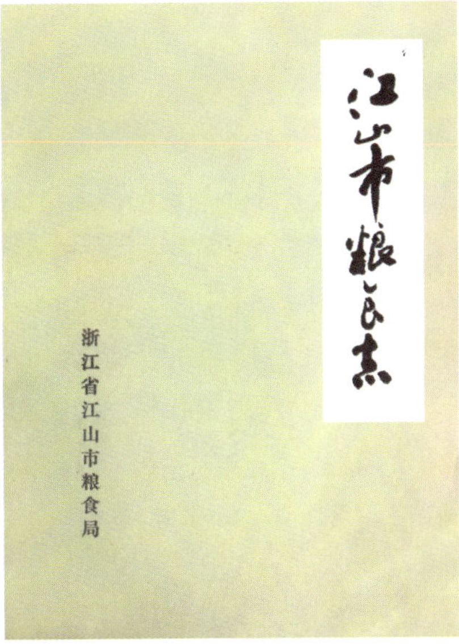

销粮(民食、军粮、公粮、积谷使用、建国初期、城镇计划供应、农村统销、农村统销经济政策);第五章农村村食分配(粮食分配、粮食储备);第六章油脂购销(建国前、建国初期、统购统销以后);第七章粮油票证(发行种类及使用、票证管理、粮食关系的转移);第八章粮油价格(古代粮价、民国时期、建国初期、统购统销以来、油料统购统销价格、合同定购粮油价格);第九章议购议销与集市贸易(议购议销、集市贸易);第十章粮仓(建国前的粮仓、建国后的发展);第十一章粮油保管(保管、检测化验);第十二章粮油运输(民国时期、建国时期、统一调拨、运输工具及队伍、运输损耗);第十三章粮油工业(水碓油车、糕饼糖坊、建国初期的碾米榨油业、国营企业的建立、粮油食品、乡镇粮油加工);第十四章饲料产销(畜牧业、饲料公司、饲料奖售、农村分配饲料粮);第十五章企业管理(财务管理、商品及包装管理、费用管理、经营管理成果);第十六章职工队伍(职工队伍、职工教育、先进企业集体和个人、评定专业技术职务)。志末设杂记;附录。

浙江图书馆、江山市档案馆存藏。

4.33 江山市蜂业志

浙江省江山市蜂业管理站编。主编汪礼国。1991年8月内部出版,167页。

本志记述上限以能收集到的资料而定,下限至1990年年底。

志稿序言1篇;凡例5条;大事记。正文分3篇11章。第一篇蜂业历史的回顾:第一章江山蜂业的发展历程;第二章中蜂户养;第三章意蜂;第四章蜂病的流行与防治;第五章蜂业生产的管理与服务;第六章蜂产品的经营与加工。中篇江山蜂业现状及发展潜力的综合评价:第一章养蜂业的现状及其评价;第二章江山蜂业存在的问题;第三章蜂业发展内在的潜力的综合评价。下篇蜂业发展十年规划:第一章促进蜂业进一步发展的战略措施;第二章蜂业生产发展规划。

江山市档案馆存藏。

4.34 浙江省江山市教育志

江山市教育委员会编。历任编委会主任李端贞、徐宇宁,副主任王正加、徐宇宁、王铁、吴江平,主编李端贞、徐宇宁,副主编王宗兴、毛瑞棠。1992年7月团结出版社出版(ISBN 7－80061－651－4/K.98),江山印刷厂激光照排胶印。精装,16开本,24印张,42万字,344页,印数1500册,定价27元。《江山市教育志》是在完成《江山市志·教育编》的基础上,经过三年多时间继续收集资料,整理编写,六易其稿,三审编就,与1992年3月付梓。

本志记述上限以掌握的资料而定,下限至1989年。

志稿彩照14页。地图2幅(江山市市属学校、乡镇初级中学和中心小学分布图,市区学校、幼儿园分布图);序1篇(江山市市长徐仁敏、副市长祝瑜英);凡例6条;概述;大事记。正文4编16章54节。第一编领导管理(教育行政和党群组织、教师队伍、经费和设施);第二编各类教育[旧式教育、幼儿教育、小学教育、普通中学教育、职(专)业技术教育、成人教育];第三编教育教学[思想品德教育、教学工作、体育和美育、劳动(劳技)教育和勤工俭学];第四编人物与成果(教育人物、教育论文、人才培养)。志末设后记。

浙江图书馆,江山市图书馆、市档案馆存藏。

4.35 江山交通志

江山交通志编纂委员会编。编纂领导小组组长段月文,副组长毛培恭、毛卓斌,主编朱云亨,副主编毛卓斌、汪伟卿、杨喜雨。1993年9月浙江人民出版社出版(ISBN 7－213－01014－X/K·261),浙江新华印刷二厂印刷。精装,32开本,9.375印张,21万字,273页,印数3000册,定价17元。志书始自1986年,1989年12月成立江山交通志编纂领导小组,并聘请人员,着手编纂。至1992年年初,完成30余万字的初稿。

本志记述上限根据掌握的资料而定,下限至1989年。

志稿题词1幅（中共江山市委书记徐仁敏）；彩照12页，地图1幅（江山市交通图）；序1篇（江山市交通局局长段月文）；凡例5条；概述；大事记。正文10章40节。第一章陆路（古道及民间大路、公路、铁路、市区道路、公路养护与抢修、公路改造、公路绿化、公路交通量调查）；第二章场站亭（车站、货场、停车场、亭）；第三章水路（航道、码头、渡口）；第四章桥梁（民间桥梁、公路桥梁、铁路桥梁）；第五章运输（运输工具、汽车运输、火车运输、水路运输、搬运、装卸）；第六章管理（货运管理、客运管理、运价管理、运输市场管理、规费管理、路政管理）；第七章交通监理（机构沿革、车辆监理、车辆牌证管理、驾驶员培训、驾驶员年检年审、安全管理、重大交通事故）；第八章机构（行政管理机构、局属事业单位、交通安全及联合运输机构、铁路驻江山机构）；第九章交通工业、教育科技（工业企业、教育科技）；第十章先进名录。志末设附录；后记。

浙江图书馆，衢州市图书馆，江山市图书馆、市档案馆存藏。

4.36　江山民政志

江山市民政局编。主编朱云亨，副主编黄孔厚。1994年8月当代中国出版社出版（ISBN 7－80092－304－5），浙江省煤田地质局制图印刷厂印刷。精装32开本，9.625印张，21.5万字，295页，印数3000册，定价23.5元。1985年10月江山市民政局组织人员开始收集资料。1986年5月，完成5万多字的《江山市志·民政编》打印稿。此后收集资料不辍。1992年3月成立编纂领导小组，朱云亨任主编。年底，基本完成全志初稿。1993年10月底总纂完稿。

本志记述上限以掌握的资料而定，下限至1991年年底，少数史实略有延伸。

志稿彩照8页18幅。地图1幅（江山市政区图）；序2篇（江山市市长王之煊作序一，民政局原局长周春才、局长姜恭水作序二）；凡例6条；概述；大事记。正文16章52节。第一章民政机构；第二章行政区域；第三章地名管理；第四章基层政权建设；第五章拥军优属；第六章复原退伍安置；第七章赈济扶贫；第八章社会福利；第九章移民支边；第十章革命老区建设；第十一章婚姻登记；第十二章殡葬改革；第十三章社团登记；第十四章民政财务；第十五章民政信访；第十六章烈士褒扬。志末设后记。

浙江图书馆，衢州市地方志办公室，江山市图书馆、市档案馆存藏。

4.37 江山市育才中学校志(1988—1993)

浙江省江山市育才中学校志编纂组编。主编楼兆棣,副主编周永雅、李庄临。1994年内部印刷,185页。

本志记述上限为1988年,下限为1993年。

彩照8页,学校平面示意图1幅;序言1篇(中共江山市委书记徐仁敏);凡例4条;概述;大事记,正文5章23节。第一章学校机构(育才中学董事会、学校历任各级领导、党群组织);第二章办学经费(江山市教育发展基金会的援助、育才中学基金会的集资、财政扶持及教育经费补助、学杂费的收取、勤工俭学、经费管理);第三章征用土地及基本建设(征用土地、基本建设);第四章教育与教学(招生、师资、待遇、思想品德教育、教学、劳技教育与体育、教学研究、管理);第五章办学成果(教育成果、教学成果、教研成果、校产积累)。志末设后记。

江山市图书馆、市档案馆存藏。

4.38 江山城东幼儿园简志(1956—1994)

江山市城东幼儿园简志编纂小组编。编纂小组组长周彩仙,副组长薛新爱,编审朱云亨,主编祝善玉。1994年11月开始收集资料,1995年7月编写完成。8月内部出版,江山市印刷厂印刷,116页,32开本,1万字,印数3500册,工本费9.80元。

本志记述上限为1956年,下限至1994年,大事记及少数条目延伸至1995年6月。

志首学校平面示意图1幅;彩照12页41幅;序言1(江山市教委主任王铁);序言2(城东幼儿园园长周彩仙);大事记。正文9章:第一章建园沿革;第二章园舍设施;第三章领导与管理;第四章教师队伍;第五章教育教学;第六章教研与实践;第七章卫生保健;第八章家长工作;第九章获奖情况。志末设编后记。

江山市城东幼儿园存藏。

4.39 江山农村金融志

中国农业银行江山市支行农村金融志编写组编。主编毛烹甫、曹沛林。1995年12月付梓，全书14余万字，199页。江山市农村金融志是在1986年《江山县农村金融志》（简编）的基础上进行重新编写的。历经五个春秋，六易其稿。

本志记述上限为1980年，下限为1995年。

志稿书名题写（中国农业银行浙江省分行行长池茂传）；题词1幅（中共江山市委书记徐佳增）；地图1幅（江山市农村金融机构分布图）；彩照10页；序言1篇（柴青林）；凡例8条；概述；大事记。正文分12章53节。第一章机构（典当 钱庄、农民借贷所 合作金库、信用合作社、银行）；第二章民间借贷；第三章货币（通用货币、货币流通、现金管理、工资基金管理、金银管理）；第四章存款、保险、侨汇（银行储蓄 存款、信用社储蓄 存款、代理保险、侨汇解付与外汇兑换）；第五章贷款（农户贷款、集体农业贷款、水利贷款、乡镇企业贷款、工商业企业贷款、中短款设备贷款、预购定金贷款、国营农业企业贷款、信托、租赁贷款）；第六章债券（公债、期票、国库券、金融债券、其他债券）；第七章利率（存款利率、贷款利率、信用社浮动利率）；第八章结算与联行（结算、联行往来、金穗卡）；第九章内部管理（信贷计划管理、费用管理、制度建设、经营管理、基建及财产管理）；第十章职工队伍（职工、专业技术职称、离 退休 退职、工资制度、福利待遇）；第十一章金融研究与职工教育（金融理论研究、职工教育）；第十二章党群组织（中国共产党组织、共青团组织、工会组织、职工代表会、妇女组织）。志末设金融历史人物；编后语；编写资料来源；编审编写人员名单。

浙江图书馆，江山市图书馆、市档案馆存藏。

4.40 六家志

江山毛东武著，1996年10月广西民族出版社出版（ISBN 7－5363－3051－0/Z.348），萧山市文联印刷厂印刷。平装，32开本，5.25印张，13.8万字，152页，定价12元。

本志记述上限力溯家族发端，下限至1994年。

志首序言（王志邦）；凡例；目录。正文家志概论；毛洪元家志；姜开顺家志；何阳生家志；徐淳亨家志；王江森家志;周友琴家志。志末设跋(祝龙光)。

江山市档案馆存藏。

4.41 江山法院志

浙江省江山市人民法院编。主编陈平水,副主编刘利才。江山国光印刷有限公司印刷。1997年1月印刷。精装,32开本,12万字,191页,印数1000册。1993年启动。1996年下半年,重新组织力量编写,并将下限延至1996年12月底。

本志记述上限民国17年(1928),下限1996年。

志稿题词2幅(浙江省高级人民法院院长夏仲烈,中共江山市委书记徐佳增);彩照10页23幅。序1篇(陈平水);凡例6条;概述;大事记。正文分上、下两篇。上篇4章,下篇6章28节。上篇中华民国时期(1928—1949.4):第一章机构设置及院址;第二章人员编制;第三章案件审判;第四章监狱。下篇中华人民共和国成立后(1949.10—1996.12):第一章机构设置;第二章人员编制;第三章审判工作;第四章各项制度;第五章司法行政事务;第六章党群组织及工作。志末设附录。

浙江图书馆,衢州市地方志办公室,江山市图书馆、市档案馆存藏。

4.42 江山市土地志

江山市土地管理局编。主编朱云亨,副主编王宗兴、周兆坤。1998年5月当代中国出版社出版(ISBN 7-80092-625-7),浙江省煤田地质局制图印刷厂印刷。精装,16开本,印张15.25,33.2万字,232页,印数2000册,定价60元。志稿编纂1995年启动,10月成立土地志编纂领导小组,下设办公室。随后聘用编写人员1名,开始制定志书篇目。1996人,编写人员增至2名,开始收集资料,开展编写初稿。8月邀请杨芝荣等3人为志书顾问,朱云亨任主编,王宗兴、周兆坤为副主编。10月初稿基本编成。1997年6月,征求意见稿基本完成,11月经衢州市土地志验收组评审验收。

本志记述上限以掌握的资料而定，下限至1995年，少数延伸至1996年。

志稿地图8幅（江山市地图，江山市地貌图，江山市土地利用总体规划图，江山市待开发田地资源图，江山市基本农田保护区规划图，江山市市区居住用地土地级别地价图，江山市市区商业用地土地级别地价图，江山市区江滨小区地籍图）；彩照8页；序言4篇（浙江省土地管理局局长王松林；江山市政府市长马东泉，副市长宁江土；江山市土地管理局局长杨登宗；江山市土地管理局局长陈新国）；凡例9条；概述；大事记。正文13章51节。第一章地理环境（境域、地貌、地质、气候）；第二章土地资源（土地类型、土壤、水资源、生物资源、矿产资源、旅游资源）；第三章土地制度（土地所有制演变、土地使用制度改革）；第四章土地税收（天赋、农业税和农林特产税、地价与地税、规费）；第五章土地开发（土地对人口的承载、解放前土地开垦、土地开发现状、待开发土地）；第六章土地（耕地利用、园地利用、林地利用、居民点及工矿用地、交通用地、水域利用、未利用土地）；第七章土地整治与保护（低产田改造、基本农田保护区、治水护田、水土保持）；第八章建设用地管理（用地审批、用地计划管理、征地补偿和安置补偿）；第九章地籍管理（历代土地资源调查、城乡地籍调查、境界与土地权属界调查）；第十章土地监察与执法（土地普法宣传、用地清查、开展“三无”乡镇活动、土地管理信访）；第十一章土地规划（综合农业区划、城市总体规划、土地利用总体规划）；第十二章土地档案与科研成果（土地档案、土地科研成果）；第十三章机构与队伍（管理机构沿革、现行机构设置、岗位责任与廉政建设、先进名录）。志末设附录（地方文献、文选）；后记。

江山市图书馆、市档案馆存藏。

4.43 江山市水利志

江山市水利志编纂委员会编。主任郑德昌，副主任郑志荣、李增录。主编毛东武、方寿棠，副主编严肃。1998年9月黄山书社出版（ISBN 7－80630－306－5），浙江萧山市文联印刷厂印刷。精装，32开本，11.5印张，30万字，350页，印数1000册，定价38元。志稿1991年3月启动，水利局干部方寿棠担任编辑，至1993年11月，初步编成20多万字志稿。后因故志稿搁浅，1997年5月重新开始，成立编纂委员会，毛东武担任主编。1997年12月，全志初纂约30万字完成。1998年5月，总纂结束，送出版社付梓。

本志记述上限以事物的发端据实而定，下限至1996年。

志稿彩照7页25幅，地图1幅（江山市水系图）；序2篇（江山市水利水电局局长郑德昌作序一；中共江山市委书记徐佳增、市长马东泉作序二）；凡例14条；总述。正文采用4门体，每门下设若干章目，全书设4门体14章59目。门1自然（自然环境、水资源、水旱灾害及防御、供水与航运）；门2建设（碗窑大型水库、水利工程、水力发电、水产养殖、红壤丘陵开发与水土保持）；门3管理（机构、经营管理）；门4人文（科技、人物纪事、文存）。志末设跋。

浙江图书馆，衢州市地方志办公室，江山市图书馆、市档案馆存藏。

4.44 江山中学校志（1938—1998）

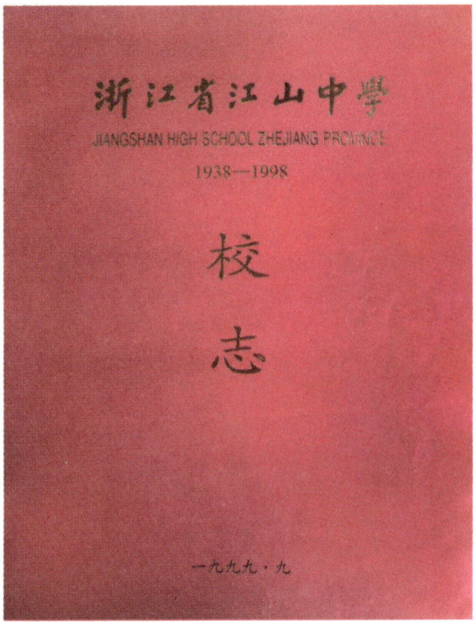

江山中学校志编委会编。主编王兴盛，副主编黄昌明、徐须实、林菊、徐仁森。是征求意见稿，1999年9月编写完成，平装，16开本，内部发行。

本志记述上限为建校之日，下限除个别事例外，均为1998年底。

志首序言（王兴盛）；凡例7条；目录；正文6章，不分节。第一章学校简史；第二章教学工作；第三章德育工作；第四章体育工作；第五章教育科研工作；第六章校友风采。志末设编后记。

浙江图书馆、江山中学等存藏。

4.45 江山市人民医院院志（1940—1990）

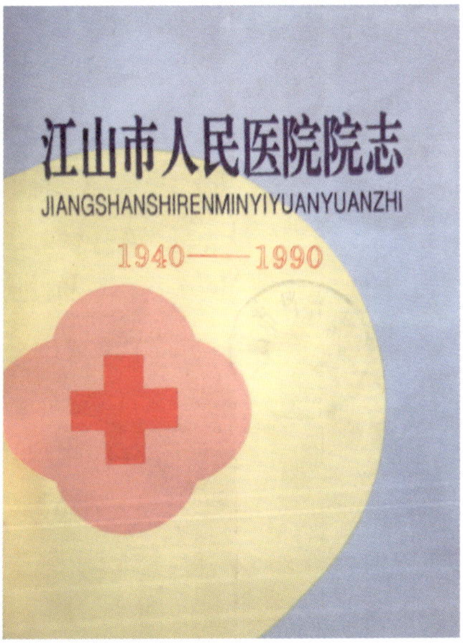

江山市人民医院院志编纂办公室编。2000年完成，全书12余万字，292页。

本志记述上限为1940年，下限至1990年。

志稿彩照11页。地图1幅（江山市人民医院平面布置图）；序1篇（江山市人民医院院长章诗录，中共江山市人民医院总支书记周显洪）；凡例8条；大事记。正文分8篇13章48节。第一篇机构沿革（机构名称沿革、党群组织）；第二篇基本建设（房屋、设备）；第三篇人员扩充与技术队伍建设（人员扩充、技术队伍建设）；第四篇医疗业务（业务发展、预防工作与计划生育）；第五篇医院管理（行政管理、业务技术管理、后勤管理）；第六篇荣誉纪实（先进集体与先进个人、党代会、团代会、人代会、政协）；第七篇存文；第八篇科研论文（科研、论文）。

江山市图书馆、档案馆存藏。

4.46 江山市供销合作社志

江山市供销合作社志编纂领导小组编。组长王中，副组长郑良富、毛永仁、黄家标；特邀主编朱云亨，主编王珍贵，副主编陆绪友。2003年6月天马图书有限公司出版发行（ISBN 962-450-820-8/D.45661），江山市国光印刷有限公司印刷。精装，16开本，17.25印张，25.2万字，268页，印数1000册，定价58元。始纂于1985年，后因编写人员变动，未能续修。2000年聘请退休干部王珍贵承担编修任务。四易其稿付梓。

本志记述上限以事物的发端而定，下限至2000年，个别有延伸。

志稿题词1篇（浙江省供销合作社联合社主任俞仲达）；彩照15页；序1篇（中共江山市委书记、市人大常委会主任吴雪桦）；凡例6条；概述；大事记。正文14章38节。第一章民国时期合作社（合作机构、合作业务）；第二章市（县）供销合作社（机构沿革、历届社员代表大会、社属公司、站、社属工业企业）；第三章基层供销合作社（沿革、改制后的公司于贸易中心）；第四章农村私营商业的社会主义改造；第五章农业生产资料购销（肥料、农药、中小农具、农用薄膜、销售服务）；第六章农副产品供销（扶持生产、收购与运销、废旧物资回收、农副产品加工）；第七章生活资料购销（副食品、日用工业品、商品营销）；第八章工农商联营；第九章边界贸易（发展概况、贺村耕牛交易市场）；第十章体制改革（改革述要、恢复“三性”、经营责任制、租赁承包、社有个营、股份合作制、企业产权转换）；第十一章党务政工（党组织建设、党务工作、工会、共青团、妇女委员会）；第十二章劳动人事（干部职工队伍、劳动工资、干部职工教育、先进名录）；第十三章财务基建（财务管理、资金管理、基本建设）；第十四章规章制度（联社章程及基层社章程、市联社岗位责任制）。志末设附录；编后记。

江山市图书馆、市档案馆存藏。

4.47 江山政协志

江山政协志编纂委员会编。主任陆洪涛，副主任毛圭顺；主编毛奎顺，副主编祝龙光。2003年10月中央文献出版社出版（ISBN 7 - 5073 - 1459 - 6），江山市国光印刷有

限公司印刷。精装，16开本，21.2印张，28万字，328页，印数1500册，定价49.8元。2001年启动，历两载，数易其稿，2003年编成付梓。

本志记述上限为1981年3月，下限至2003年3月，特殊情况有所延伸。

志稿彩照16页；序言1篇（江山市政协主席陆洪涛）；凡例8条；概述；大事记。正文11章34节。第一章领导机构和工作机构（常务委员会、政协党组、工作机构）；第二章民主党派工商联（中国国民党革命委员会、中国民主促进会、九三学社、工商联合会）；第三章政治协商（全委会议、主席会议、常务委员会会议、专题协商）；第四章民主监督（专题视察、对口联系、监督员制度）；第五章参政议政（提案工作、专题调研、社情民意）；第六章社会服务（社会办学、咨询服务、联系点工作）；第七章祖国统一事业（对台工作、侨务工作、民族宗教、黄埔同学会）；第八章联谊交友（接待来宾、学习考察、政协联谊会）；第九章文史工作（征编出版、专辑简介、协作交流）；第十章自身建设（思想建设、机关建设、制度建设）；第十一章人物传略。志末设附录（文件选辑、工作报告、委员名录）；后记。

浙江图书馆，衢州市图书馆，江山市图书馆、市档案馆存藏。

4.48　江山市人大志

江山市人大志编纂委员会编。主任吴雪桦，常务副主任申屠天德，副主任王笏一、王日根、何渊武、王邦进、周水仙；主编王日根，副主编郑其生、郑秀国、戴明桂。方志出版社2006年10月出版（ISBN 7－80192－903－9），浙江印刷集团有限公司印刷。精装，16开本，52.25印张，89.6万字，795页，印数1250册，定价158元。2003年底启动，2006年5月定稿。

本志记述上限从1949年5月江山解放开始，下至2003年12月止。

志首彩照25页67幅，地图1幅（江山市地图）、序（中共江山市委书记、市人大常委会主任吴雪桦)，凡例5条，目录，概述，大事记。正文6篇21章。第一篇县各界人民代表会议代表和市(县)人民代表大会代表(代表产生、代表构成、代表工作)；第二篇县各界人民代表会议和市(县)人民代表大会(各界人民代表会议、人民代表大会历次会议、议案和意见、建议)；第三篇市(县)人大常委会(组成人员与办事机构、制度、常委会主任会议、常委会会议、监督工作、重要日常工作)；第四篇乡镇人民代表大会(乡镇机构沿革、乡镇人民代表大会代表、乡镇人民代表大会及主席团)；第五篇人物简介和名录[人物简介、中共江山市(县)人大常委会党组名录、代表名录、大会组织机构人员名录、大会选举产生人员名录、常委会人事任免人员名录、常委会办事机构人员名录]；第六篇文件选辑、附录、编后记。

浙江图书馆，江山市图书馆、市档案馆存藏。

4.49　江山实验小学百年校志(1906—2006)

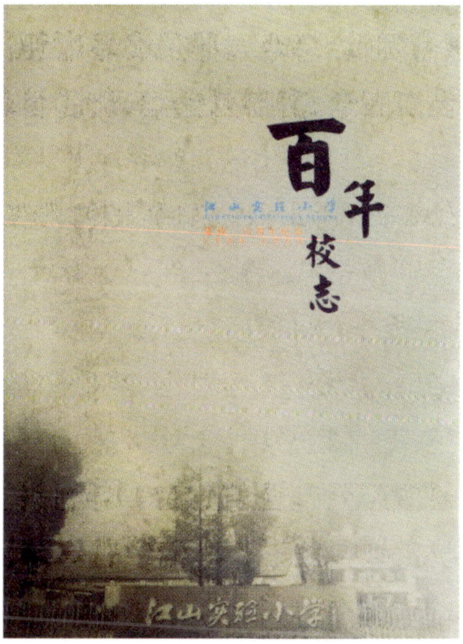

江山实验小学百年校志编纂组编。主编杨高益、副主编吴瑶香。2003年3月开始收集资料，6月完成初稿。2006年10月内部出版，302页，16开本。

本志记述上限为建校之日，下限除个别事例外，均为2006年9月底。

志首序言1(中共江山市委副书记徐朝金)；序言2(中共江山市委常委毛江妹)；序言3(校长杨高益)；校歌；凡例；目录。正文5章不分节：第一章学校简史；第二章学校大事；第三章学校管理；第四章学校科研；第五章学校成果。志末设师生回忆录和后记。

浙江图书馆、江山市实验小学存藏。

4.50　江山市粮食志(2008年版)

江山市粮食志编纂委员会编。主任周君望，副主任陈成善、祝兴明、王琴雅、舒岗；主编朱云亨，特约主编祝龙光，副主编毛金泉、严肃。2008年5月内部出版，江山盛华彩印包装有限公司印刷。精装，16开本，25.25印张，41.8万字，357页，印数1000册，工本费98元。2001年启动，历两载，数易其稿，2003年编成付梓。

本志记述上限事物发端，下限2005年，个别延伸至出版前夕。

志稿彩照32页110幅。序言1篇(江山市粮食局党委书记、局长周君望)；凡例7条；目录；概述；大事记。正文24章79节。第一章田赋与佃租(历代赋制、田赋征收、佃租)；第二章农业税征收(农业税征收办法、建国后农业税实际负担、农业税附加及农林特产农业税）；第三章粮食收购（收购派购抢购、粮食统购、合同定购）；第四章粮食销售［民国时期粮食销售与供应、建国初期粮食销售、城镇粮食计划供应（统销）、农村粮食统销］；第五章农村粮食分配（粮食分配类型、粮食储备）；第六章粮油议购议销与集市贸易（粮油议购议销、集市贸易）；第七章粮食价格（清朝后期与民国时期粮价、建国初期粮价、统购统销粮价、合同定购粮价）；第八章粮食保管（建设“一符四无粮仓”、虫害防治与检测化验）；第九章粮仓（明清时期粮仓、民国时期粮仓、建国后的粮库、国家粮食储备库）；第十章粮食票证及供应关系（票证种类及使用、粮食供应关系的转移及票证的取消）；第十一章粮食调运（民国时期调运、粮食统一调运、运输工具及队伍）；第十二章粮食加工业（水碓步碓碾、建国初期的碾米业、国营粮食加工业的发展、粮食系统食品、乡镇粮食加工业）；第十三章军粮（民国时期军粮供应、建国后军粮供应、军粮供应站）；第十四章油脂（民国时期油脂业、建国初期油脂业、统购统销时期油脂业、合同定购油价、食用油票）；第十五章油脂加工保管调运（油脂加工、油脂保管、油脂调运）；第十六章饲料产销（饲料生产、饲料生产企业简介、饲料奖售）；第十七章粮食折率（民国时期衡量与折率、原粮成品粮折率）；第十八章粮油科技（科技组织及其成果、应用科技、粮食经济研究、科学管理安全保粮）；第十九章企业管理（财务管理、商品及装具管理、费用管理）；第二十章粮食流通体制改革（改革概况、股份合作制改革、职工身份劳动关系“双置换”改革、粮食购销市场化改革续志）；第二十一章机构沿革［历代粮食机构、市（县）粮食局、市粮食局的职能、市（县）粮食局内设机构、市（县）粮食局下属机构（企业）］；第二十二章自身建设（干部职工队伍、党群组织建设、职工教育与创先进集体、离退休干部工作、职称评聘及知识竞赛）；第二十三章粮食文化（粮食新闻、粮食故事）；第二十四章人物（人物传略、先进模范人物、曾在粮食系统工作过的副处以上领导干部）。志末设后记。

衢州市地方志办公室，江山市图书馆、市档案馆及江山市粮食局存藏。

4.51　江山中等专业学校、江山市第八中学校志（1958—2008）

江山中专、江山八中校庆校志办公室编。主编蔡之青，副主编郑晓康、祝新源、张容、周晓杜、邓利华、唐晋彪。是征求意见稿，2008年5月开始收集资料，同年10月编写完成。16开本，395页。

本志记述上限为建校之日，下限除个别事例外，均为2008年7月。

志首凡例；序言1（徐朝金）；序言2（蔡之青）。正文为序篇、上篇、下篇：序篇（集团风采，综述）；上篇江山中专50年校志（学校风采；概述；大事记；第一章体制与机构；第二章教师与职工；第三章教学与教科研；第四章学生管理；第五章升学与就业；第六章工团建设；第七章后勤保障；第八章校友风采录；第九章回忆录）。下篇江山八中50年校志（学校风采；概述；大事记；第一章体制与机构；第二章教师与职工；第三章教学与教科研；第四章学生管理；第五章后勤保障；第六章校友风采录；第七章回忆录）；志末设后记。

江山中专、江山八中存藏。

4.52 江山农村合作金融志

江山农村合作金融志编纂委员会编。主任徐德有，编写人员何阳生、巫庆楷、周庆善。2008年10月内部发行，江山市民声印刷厂印刷。精装，16开本，22.4印张、27万字、357页，印数2000册。

本志记述上限以事物发端或收集的资料而定，下限至2007年，个别事件延伸到2008年4月。

志首领导题词8幅；彩照7页17幅；地图1幅（江山市农村信用合作社分布图）；业务情况表5幅；序（徐德有）；凡例7条；目录；概述；大事记。正文7篇26章70节：第一篇机构（典当钱庄合作基金会、农民借贷所合作金库、民国时期合作社组织、新中国成立后信用合作组织的建立和发展）；第二篇货币（沿革、通行货币、农村货币流通、农村信用社现金管理）；第三篇筹资（个人储蓄、存款、股金及融通资金）；第四篇贷款[农户贷款、农业经济组织贷款、乡（镇）村工业企业贷款、农村工商业贷款、非正常贷款]；第五篇会计与出纳（会计、出纳）；第六篇内控管理与监督（农村信用合作社信贷资金计划管理、稽核审计、利率、监察保卫）；第七篇组织文化设施建设（党群组织、职工队伍建设、职工文化教育、设施建设）；创新记、历史文录。

江山市图书馆、市档案馆存藏。

4.53 江山市电力工业志

江山市电力工业志编纂委员会编。主任邓茂林、叶浪；主编邓茂林。2009年5月中华书局出版(ISBN 978－7－101－06707－1)，江山盛华彩印包装有限公司印刷。精装，16开本，24印张，32.95万字，363页，印数1000册，定价169元。2005年4月开始成立编纂委员会。2009年1月定稿。

本志记述上限自1927年江山县筹办永耀电气公司起，下限至2005年，大事记延伸到2008年。

志稿地图1幅(江山电网地理接线图)；彩照20页46幅；序言2篇(叶浪、邓茂林)；凡例13条；概述；正文10章38节。第一章发电(火力发电、水力发电、企业自备发电)；第二章电网(380/220伏电网、6/10千伏电网、35千伏电网、110千伏及以上电网)；第三章供电(供电水平、电力调度、运行检修、供电安全)；第四章用电(用电水平、用电构成、用电平衡、用电监察、公共照明)；第五章农电(农网建设、农村用电、农电管理、农电安全)；第六章营销(营业区域、供用电业务、电价、电能计量、电费、电力营销客户管理信息系统)；第七章科学技术(技术进步、科技应用、科技成果)；第八章管理(管理体制、经营管理、管理改革)；第九章职工(职工队伍、职工教育、工资待遇、社会保障)；第十章党群组织(党组织、群众组织)。志末设大事记；人物录；附录；后记。

江山市图书馆、市档案馆存藏。

4.54 江化志

江化志编纂委员会编。主任徐春林，副主任毛正余、周立平，主编周立平。2009年7月内部发行，江山盛华彩印包装有限公司印刷。精装，16开本，22.5印张，37.3万字，303页，印数1000册。2005年10月成立编纂委员会。2009年5月定稿。

本志记述上限从1976年江山化肥厂筹建开始，下限至2008年12月。

志首地图2幅(江山城区图、浙江江山化工股份有限公司区域图)、彩照44页89幅、序(公司董事长徐春林);凡例6条;目录;概述;大事记。正文9篇34章94节。第一编基本建设(筹建、合成氨技改、有机胺技改、热电及仓储区技改);第二编生产经营(企业生产、产品销售、供应储运);第三编企业管理(管理体制、人力资源管理、生产管理、安全管理、环保管理、财务管理、综合管理);第四编企业科技(科技工作、科技研发与交流、科技成果);第五编行政机构[领导机构沿革、科(室)分厂(车间)机构沿革、重要会议及决策];第六编党的建设(党委会、组织工作、纪检工作、武装工作);第七编群众团体(工会、团委);第八编企业文化(精神文明建设、“文化工程”实施、企业文化成果);第九编生活福利(管理机构、生活设施及福利、医疗服务、劳动服务公司)。志末设编后记。

江山市图书馆、市档案馆存藏。

4.55 江山公安志

江山公安志编纂委员会编。编纂领导小组组长蔡建明,副组长姜文龙、姜庆龙、戚军、韩力、杨文法、胡伟民、徐天良、汪建正、毛文建、姜庆福;主编姜庆福,副主编阮正良。中国文史出版社2009年10月出版(ISBN 978-7-5034-2455-7),金华新华印刷有限公司印刷。精装,16开本,30印张,65万字,443页,印数1500册,定价150元。2006年启动,2009年编成付梓。

本志记述上限从1949年5月江山解放开始,下限至2007年12月31日。

志首地图1幅(江山市行政区域图);彩照24页113幅;目录;序一(中共江山市委书记傅根友);序二(中共江山市委常委、公安局长蔡建明);凡例9条;概述;大事记。正文19章102节。第一章机构(清末民国时期警察机构、人民公安机关、武装警察部队);第二章剿匪斗争(解放初匪情、清剿武装股匪、集训匪特人员);第三章惩治反革命犯罪(反革命敌特基础、侦破潜伏派遣特务案件、反动党团特登记集训、镇反肃反运动、侦破反革命集团案件、粉碎敌特心战阴谋、取缔邪教组织);第四章打击刑事犯罪(刑侦工作概况、严打斗争、专项斗争、禁毒与网络安全监察、刑侦协作、侦破刑事大案);第五章惩治经济犯罪(经侦机构、打击经济犯罪、经侦专项行动、侦破经济大案);第六章预审与监管(预审、看守、劳动改造);第七章治安行政管理[公共场所治安管理、特种行业管理、危险物品管理、清除社会丑恶现象、打击反动会道门与取缔封建迷信活动、监管改造四类分子、群众治安保卫组织、处置群体性事件、治安处罚、农村(社区)警务改革];第八章户政管理(管理机构、常住人口管理、暂住人口管理、重点人口管理、户口迁移变动、人口统计、人口普查、居民身份证);第九章出入境管理(管理机构、外国人出入境管理、公民因私出入境管理、三资企业安全管理、涉外案件及非法出境查处);第十章林业治安管理(管理机构、维护林区治安、森林防火与扑救、护林联防、惩处破坏山林违法犯罪);第十一章内保与警卫(保卫组织、重点要害部位安全保卫、内部清理与内部肃反、警卫与安全保卫、文物单位保卫);第十二章道路交通管理(管理机构、交通秩序管理、车辆管理、驾驶员管理、交通安全宣传、违章处罚和事故处理、肇事逃逸案件侦破);第十三章特(巡)警(队伍组训、执勤、处置突发事件);第十四章消防(消防组织、消防设施与装备、防火宣传与检查、消防训练、灭火抢险、重点单位消防管理、建筑工程单位防火监管);第十五章法制建设(法制机构、法制教育与培训、执法监督、复议与诉讼、劳动教养与收容审查);第十六章秘书行政(秘书机要、信息调研、信访、档案管理、公安史志、通信与110报警服务);第十七章后勤管理与科技建设(经费、装备、基本建设、科技建设);第十八章队伍建设(组织建设、思想作风建设、纪律作风教育、党风廉政建设、爱民为民活动、内部监督、查处违法违纪案件、警营文化);第十九章立功创模(创模活动、模范先进立功受奖集体名录、模范先进立功受奖个人名录)。志末设从录4;后记。

江山市图书馆、市档案馆存藏。

4·56 江山市军事志

江山市军事志编纂委员会编。主编王安军、徐正洪,执行主编王诚、蔡恭,副主编祝龙光。2010年10月内部发行,准印证号:浙内图准字(2010)第62号,衢州新华印务有限责任公司印刷。精装,大16开本,52.37万字,521页,印数500册。修志工作2002年启动,2008年7月,完成送审稿。

本志记述上限以事物发端或掌握的资料而定,下限至2005年,大事记及部分事件适当延伸。

志首彩照41页80余幅;地图5幅(江山市行政区划图、地形图、水系图、古县图、古县城图);序(江山市人武部部长王安军、政委徐正洪);凡例10条;目录;总述;大事记。正文11篇52章167节。第一篇辖区环境(军事辖区、地质地貌、水系水库、气候、植被、自然灾害、人口、方言宗教、经济、文化卫生);第二篇交通通信(古道人力车道、航道、公路、铁路、通信);第三篇军事组织(解放前驻军、解放后驻军、解放前地方武装、解放后地方武装机构);第四篇民兵

（发展历程、民兵训练、民兵管理、民兵业绩）；第五篇兵役（兵役机构、兵役制度、复员退伍安置、抚恤补助）；第六篇军事工作（训练演练、国防动员、联防、国防宣传理论研究、以劳养武）；第七篇政治工作（党的建设、宣传教育、军民关系）；第八篇军事设施后勤装备（军事设施、后勤保障、民兵装备保障）；第九篇战事（清代战事、民国时期战事、解放江山剿匪）；第十篇军事人物（宋明清军事人物、人民武装中的军事人物、国民党军官）；第十一篇附录（历史文献、历代文选、历代诗词选、民谣、抗日三字经、抗日楹联、抗日宣传画及题词、戴笠年谱）。志末设参考书目；编后记（编纂始末）。

江山市人武部存藏。

4.57 江山市工会志

江山市工会志编纂委员会编。主任姜迎新，副主任朱金海、祝珠卿、郑志荣、毛建民、胡宁莉。主编朱云亨，副主编徐春榜、毛达基、杨清泉。2011年2月内部发行，江山盛华彩印包装有限公司印刷。精装，16开本，22.75印张，34.8万字，345页，印数1000册。最早1992年开始编，后因工作原因搁置。2007年5月重新启动，至2010年年底完成。

本志记述上限依收集的史料而定，下限至2008年，个别延伸到2010年。

志首彩照18页51幅；序（江山市政协副主席、总工会主席姜迎新）；凡例6条；目录；概述；大事记。正文15章72节。第一章建国前工人运动（明代矿工起义、民国时期工人斗争）；第二章工会组织（行业工会、总工会、基层工会、教育工会财贸工会邮电工会、驻江单位工会组织）；第三章工会会员代表大会[市（县）工会会员代表大会、市（县）工会历届委员会中心任务、市（县）教育工会会员代表大会、市财贸工会会员代表大会、市（县）邮电局工会会员代表大会、市邮电局电信局工会会员代表大会]；第四章组织劳动竞赛（增产节约竞赛、开展技术革新与技术协作、支援农业、创优创新竞赛、开展创争活动、合理化建议、劳动竞赛和技术协作机构）；第五章劳动模范工作（劳模评选、劳动表彰、劳模待遇）；第六章参政议政与民主管理（机构参与、源头参与、日常参与、基层工会干部待遇、建立职工代表大会制度、组织民主评议、民主监督与厂务公开、建设职工之家）；第七章维护职工权益（维权组织、信访咨询与劳动争议、协调劳动关系、关心下岗职工）；第八章劳动保护与安全生产（劳动保护与安全组织、安全生产教育、安全生产竞赛、安全生产检查、劳保安全培训）；第九章职工教育（职工思想政治教育、职工文化技术教育）；第十章职工文体活动（文艺创作与演出，体育比赛，书画图片展览，演讲比赛，旅游，其他文体活动，文体学习与培训）；第十一章职工福利［生活福利，困难补助，互助储蓄金与救急济难基金，劳动保险，职工疗（休）养］；第十二章职工家属与女工工作（职工家属委员会，女职工委员会，特殊保护，巾帼参赛）；第十三章党组织与机关建设（机关党建，行政机构，部室职能，工会自身建设，工会干部培训，福利型企事业单位）；第十四章财务管理（管理机构，工会费收支，固定资产，财务制度，财务监督）；第十五章人物（人物传略，劳模先进选介，模范先进人物）。志末设附录；后记。

衢州市图书馆，江山市图书馆、市档案馆存藏。

4.58　江山检察志

江山检察志编纂委员会编。主任陈国珠，副主任吴林祥、祝建中、陈永传、何浙榕、陆建雄、姜慧军；主编祝建中。2011年10月内部发行，江山盛华彩包装有限公司印刷。精装，16开本，27印张，40万字，422页，印数600册。2010年5月启动，2011年9月定稿刊印。

本志记述上限从1951年3月开始，下限至2009年12月31日。

志首领导题词6幅；地图1幅（江山市行政区域图）；彩照22页89幅；序（江山市检察长陈国珠）；凡例9条；目录；概述；大事记。正文13章42节。第一章检察机构（清末民国时期检察机构、人民政权时期检察机构）；第二章刑事检察（审查批捕、审查起诉、侦查监督、审判监督）；第三章经济检察（贪污贿赂案件侦查、森林检察、税收检察）；第四章法纪检察（一般监督、重大责任事故检察、侵权检察、渎职检察）；第五章民事行政检察（民事行政案件抗诉、督促起诉）；第六章控告申诉检察（控告举报检察、申诉复查、刑事赔偿）；第七章监所检察（看守所检察、劳改检察、监外执行检察、社会改造检察）；第八章预防职务犯罪（组织建设、教育警示、制度与管理）；第九章秘书行政（管理机构、信息调研、检察宣传、档案管理、后勤保障）；第十章检察技术（检察技术建设、检察技术应用）；第十一章队伍建设（队伍概况、组织建设、思想纪律作风建设、党风廉政建设、业务文化培训、查处干警违法违纪）；第十二章立功创模（先进模范立功受奖集体、先进模范立功受奖个人）；第十三章人物（历史人物传略、历任院领导简介）。志末设从录；后记。

江山市图书馆、市档案馆存藏。

4.59 虎山集团志(1988—2007)

虎山集团志编纂委员会编。编纂指导委员会主任张剑星,副主任姜丰顺,主审姜丰顺,主编毛景强,副主编姜涛。2012年4月杭州出版社出版(ISBN 978-7-80758-600-5),浙江广育爱多印务有限公司印刷。精装,16开本,20.25印张,39万字,308页,定价100元。2007年10月成立《虎山集团志》编纂机构。2008年2月,完成26万字的初稿。2012年4月初,完成39万字总纂稿出版。

本志记述上限起自1988年,下限止于2007年年底。个别事件上溯至1956年,延伸至2008年4月。

志稿彩照24页88幅;序言1篇;凡例9条;概述;大事记。正文12编49章。第一编发展(水泥、电力、物流、商砼、职业教育、虎山工业园区、发展规划、子公司设立及变更);第二编体制(股份制改造、成立集团公司、产权改制、加盟中国建材集团);第三编机构(沿革、现状);第四编品牌(产品、生产、销售);第五编管理(综述、日常管理、创新管理);第六编科学技术(机构与队伍、科技体制改革、科技项目开发和实施、重大技术改造项目及成果、重大科研项目及成果、获奖项目及专业技术论文);第七编节能减排(管理机构与规章制度、重要活动与成效、资源综合利用);第八编教育(岗位教育与培训、职业教育、义务教育、学前教育);第九编文化(企业标识与企业精神、文化载体、文化娱乐、体育、先进集体与个人的评选、文化成就);第十编社会(管理机构与生活设施、治安保卫、友好往来);第十一编党群工作(党委系统、工会、共青团);第十二编人物[省委 省人民政府 国家部委(行业、系统)嘉奖的先进人物、江山市级及以上劳动模范、党代表 人民代表及政协委员、公司(厂)级领导干部]。志末设附录;编后记。

浙江图书馆,衢州市地方志办公室,江山市虎山集团存藏。

4.60 红火集团志(1979—2013)

红火集团志编纂委员会编。编纂指导委员会主任王金火,主编吴水英,执行主编毛声建、杨谋勇。2015年8月内部出版,浙江江山鑫华印刷有限公司印刷。精装,16开本,75.72印张,38万字,484页,定价72元,印数3000册。

本志记述上限起自1979年筹建,下限2013年。

志首彩照;序言2篇;凡例8条;概述;大事记。正文18编57章。第一编沿革建置

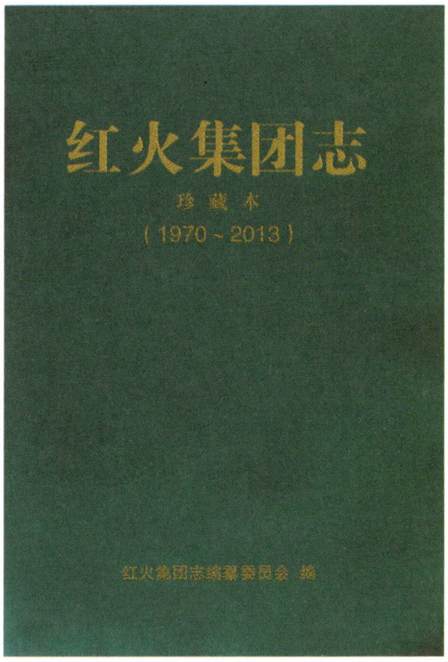

(沿革、建置);第二编现状(概况、员工队伍);第三编建设(筹建、兴建);第四编生产(生产、原料);第五编管理(发展规划 年度生产经营计划、生产管理、经济责任制、质量管理、财务管理、人力资源管理、标准化 计量 统计管理、设备管理、安环保卫管理、销售管理、厂务管理、档案管理);第六编产品、品牌(商标)[产品、品牌(商标)];第七编科研成果与装备技术改造(科研成果、装备技术改造);第八编节能减排(职能 机构改革、节能管理、减排管理);第九编班组建设(班组QC、班组建设);第十编党群系统(党委、群众团体);第十一编人物[获国家省部级先进人物、获市县级(竞赛获奖)先进人物、集团公司历届先进人物、历届领导班子成员];第十二编企业文化(红火报、上善若水、文化活动);第十三编公益慈善(扶贫帮困、反哺家乡、慈善赈灾);第十四编友好交流(企业交流、专家交流、领导调研指导);第十五编独资控股子公司(江山虎球水泥有限公司、江山市红顶食品有限公司、浙江红火物流有限公司、江山市红光电力发展有限公司、江山市红火科技有限公司、江山市红顶商贸有限公司、福建红火水泥有限公司、福建三明红火矿业有限公司、江山市红火小额贷款有限公司);第十六编职工福利(生活设施、医疗保障);第十七编企业改制(首次产权制度改革、二次产权制度改革);第十八编战略重组。志末设文件文选;编后记。

江山市红火集团存藏。

龙游县志书

龙游石窟

龙游县志书编修一览

表5

序号	书　名	编修(出版)时　间	编　修　者	收　藏　单　位
综　合　志				
一、县　志				
5.1	〔明〕龙游县志	明正统之前	不可考	久　佚
5.2	〔明天顺〕龙游县志	明·天顺四年(1460)	知县王瓒修	久　佚
5.3	〔明弘治戊午〕龙游县志	明·弘治十一年(1498)	知县袁文纪修	已　佚
5.4	〔明万历丙子〕龙游县志	明·万历四年(1576)	知县涂杰修，县人余湘、童珮纂	已　佚
5.5	〔明万历壬子〕龙游县志	明·万历四十年(1612)	知县万廷谦纂修，县人曹闻礼、钱塘钟相业校订	北京图书馆、台湾图书馆、台湾“故宫博物院”图书馆收藏，南京图书馆、上海图书馆有胶卷复制原刊本，浙江图书馆藏有余绍宋抄本
5.6	〔清康熙癸丑〕龙游县志	修于清康熙十一年(1672)，清康熙十九年(1680)成书	知县卢灿修，县人余恂等纂	北京图书馆、故宫博物院图书馆、上海图书馆、浙江图书馆
5.7	〔清乾隆〕龙游县志续编	清乾隆六年(1741)	知县徐起岩续修	上海图书馆 天津图书馆
5.8	〔清道光〕龙游县志	清道光年间	知县周敦培议修	稿已散佚
5.9	〔清同治〕龙游县志	清同治初修	知县朱朴议修	未成稿
5.10	〔清光绪〕重刊康熙癸丑龙游县志	清光绪八年(1882)	县人余恩鏁、余撰重刊	南京大学图书馆、浙江图书馆
5.11	〔清光绪〕龙游县志	清光绪二十年(1894)秋始修	知县张炤修，慈溪冯一梅纂	稿已佚

续表5

序号	书　名	编修(出版)时　间	编　修　者	收　藏　单　位
5.12	〔清光绪〕龙游县志	清光绪二十六年(1900)五月续修	知县杨葆光续修,县人叶元祺纂	稿已佚
5.13	〔民国〕万历龙游县志辑佚	民国十一年(1922)	余绍宋辑	原稿浙江图书馆
5.14	〔民国〕重刊万历壬子龙游县志	民国十二年(1923)五月	余绍宋重刊	浙江图书馆
5.15	〔民国〕龙游县志初稿	民国十二年(1923)	余绍宋纂	北京图书馆、浙江图书馆
5.16	〔民国〕龙游县志	始修于民国十年(1921),民国十四年(1925)修成	余绍宋总纂祝康祺坐办	浙江图书馆,衢州市图书馆,龙游县档案局、县史志办公室
5.17	龙游县志(1991年版)	1991年10月	龙游县志编纂委员会编	浙江图书馆,衢州市地方志办公室、图书馆,龙游县史志办公室、县档案馆
5.18	标点横排简化字本〔民国〕龙游县志	1999年8月	龙游县政协文史委员会点校重印	龙游县史志办公室
5.19	重刊民国龙游县志	2017年3月	龙游县地方志编纂委员会	龙游县史志办公室
5.20	龙游县志(2017年版)	2017年4月	龙游县地方志编纂委员会	国家方志馆,浙江图书馆、浙江省档案馆,省、市地方志办公室,龙游县史志办公室、县档案馆
5.21	重刊〔明万历〕龙游县志〔清康熙〕龙游县志〔民国〕龙游县志初稿　一函7册	2017年6月	龙游县地方志编纂委员会影印重刊	龙游县史志办公室
二、乡镇志				
5.22	沐尘畲族乡志	2014年9月	沐尘畲族乡志编纂委员会	衢州市地方志办公室,龙游县史志办公室
5.23	湖镇镇志	2015年7月	湖镇镇志编纂委员会	浙江图书馆,衢州市地方志办公室,龙游县史志办公室、县档案馆
专　志				
5.24	龙游土壤志	1984年8月	龙游县农业局	龙游县农业局

续表5

序号	书　名	编修(出版)时　间	编　修　者	收　藏　单　位
5.25	龙游风俗志	1985年1月	龙游县文化馆	浙江图书馆,衢州市图书馆,龙游县图书馆
5.26	龙游县法院志(1912—1988)	1989年11月	龙游县人民法院	龙游县史志办公室
5.27	浙江省龙游县地名志(1990年版)	1990年4月	龙游县地名办公室	浙江图书馆,衢州市图书馆,龙游县史志办公室
5.28	龙游交通志	1990年5月	龙游县交通局	龙游县史志办公室
5.29	龙游县粮食志	1990年8月	龙游县志编纂委员会办公室	衢州市图书馆,龙游县史志办公室
5.30	龙游县水利志(1990年版)	1990年10月	龙游县水电局水利志编写小组	浙江图书馆,龙游县史志办公室
5.31	龙游畜禽疫病志	1990年12月	龙游县农业局畜牧兽医站	龙游县畜牧兽医站
5.32	龙游县公安志(1990年版)	1991年9月	龙游县公安局	浙江图书馆,衢州市图书馆,龙游县公安局
5.33	龙游县卫生志	1992年12月	龙游县卫生局	浙江图书馆,衢州市图书馆,龙游县史志办公室
5.34	龙游县教育志	1993年5月	龙游县教育志编纂办公室	浙江图书馆,龙游县史志办公室
5.35	社阳水库志	1993年9月	社阳水库志编委会	浙江图书馆,龙游县史志办公室
5.36	龙纸志(1958—1993)	1994年10月	龙纸志编辑室	衢州市图书馆,龙游县史志办公室
5.37	龙游县金融志	1995年5月	龙游县金融志编纂委员会	浙江图书馆,龙游县史志办公室
5.38	龙游县农业志	1996年7月	龙游县农业局	浙江图书馆,龙游县史志办公室
5.39	龙游县土地志	1998年5月	龙游县土地管理局	浙江图书馆,衢州市地方志办公室、市图书馆,龙游县史志办公室
5.40	龙游县建设志	1998年9月	龙游县建设志编纂委员会	浙江图书馆,衢州市图书馆,龙游县史志办公室

续表5

序号	书　名	编修(出版)时　间	编　修　者	收　藏　单　位
5.41	龙游工业志	1998年12月	龙游工业志编纂委员会	衢州市地方志办公室、市图书馆，龙游县史志办公室
5.42	龙游县人民医院院志	2004年10月	龙游县人民医院院志编纂委员会	龙游县史志办公室
5.43	姑蔑龙脉——龙游文化遗产图志	2006年6月	龙游县文化广电新闻出版局	龙游县史志办公室
5.44	龙游政协志	2007年1月	龙游政协志编纂委员会	浙江图书馆，衢州市图书馆，龙游县史志办公室
5.45	龙游县教育志（1983—2005）	2008年8月	龙游县教育志编纂委员会	浙江图书馆，衢州市地方志办公室，龙游县史志办公室
5.46	龙游县水利志（2010年版）	2010年2月	龙游县水利局	浙江图书馆，龙游县史志办公室
5.47	沐尘水库志	2010年8月	龙游县沐尘水库工程建设指挥部办公室	衢州市地方志办公室，龙游县史志办公室
5.48	龙游县军事志	2011年3月	龙游县军事志编纂委员会	龙游县史志办公室 龙游县人武部
5.49	龙游法院志	2011年11月	龙游县人民法院	龙游县史志办公室
5.50	龙游县佛教志	2011年11月	龙游县民族宗教事务局、龙游县佛教协会	浙江图书馆，衢州市地方志办公室、市图书馆，龙游县史志办公室
5.51	龙游县交通志	2015年12月	龙游县交通运输局	龙游县史志办公室 龙游县交通运输局
5.52	龙游县地名志（2017年版）	2017年9月	龙游县地名志编纂委员会	龙游县史志办公室 龙游县民政局

龙游县志书

综合志

一、县　志

5.1 〔明〕龙游县志

纂修人不可考，修于明代。

此书见《文渊阁书目》卷二十新志类著录，当修于明正统（1436—1449）以前。久佚。

余绍宋叙前志源流云：“宋代方志渐兴，州县多有专志。南渡以后，吾县人文至盛，疑亦有之，惜无考耳。今可考者，以明天顺间知县王瓒所修本为最早。今《文渊阁目》既载有《龙游县志》，则正统以前已有纂修，惜未详纂修者名氏、卷数及年代，未知究出何时何人手耳。”（民国《龙游县志》卷末）

（摘自《浙江方志考》浙江人民出版社1984年版　洪焕椿　编著）

5.2 〔明天顺〕龙游县志　10卷

明知县通渭王瓒纂修。

修于明天顺四年（1460），计10卷，刊本，久佚。

王瓒（1428—1504），字廷器，陕西弘农人，明成化十七年（1481）进士。天顺四年（1460）任龙游知县，在任六年。后授工部主事，升员外郎，以忤中使李瑾下狱。寻赦出之。历郎中，出知怀庆、开封两府，有善政。

本志见《千顷堂书目》著录。

余绍宋云：“王瓒所修本，何人纂辑亦无考。惟两旧志官师载教谕朱宗荣，注曰撰次邑志十卷。考宗荣为成化初年任，恰与王瓒同时，意者宗荣所撰，即瓒所修之天顺《志》欤？”（民国《龙游县志》卷末）

（摘自《浙江方志考》浙江人民出版社1984年版　洪焕椿　编著）

5.3 〔明弘治戊午〕龙游县志　14卷

明知县袁文纪修，纂辑者无考。

修于明弘治十一年（1498），计14卷，刊本，已佚。

本志常山人樊莹所作序文尚存，载于〔明万历壬子〕《龙游县志》卷首和〔民国〕《龙游县志》卷末《前志源流及修志始末》。

袁文纪，字邦振，江苏六合人。弘治五年(1492)任龙游知县，后迁台州通判。

樊莹序曰："……龙游令六合袁君邦振有志经世以王道，故乐承王者之德意，念兹邑志旧篇简繁倒置杂乱而无章，乃于制锦之暇，斟酌损益折衷至当之，归断之在己。既而托高、王二氏编摩成帙，就秋官吴公而正焉。书成，请序于余。余览之再四了其颠末，纲举目张而书法不苟：首县境，正疆域也；次沿革、次分野，明建置虽殊而星土不易；于形势、风俗、户口、赋税、出产、农事，以及学校、人物，关于治道者谨录备载，不遗纤悉。其辞质，其事信，详略当义，条理不紊，传曰其善志此之谓欤。夫百里之内，山川有夷险，土田有上下，俗尚、物产有彼此，志不备则知不预，欲治而适其宜，譬如中夜有求于幽室之中，非烛何见？此袁君虽欲无事于此，不可得已。或曰：君作令是邑，政平赋均，风移俗易，六年于此矣，教养之法，创置之迹，其见于志者后先相望，谓由志而后善其治非所闻也。……"(〔民国〕《龙游县志》卷末《前志源流及修志始末》)

关于纂辑者，余绍宋有考证："弘治戊午重修县志有樊莹序(莹常山人，字廷璧，官至南京刑部尚书，卒谥清简。此序盖官御史时作也)，谓其成于高、王二氏，就正于秋官吴公。惜未载三人姓名，今无考矣。余岫云先生谓其'因陋就简，颇病于质'(《康熙志序》)，则是清初原本犹存也。"(〔民国〕《龙游县志》卷末《前志源流及修志始末》)

此志见明《千顷堂书目》、〔明天启〕《衢州府志》著录，洪焕椿《浙江方志考》著录。

5.4 〔明万历丙子〕龙游县志 10卷

明知县涂杰修，县人余湘、童珮纂。

修于明万历四年(1576)，计10卷，刊本，已佚。有县人尹焘、陆瓒两序尚存，载于〔明万历壬子〕《龙游县志》卷首和〔民国〕《龙游县志》卷末《前志源流及修志始末》。

涂杰，字汝高，号念东，江西南昌人，明隆庆五年(1571)进士。隆庆五年任龙游知县，在任六年，擢御史，迁光禄少卿。

余湘，字毓灵，号东衢，龙游县城河西街人，明嘉靖三十四年(1555)岁贡，任临武知县。

童珮(1523—1576)，字子鸣，号少瑜、紫山，龙游塔石童岗坞人。贩书为生，藏书万卷，精于书画古物鉴赏，善画花鸟。

尹焘，号觉亭，龙游湖镇张家埠人。明嘉靖二十年(1541)进士，官浔州知府。

陆瓒，字邦器，号思庵，龙游县城陆家巷人。明嘉靖三十二年(1553)进士，仕至山东按察使副使。

尹焘序云："……南昌涂君奉命来知县事，修政布令，厘敝剔奸，隶敏温裕，民因休洽。政暇询及邑志缺轶，忾然有怀，谓兹政典所系，堂堂巨邑不宜怠废不讲。乃取弘治中旧本，延邑人余子湘、童子珮相与讨论纂辑，搜采旧闻，参以新得，芟其繁芜，补其缺遗，其有未尽之旨每篇复为论列，以寓忧时救敝之意，总为一十卷。为目凡二十：曰舆地图、曰分野、曰疆域、曰山川、曰沟洫、曰建置、曰防御、曰祠祀、曰古迹、曰田亩、曰物产、曰风俗、曰灾祥、曰官师、曰选举、曰名宦、曰人物、曰艺文、曰杂记，（按：原文本缺一目）以明星纪，以正封略，以表形势，以兴水利，以重民力，以戒不虞，以崇祀典，以阐灵秘，以定经制，以物土贡，以防民慝，以垂鉴戒，以修职秩，以扬俊乂，以昭翰墨，以树风声，以备谐语，王道之大端备矣。书成，嘱予序诸首。”（〔民国〕《龙游县志》卷末《前志源流及修志始末》）此序仅列十九目，缺载一目。

余绍宋在〔民国〕《龙游县志》卷末《前志源流及修志始末》云：“万历丙子重修县志，为乡先达余东衢、童子鸣两先生主撰。两先生当时并擅才名，事迹俱详本传。是志体裁具见尹焘序，知与壬子志不同，以两先生主撰，其书必有可观。岫云先生以‘雅训’称之当非虚誉，惜不得一见也。今存者惟尹焘、陆瓒两先达序各一首。”

此志见〔明〕《内阁藏书目录》、〔明〕《千顷堂书目》著录，洪焕椿《浙江方志考》著录。

5.5 〔明万历壬子〕龙游县志 10卷首1卷

明知县万廷谦纂修，县人曹闻礼、钱塘钟相业校订。

修于明万历四十年（1612），计10卷，另有首1卷，刊本，分成4册，有图12幅。有县人徐可求、知县万廷谦两序，钱塘钟相业、县人曹闻礼两跋。

万廷谦，字去盈，江西南昌人，举人。明万历三十五年（1607）任龙游知县。

曹文礼，字立卿，号肖蒙，龙游县城曹家巷人。明万历二十六年（1598）岁贡，任金华训导。

钟相业，字贤修，杭州人，岁贡。明万历三十九年（1611），任龙游县训导。

徐可求，龙游塔石西徐人，明万历二十年（1592）进士，官至四川巡抚。

此志卷首1卷，有樊莹撰弘治戊午重修县志序，尹焘撰万历丙子重修县志序，陆瓒撰丙子重修县志后序。正文10卷，分别是：卷一舆地；卷二建置；卷三祠祀（附古迹）；卷四田赋（附物产）；卷五风俗；卷六官师；卷七选举（附貤封诸录）；卷八人物；卷九艺文（附著述）；卷十杂识（附灾祥）。

余绍宋〔民国〕《龙游县志》卷末《前志源流及修志始末》云：“向例修志，必县人主裁，知县特尸其名耳。今读钟、曹两跋，是志固万知县所亲撰者，钟、曹仅司校订，亦难能而可贵矣。虽（余）岫云先生谓其书成于仓卒，不无舛漏。然其体例较丙子志为谨严，而记载亦简当有法，固明代方志中之佳构也。卷首载弘治戊午、万历丙子两志旧序，赖此得以略知前志源流。又载乡贤徐可求及知县万廷谦两序，末有钟相业及曹肖蒙先生两跋。”

《日本现存明代地方志目录》(增补),误万廷谦为"万延谦"。

此志见洪焕春《浙江方志考》著录。

北京图书馆、台湾图书馆、台湾"故宫博物院"图书馆藏原刊本,浙江图书馆藏有余绍宋抄本,南京图书馆、上海图书馆有胶卷复制原刊本。

5.6 〔清康熙癸丑〕龙游县志　12卷首1卷

清知县卢灿修,县人余恂等纂。

修于清康熙十一年(1672),康熙十九年(1680)成书,次年刊本。计12卷,另有首1卷,分成6册,有图17幅。有余恂自序1篇,钱塘顾豹文、县人杨昶序各1篇。

卢灿,字孟辉,号惟庵,辽宁海城人,荫生。清康熙十三年(1674)任龙游知县,康熙二十二年(1683)卒于任。

余恂(1265—1676),字孺子,号岫云、天机子,龙游县城余家巷人。清顺治九年(1652)进士,入翰林,后任福建学政。

顾豹文,字季慰,号且庵,钱塘(杭州)人,官至监察御史。

杨昶,字光生,龙游小南海杨家人。清康熙九年(1670)进士,任广东合浦知县。

此志除相关序文外,卷首有凡例6条。正文12卷:卷一舆地;卷二建置;卷三官师;卷四田赋(附物产);卷五山川;卷六水利;卷七祠祀;卷八风俗;卷九选举;卷十人物;卷十一艺文;卷十二杂识。

余绍宋在〔民国〕《龙游县志》卷末《前志源流及修志始末》中说:"至于记载间有增削,必谓较旧为良,非绍宋所敢知也。推其所以致此之由,盖书未成而岫云先生已殁。又值耿精忠之乱,俶扰数年而始定。其后虽经先生嗣君汧公续辑,直至辛酉始克成书,具见顾豹文及杨光生先生所为序。顾序作于庚申,杨序成于辛酉,是上距癸丑已八九年,而岫云先生已作古五六年矣。其间协修诸人必多更易,又无总成之人,则条理之不能贯厥始终亦情势使然,不足为康熙志咎也。所惜者,汧公续辑时不别自为编或注明补纂,今日遂无由知岫云先生原本之若何矣。卷首有凡例六条,略述编述之旨。又有余岫云先生自序,顾豹文、杨昶两序。"

此志见洪焕椿《浙江方志考》著录。

北京图书馆、故宫博物院图书馆、上海图书馆、浙江图书馆收藏。

5.7 〔清乾隆〕龙游县志续编

清知县徐起岩续修。纂辑者无考。

修于清乾隆六年(1741),刊本。仅续编官师、选举、艺文三门,未成全志。《续官师》有徐起岩跋语,《续选举表》有教谕沈圻小序,载〔民国〕《龙游县志》卷末《前志源流及修志始末》。

徐起岩，字非蓼，江苏丹徒人，清雍正八年(1730)进士，乾隆元年(1736)任龙游县知县。

沈圻，字西梧，浙江桐乡人，举人，清雍正五年(1727)任龙游县教谕。

余绍宋在〔民国〕《龙游县志》卷末《前志源流及修志始末》中说："乾隆六年，知县徐起岩曾有续编《官师》《选举》《艺文》之举，虽简率之甚，然自康熙辛酉以来，六十年之职官、科名赖以考见焉。起岩为当时贤宰，百废俱兴，独惜其未续修全志也。《续官师》徐起岩有跋语，《续选举表》教谕沈圻有小序。"

徐起岩跋云："……龙邑志乘自康熙壬子、辛酉间汉中许公、兴京卢公与乡先达余岫云太史，先后纂修刻成，距今已六十年矣。毋论其他，即官师之授受年月与黜降贤否，已无文案可稽。而典史、巡检二员姓名、籍贯，缺略尤甚。予惧其久而益湮也，急就其见闻可考者，登诸剞劂，附入本志卷末。"沈圻小序云："……京江徐公既搜辑历年官师姓氏，续刻补入矣。……侯乃有再续《选举》之志，而属予裒次其姓名、科分。"(〔民国〕《龙游县志》卷末《前志源流及修志始末》)

此志见洪焕椿《浙江方志考》著录。

上海图书馆、天津图书馆收藏。

5.8 〔清道光〕龙游县志

清知县周敦培议修。

修于清道光(1821—1850)年间，未成书。稿已散佚。

周敦培，号丹庭，山东掖县(今莱州)人，举人。清道光八年(1828)任龙游知县，道光十年(1830)九月去任。不久代理衢州府同知，第二年卒于杭州。

余绍宋在〔民国〕《龙游县志》卷末《前志源流及修志始末》中说："此无案牍可稽，县人今亦无知之者。余读《龙游攀辕诗集》始知之。集载朱斐然诗有曰'倡修志乘搜遗册，拟辟门闾葺讲堂'；朱焕然有诗曰'更慨方隅邑乘荒，遗亡阙略绪茫茫。校雠润色非容易，秉笔惟君克擅场'；余森诗有曰'贤书征雅化，邑乘被余光'；余煦诗有曰'不独重儒术，抑且怀旧章。广征文与献，志乘握大纲。一百数十载，事迹殊茫茫。因之集绅士，降心相与商。编辑举重任，力大能换强'；……读诸诗，尔时固曾有所纂辑，且知其将增兵防一端，特以敦培在任不久，未底于成。而后任者复不能竟其功，为可惜也。遗稿当时必有存者，其散佚当在咸、同兵燹时矣！"

此志见洪焕椿《浙江方志考》著录。

5.9 〔清同治〕龙游县志

清知县朱朴议修。

清同治初(1862)修,未成稿。教谕褚荣槐曾代朱朴撰序,见于《田砚斋文集》。

朱朴,字性之,安徽桐城人。清同治二年(1863)代理龙游知县。同治五年(1866)再次代理。

褚荣槐,字二梅,浙江嘉兴人,清咸丰九年(1859)举人。同治十年(1871)任龙游县学教谕,并兼复英书院主讲,学问淹博,造就颇多,著有《田砚斋文集》。清光绪四年(1878)二月卒于官。

余绍宋在〔民国〕《龙游县志》卷末《前志源流及修志始末》中说:"时教谕为褚荣槐,曾代朴撰序,见于《田砚斋文集》,并议增补各条云:'《建置志》应补官署、儒学各条,《田赋志》应补户口、田额、粮税各条,《水利志》应补五社坝一条于鸡鸣堰下并碑记,《人物志》应补忠义一门为一小卷。'末有杜孝慈注云(孝慈为荣槐之婿,参订其文集者):'龙游修志之举创议后,因经费无出,事遂中止'。"

此志见洪焕椿《浙江方志考》著录。

5.10 〔清光绪〕重刊康熙癸丑龙游县志　6册

县人余恩鑅、余撰重刊。

清光绪八年(1882)重刊,共6册。卷首有衢州知府刘国光序和余恩鑅重刊序。重刊时将清乾隆时徐起岩续编官师、选举、艺文三门收入其中,续于重刊本相应门类之后。

余恩鑅(1808—1893),字镜波,原名銮,字听韵,龙游县城后高山人。清道光十四年(1834)举人,历任广东西宁、海阳及东莞、德庆、南雄、文昌等州县。终仕于连州知州,升为道员。

余撰(1821—1887),字咏沂,号子春,龙游县城后高山人。清咸丰二年(1852)进士,先后任大名知府、贵西兵备道等职。

余绍宋在〔民国〕《龙游县志》卷末《前志源流及修志始末》中说:"咸、同间吾县罹兵祸至剧,闾里为墟。乱定后,通县惟岫云先生裔翀一先生家尚存康熙原志一部,遂成孤本,曾大父曾借读之。光绪初既归田,慨然有修志之愿,顾其时知县陈瑜为一庸吏,终日惟喜为人作书,即仆夫贱役但有所求立为命笔,而吏事则非所谙,尤无意于修志。曾大父数商之而事终不集。维时年几八十矣,自顾衰残观成无日,虑孤本一失后益无征,因与从伯祖子春公各举私财先事重刻,即今通行本是也。原本无徐起岩所续职官、选举、艺文三编,是三编者兵燹后县中亦不可得,仅曾大父行箧中有之,亦成孤本。今则此两孤本者俱亡矣。脱无重刊之举，今日重修亦无所藉。是则斯举也，直千钧一发之延也。”

此志见洪焕椿《浙江方志考》著录。

南京大学图书馆、浙江图书馆存藏。

5.11 〔清光绪〕龙游县志

清知县张炤修，慈溪冯一梅先生纂。

清光绪二十年(1894)秋始修，未完成，志稿被〔民国〕《龙游县志》吸收时称为“旧采访”。

张炤，字楚白，山西榆次人。清光绪二十一年(1895)以劳绩保任龙游知县，光绪二十五年(1891)卒于官，身后萧然。

冯一梅(1849—1907)，字梦香，浙江慈溪人，清光绪二年(1876)举人。早年侨居杭州，入诂经精舍，从俞樾学。后由浙江巡抚杨昌浚聘为浙江官书局总校，又先后主讲衢州正谊书院、西安(衢县)鹿鸣书院，其间任龙游修志事。喜研究老庄、医学、算术，有《述古堂诗集》《述古堂经说》等著述传世。

余绍宋在〔民国〕《龙游县志》卷末《前志源流及修志始末》中说：“第五次议修者为知县张炤，时慈溪冯梦香先生一梅主讲衢州正谊书院，乃聘之兼修县志。自光绪二十年秋间始事，采访所得颇多，大小凡七十篇，另有图二十幅。即今所谓‘旧采访’者是也。县中文献经辛亥之役多散轶无可征，赖此稍存崖略。故冯先生虽未及从事于撰述，而其功实有不可没者。”

余绍宋又说：“是举也，盖责成冯先生独修，亦犹今日由绍宋一人主撰，不别设纂修之员。惟叶吉臣先生元祺时为凤梧书院山长，朝夕过从，相与商榷而已。……翌年十月，冯先生以他故辞去，事遂中辍，故仅存访稿，未及编述。然其所欲编述之体例亦有可考见者，其送交采访底册目录附注云：旧志不更动，但增学校、兵防两门。学校门载文庙、典礼、学额、书院、佐宾兴、义塾及杭州西龙试馆章程；兵防门载兵制及乡团，而附记粤匪、斋匪；人物志则附载忠义录；别修续志于都图中详村落，以弥旧志之缺；桥梁改入水利；官师中则增武职一项，不录驿丞、僧会、道会，而以阴阳学、医学改入选举志；田赋之后则附载厘卡、盐政、煤矿、电线四端其大较也。至此例之是否适宜，又当别论。”(〔民国〕《龙游县志》卷末《前志源流及修志始末》)

此志见洪焕椿《浙江方志考》著录。

5.12 〔清光绪〕龙游县志

清知县杨葆光修，县人叶元祺纂。

光绪二十六年(1900)五月修，后因杨葆光去职，中止。未完成，稿已佚。

杨葆光，字古酝，号苏庵，别号红豆词人，华亭（今上海松江）人。清光绪二十五年（1899）任龙游知县，第二年冬离任。后客居上海，鬻书画自给，1912年去世。

叶元祺，字祈曾，号吉臣。龙游社阳大公殿人。清同治十二年（1873）拔贡，任龙游凤梧书院山长，著有《话雨草堂文集》。

余绍宋云："第六次议修者为知县杨葆光。葆光有文才，见冯先生采访册，惜其中辍，遂议设局续修，时光绪二十六年五月也。聘叶吉臣先生主局事，而以今坐办祝先生康祺副之，又以吴际元、方泰元为局员。葆光颇尽心于兹举，公余恒来局有所纂述。不幸翌月而江山匪警至，事平，葆光去职，事又中止。此二月中稿件今无一存者，滋可惜也。"（〔民国〕《龙游县志》卷末《前志源流及修志始末》）

此志见洪焕椿《浙江方志考》著录。

5.13 〔民国〕万历龙游县志辑佚

余绍宋辑并序。

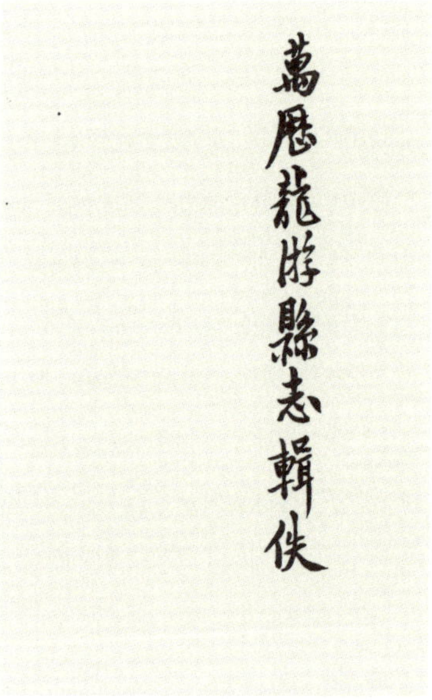

民国11年（1922）手稿本，1册，系从雍正《浙江通志》中辑出，共百余条，皆〔明万历丙子〕《龙游县志》和〔明万历壬子〕《龙游县志》资料。

余绍宋（1883—1949），字越园，早年曾用樾园、粤来、觉庵、映碧斋主人等字号，46岁后易号寒柯，龙游人。日本东京法政大学毕业，清宣统二年（1910）回国，以法律科举人授外务部主事。1912年后先后任司法部参事、次长、代理总长，兼任北京大学、清华大学、北京师范大学教授，北京法政大学、北京美术专门学校教授及校长，司法储材馆学长等职。1928年南归，定居杭州，以书画自娱自给。1943年任浙江通志馆馆长。为著名书画家、方志学家，2001年入选浙江省社科院《浙江文化名人传记丛书》，成为浙江省古今百位文化名人之一。

余绍宋在序中说："近修邑乘，欲求万历间旧志参证不可得，仅于《浙江通志》中捡其注明采自万历旧志者得百余则。以校康熙志，觉所删改不逮原文，因穷一日夜之力录之，并为注，名曰《万历龙游县志辑佚》。"

此志见洪焕椿《浙江方志考》著录。

原稿浙江图书馆收藏。

5.14 〔民国〕重刊万历壬子龙游县志

余绍宋重刊。

民国12年(1923)五月，铅字重印，1册线装。

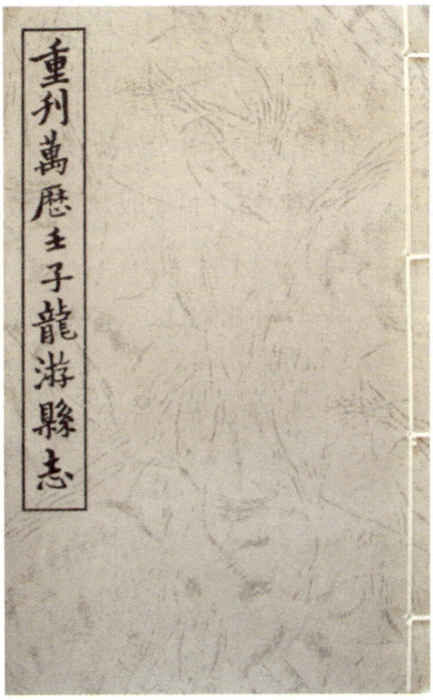

志首有余绍宋撰重刊万历壬子龙游县志序1篇，徐可求撰龙游县志序，万廷谦撰重修龙游县志序。分为卷首；卷一舆地(旧志分野诸款二卷分载，今汇为一卷)；卷二建置；卷三祠祀(附古迹)；卷四田赋(附物产)；卷五风俗；卷六官师；卷七选举(附貤封诸录)；卷八人物；卷九艺文(附著述)；卷十杂识(附灾祥)。志末为钟相业撰重修龙游县志后序，曹闻礼撰重修龙游县志跋言，余绍宋撰万历壬子龙游县志校刊记。

余绍宋在〔民国〕《龙游县志》卷末《前志源流及修志始末》中说："适兰溪叶君左文渭清任事京师图书馆，癸亥二月朔偶访之，谈及兹事，知馆中藏有万历壬子志，亟丐叶君代付钞胥录之。不一月，而祝先生书至，谓采访员邱梁已于县南桐溪陈氏搜得壬子志一册，又于傅氏得三册，合成完书。狂喜为之不寐。盖图书馆本多缺叶，且印甚后有漫漶至不可读者，正苦无别本校勘也。互校既毕，知康熙志当时修订之未尽适宜，而足以补其缺失者不少。因为《校勘记》，谨援先世重刊康熙志之例先事刊行，俾为采访之参考焉。"

浙江图书馆存藏。

龙游县志办公室2004年12月扫描重印，印数30本，每本工本费100元。

5.15 〔民国〕龙游县志初稿

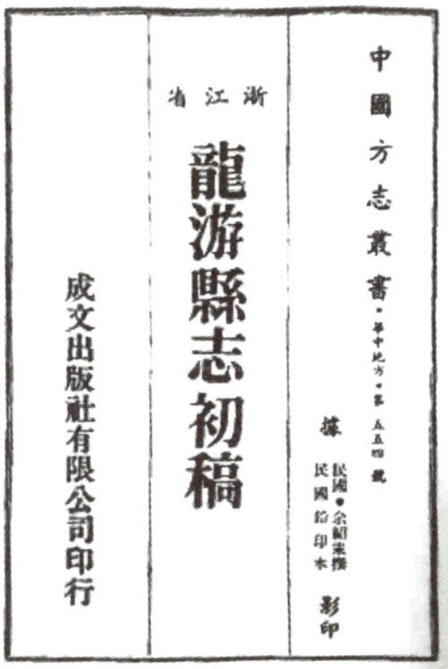

余绍宋纂。

此稿修成于民国12年(1923)，今有铅印本传世。

民国10年(1921)后，余绍宋致力于《龙游县志》编纂，民国12年初稿编成。初稿今可见者有《职官表》上、《职官表》中、《职官表》下、《名宦传》为一册，《人物传》一、《人物传》二、《人物传》三、《人物阙访》《人物姓名别录》为一册，《选举表》上、《选举表》中、《选举表》下为一册，《艺文考》《古迹考》《地理考》为一册，共4册，不分卷。

较之今见〔民国〕《龙游县志》定稿，初稿各表、传、考前各有凡例，定稿将凡例总汇于卷首为《叙例》，且内容有异，详略不同。体例也有变化，如《名宦传》，定稿改“传”为“略”，《古迹考》定稿改入附志《丛载》中等。初稿与定稿正文内容亦有所不同，如《人物传》中初稿载有宋徐泌及其子孙、吕好问，定稿皆无；又如《人物传》之《龙丘苌传》，定稿中引用宋《太平御览》言“笃志好学，以耕稼为业”，初稿无。初稿虽为草成，但可反映〔民国〕《龙游县志》的纂修情况。

北京图书馆、浙江图书馆存藏。

1983年，台湾成文出版社将其中的《人物传》《选举表》，作为《龙游县志》影印，编入《中国方志丛书》。

此志见洪焕椿《浙江方志考》著录。

5.16 〔民国〕龙游县志　40卷首1卷末1卷

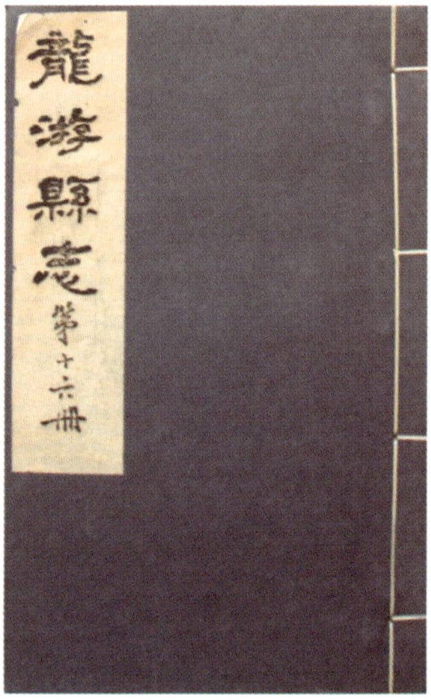

余绍宋撰编，祝康祺任修志局坐办。

始修于民国10年（1921），民国14年（1925）修成，1925年由北京京城印书局印刷。铅印本线装，16册，存本尚多。分正志23卷，附志17卷，卷首卷末各1卷，合计42卷。此志上限起于事物发端，下限为1911年年底。洪焕椿《浙江方志考》有“辛亥革命以后，浙江新纂地方志中，本志为不可多得之佳构。书中氏族考、食货考尤为创新之作，别出心裁”的评价（浙江人民出版社1984年6月版369页）。

志首梁启超序1篇，卷首前录余绍宋撰《叙例》1篇。正志为卷一通纪；卷二地理考（沿革、疆里、山川、风俗）；卷三氏族考上；卷四氏族考下；卷五建置考（城池、廨舍、学校、邮传、津梁、祠祀）；卷六食货考（户口、田赋、水利、仓储、物产）；卷七艺文考；卷八都图表；卷九职官表（县官上）；卷十职官表（县官下）；卷十一职官表（学官）；卷十二职官表（庶官、武官）；卷十三宦绩略；卷十四选举表（晋至明）；卷十五选举表（清）；卷十六选举表（附表）；卷十七人物传（汉至元）；卷十八人物传（明）；卷十九人物传（清）；卷二十人物阙访、人物别录；卷二十一列女传；卷二十二节妇略；卷二十三烈女略、列女别录。附志为卷二十四丛载（古迹、寺观、轶闻、志异）；卷二十五掌故（赋役）（赋役全书一、赋役全书二）；卷二十六掌故（赋役）（赋役全书三）；卷二十七掌故（编造鱼鳞册、重建凤梧书院、凤梧书院藏书目、清查无主公租宾兴）；卷二十八掌故（公租总数上）；卷二十九掌故（公租总数下）；卷三十掌故（宾兴、湖镇义塾田册、劝捐积谷、重修姜席两堰）；卷三十一掌故（创建平政浮桥、整顿义渡、开矿成案）；卷三十二掌故（兴复育婴堂、禁夫役勒索、禁掘冬笋）；卷三十三文征（文一）；卷三十四文征（文二）；卷三十五文征（文三）；卷三十六文征(文四);卷三十七文征(诗一);卷三十八文征(诗二);卷三十九文征(诗三);卷四十文征(诗四)。卷末为后录余宋绍撰《前志源流及修志始末》。

梁启超(1873—1929),字卓如,一字任甫,号任公,广东新会人,为中国近代思想家、政治家、教育家、史学家、文学家。

祝康祺(1854—1926),字劼庵,号介石,龙游沐尘露兜人。清光绪十一年(1885)拔贡,先后任河南密县、新野、温县、孟津知县。〔民国〕《龙游县志》由余绍宋在北京纂成,祝康祺任修志局坐办,居县城主持修志局事务,余绍宋在县志卷末《前志源流及修志始末》中说:"非祝先生主持,则采访经费两端皆无所获。"

梁启超在序中首先载明该志主要内容:"为纪者一,曰通纪,得卷凡一;为考者五,曰地理、曰氏族、曰建置、曰食货、曰艺文,得卷凡六;为表者三,曰都图、曰职官、曰选举,得卷凡八;为传者二,曰人物、曰列女,得卷凡四;为略者三,曰宦绩、曰节妇、曰烈女,得卷凡二有半;为别录者二,曰人物、曰列女,得卷凡一有半;右二十三卷,是为正志。丛载一卷,掌故八卷,文征八卷,是为附志。都四十卷。卷首曰叙例,则自述其治斯学所心得,勒为一家言,以诏来许。是为前录。卷末曰前志源流及修志始末,则马、班序传之遗旨也。是为后录。"

〔民国〕《龙游县志》按章学诚正志、掌故、文征"三书体"理论纂辑,为当时学术界所关注。梁启超在序中将余绍宋和章学诚作比较,认为"其长十也"。并说:"无实斋则不能有越园""有实斋不可无越园"。

浙江师范学院历史系、金华太平天国侍王府纪念馆,曾于1984年6月出誊印本,由杭州古旧书店发行,定价96元。

浙江图书馆,衢州市图书馆存藏,原印本龙游县仅档案局(馆)存藏1套。誊印本龙游县史志办公室存藏。

5.17 龙游县志(1991年版)

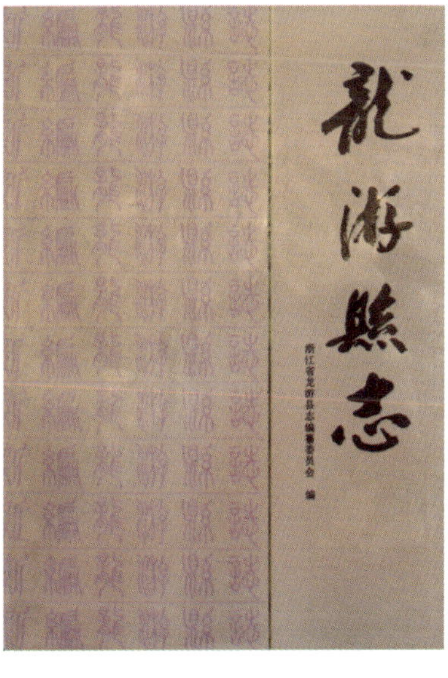

龙游县志编纂委员会编,编纂委员会顾问魏桥、潘一平,编纂委员会主任钱铭、戴峻,副主任黄澄仪、楼阳生、严三良。主编胡礼舟,副主编劳乃强。1991年10月中华书局出版(ISBN 7-101-00946-8/Z.107),北京新华印刷厂印刷,新华书店北京发行所发行。精装,16开本,48印张,10插页,100万字,742页,印数5000册,定价48元。编纂工作始于1987年4月,1990年5月脱稿,邀请省方志界部分领导、专家及同仁评议,组织部门领导、知情人评审。根据评议和评审意见调整纲目，补充、考证资料，改写二稿，1990年年底完成并进行复审。1991年5月再行修正，1991年6月终审定稿。1992年该志获全国地方志评比一等奖。

本志记述上限依事物发端及掌握的资料而定，下限1988年，偶有延伸。

志首扉页龙游县县长钱铭题写书名；反映龙游县面貌的彩照12页55幅；地图3幅（龙游县政区图、龙游县地形图、龙游县城区图各1幅）。卷首1991年4月浙江省地方志办公室主任、浙江省地方志学会会长魏桥作序一；1991年3月龙游县委书记叶继革作序二；凡例8条；概述；综合图表。正文采用类目体，设6部类27分志121目。地理部类（政区、自然环境、资源）；政治部类（党派社团、政权政协、司法民政、政事、军事）；经济部类（基础设施、产业、物产、科技、财政金融、物价）；文化部类（教育、卫生体育、文化事业、文艺、文物）；社会部类（人口、氏族、宗教、风俗、方言）；人物部类（人物传、人物录、人物表）。正文后附丛录（文选、诗词、杂记）。卷末列分类索引；专题目录；民国《龙游县志》的《前志源流及修志始末》；本志编纂始末；修志人员名单。

浙江图书馆，衢州市地方志办公室，衢州市图书馆，龙游县史志办公室、县档案馆存藏。

5.18　标点横排简化字本〔民国〕龙游县志　4册

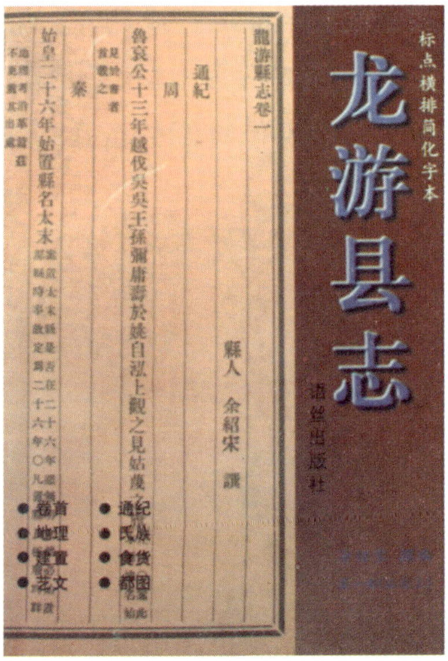

龙游县政协文史委员会点校重印，重印领导小组组长占跃平，副组长谢森炎。统稿劳乃强，点校叶京、劳乃强、李土根、余滋敬、夏希虔、鄢卫建、赖谋新。大32开本，共4册，（香港）语丝出版社1999年8月出版（ISBN 962－85402－7－0），金华日报社印刷厂印刷，印张44.25，印数1000册，120万字，定价186元。点校工作始于1999年1月，前后5稿，校对7遍，1999年8月定稿付印。

重印本志首有1999年7月浙江省地方志办公室原主任、浙江省地方志学会会长魏桥所作重印序1篇；重印说明1篇；梁启超原序1篇；编纂例；总目。重印本共4册，分别为正志2册和附志2册。其中第一册（正志上）：卷首叙例；卷一通纪；卷二地理考；卷三氏族考（上）；卷四氏族考（下）；卷五建置考；卷六食货考；卷七艺文考；卷八都图表。第二册（正志下）：卷九职官表（县官上）；卷十职官表（县官下）；卷十一职官表（学官）；卷十二职官表（庶官、武官）；卷十三宦绩略；卷十四选举表（晋至明）；卷十五选举表（清）；卷十六选举表（附表）；卷十七人物传（汉至元）；卷十八人物传（明）；卷十九人物传（清）；卷二十人物阙访、人物别录；卷二十一列女传；卷二十二节妇略；卷二十三烈女略、列女别录。第三册（附志上）：卷二十四丛载；卷二十五掌故（一上）；卷二十六掌故（一下）；卷二十七掌故（二、三、四、五）；卷二十八掌故（六上）；卷二十九掌故（六下）；卷三十掌故（七、八、九、十）；卷三十一掌故（十一、十二、十三）；卷三十二掌故（十四、十五、十六）。第四册（附志下）：卷三十三文征（元以前文）；卷三十四文征（明文）；卷三十五文征（清文上）；卷三十六文征（清文下）；卷三十七文征（元以前诗）；卷三十八文征（明诗）；卷三十九文征（清诗上）；卷四十文征（清诗下）；卷末前志源流及修志始末。志末设重印后记。

龙游县史志办公室存藏。

5.19 重刊〔民国〕龙游县志　二函16册

余绍宋纂修，龙游县地方志编纂委员会影印重刊。编纂委员会顾问刘根宏，主任张晓峰，副主任张少华、应敏、王光华、徐宾、陆寿泉、陆民，办公室主任黄国平。2017年3月国家图书馆出版社出版（ISBN 978－7－5013－5994－3），杭州富阳正大彩印有限公司印刷，新华书店发行。特殊16开本宣纸线装，共16册，分二函盒装，每函8册。真丝绫函套，封面为真丝包背隐线装。共3212页，112万字。印张400.5，印数1100套，定价4800元。本次重印工作从2016年10月开始，以〔民国〕《龙游县志》原刊本为底本，采用原书影印的方式整理重刊，具体由龙游县史志办公室负责进行。重刊本作为《龙游文库》文化丛书中的一种，目的在于抢救和留存旧籍，弘扬优秀地方文化。

本次重印〔民国〕《龙游县志》，底本由龙游县档案馆提供。重刊本与原书一样，分为十六册装订。底本的勘误表有所脱漏，则据别本予以补齐。为方便查阅，将封面分为四种颜色，其中红色为正志，赭色为正志的人物部分，青色为附志的掌故部分，绿色为附志的文征部分。志首增加龙游县地方志编纂委员会名单、《龙游文库》专家组名单、《龙游文库》编辑部名单；2017年1月10日中共龙游县委书记刘根宏总序；2017年1月龙游县史志办公室撰写的〔民国〕《龙游县志》提要。志末增加《重印后记》。其余均与原刊本一样。

龙游县史志办公室存藏。

5.20 龙游县志(2017年版)

龙游县地方志编纂委员会编,编纂委员会主任先后为黄力、郑春弟、刘根宏、张晓峰,副主任先后为黄利荣、叶浩平、吕玉茹、王良春、舒畅、应敏、陆民、徐雄强、陆寿泉、徐宾。主编劳乃强,副主编夏希虔、张金菊。2017年4月方志出版社出版(ISBN 978-7-5144-2399-0),杭州富阳正大彩印有限公司印刷。精装,大16开本,分上、中、下三册,共1791页,308.5万字。印数5000套,定价600元。此志编纂工作始于2005年4月,志稿先后经过六稿的修改,总体上可分为编纂、讨论修改、终审定稿三个阶段。第一稿由县内各部门主笔和县史志办共同完成。第二稿在经过部门审稿,盖章同意后,由县史志办再次修改,配上照片,正式排版。第三稿(初审稿)在第二稿的基础上再次修改。2007年9月,龙游县被列为浙江省二轮修志创优工程试点单位,因此第四稿(二审稿)、第五稿(终审稿)、第六稿(定稿)均在浙江省地方志办公室和专家组评审的基础上,修改完成。并于2014年4月、2016年5月、2017年4月分别召开初审会、复审会和终审会,编纂工作历经12年,历4届编纂委员会,参与编纂、收集和整理资料人员190余人。

本志记述上限事物发端,下限为2005年。为弥补志书下限2005年时的情况和志书出版时实际情况的变化,正文后专设附录:2006—2014年纪要,将大事记等事项延伸至2014年。

本志采用类目体,全志由部、门、类、目、条五个层次构成。以门为次设卷,共55卷。各卷按内容性质分隶于地理、居民、设施建置、经济、政治、文化、人物、丛录8个部类。再加上《大事记》和《2006—2014年纪要》,实际上共57卷。用体裁来划分,可分为记一(大事记),传二(人物传、人物录),表二(古代人物表、现代人物表),录四(诗选、文选、公文选、杂录),志四十七,另外再辅以必要的照片图表。每册设总目;本册目录;英文目录。卷首有反映龙游面貌的彩照25页71幅;地图9幅[龙游县在长江三角洲区域位置图、2005年龙游县政区图、2005年龙游县地势图、2005年龙游县交通图,2005年龙游县城图、民国25年(1936)龙游县县图、1992年“撤扩并”前龙游县政区图、民国34年(1945)龙游县城区镇图、1988年时的龙游县城区图];中共龙游县委书记刘根宏、龙游县县长张晓峰作序一,浙江省地方志办公室主任潘捷军作序二;叙例;概述;大事记。正文上册含地理、居民2部类,属于基本县情范围,共13卷。地理部类:卷一政区(建置、境域、行政区划);卷二自然环境(地质地貌、气候、自然灾害、生物种类、环境保护);卷三土地 矿藏(土壤、土地资源、矿藏、管理);卷四人口(人口规模与分布、人口变动、人口构成、计划生育);卷五县城(范围、街道巷弄、公共设施);卷六街道镇乡(龙洲街道、东华街道、湖镇镇、溪口镇、詹家镇、小南海镇、塔石镇、横山镇、社阳乡、罗家乡、大街乡、沐尘畲族乡、庙下乡、石佛乡、模环乡);卷七行政村。居民部类:卷八聚落;卷九氏族(现有氏族、氏族录、存世谱牒);卷十宗教(佛教、道教、天主教、基督教);卷十一风俗(民风、岁时 礼仪、生产习俗、生活习俗、畲族风俗、匠作);卷十二方言(语音、同音字、常用词、语法示例、俗语);卷十三居民收入与消费(收入、消费、家庭积累)。中册含设施建置,经济,政治3部类,属于主要事务范围,共26卷。设施建置部类:卷十四水利(水资源、灌溉设施、江河治理、机构);卷十五电力(发电、电网、供用电管理);卷十六交通运输(设施、运输、管理);卷十七邮电通信(邮政、电信);卷十八城乡建设(县城建设、集镇建设、新农村建设、机构)。经济部类:卷十九农业(粮食作物种植、经济作物种植、农机具、农业企业、特色农产品、管理和技术服务机构);卷二十林业(营林生产、森林保护、林产品、林业管理);卷二十一养殖业(养殖生产、特色养殖产品、管理和技术服务机构);卷二十二工业(早期工业、二轻工业、国有工业、乡镇工业、民营工业、工业园区、工业产品);卷二十三建筑业 房地产业(建筑业、房地产业);卷二十四金融业(货币、存款贷款、中间业务、保险业、金融机构);卷二十五商贸服务业(商贸体制和市场布局、粮油购销、食盐 烟草专卖、服务业、对外贸易);卷二十六旅游业(旅游资源、龙游石窟、旅游市场);卷二十七税务 财政(旧时赋税、农业各税、工商诸税、基金及附加、财政);卷二十八物价(农产品收购价、商品零售价、非商品价格、物价监管);卷二十九经济行政管理(工商行政管理、质量技术监督、食品药品监督管理)。政治部类:卷三十中国共产党地方组织(组织机构、党务工作、重要决策和活动);卷三十一政府(历代县衙、民国地方政府、地方人民政府);卷三十二人大 政协(各界人民代表会议、人民代表大会、人民政协);卷三十三党派 社团(中国国民党及其他党团、民主党派、社会团体);卷三十四检察 审判(检察、审判);卷三十五公安 司法行政(公安、司法行政);卷三十六军事(兵役、军事组织及设施、民兵、战事);卷三十七民政(赈灾济贫、社会福利、拥军优抚、社会事务管理、社会救助组织);卷三十八人事劳动和社会保障(人事管理、劳动管理、社会保障);卷三十九计划 统计 审计(计划、统计、审计)。下册含文化、人物、丛录3部类,属于地方文化范围,共16卷。文化部类:卷四十教育(县学 学塾 书院、学前教育、小学教育、中学教育、中等职业技术教育、成人教育、师资 教研、经费 设施);卷四十一科学技术(科技活动、科技成果、机构组织);卷四十二医疗卫生(医疗卫生机构、医疗、防疫保健);卷四十三体育(场地设施、体育活动、竞赛成绩、机构组织);卷四十四文化事业(群众文化、广播电视、电影、图书、报刊通讯、地方历史文化研究、文化市场管理);卷四十五文物（古遗址、古建筑、石刻、文物藏品、文物保护）；卷四十六文学艺术（戏曲、民间舞蹈、歌谣、民间故事、创作）；卷四十七著述［史志、历代龙游籍人士著（译）作、当代龙游籍寓外人士著（译）作、序跋提要存录］。人物部类：卷四十八人物传；卷四十九人物录（民国以来人物录、当代先进人物事迹录）；卷五十古代人物表；卷五十一现代人物表（革命烈士表、抗战阵亡国民革命军官兵表、劳动模范和先进人物表、寓外地人士表）。丛录部类：卷五十二诗选；卷五十三文选；卷五十四公牍选；卷五十五杂录（人事、事件、物事）。正文后为附录：2006—2014年纪要（大事记、综合）。卷末为引用和参考书目（史志、诗文集、综合）；索引［表格索引、图片索引、照片索引、人名索引、县人著（译）作存目、《诗选》篇目、《文选》篇目、《公牍选》篇目、《杂录》篇目］。志末设编纂人员名单；编后记。并附电子光盘一张。

国家方志馆、浙江图书馆，浙江省档案馆，省、市地方志办公室、龙游县史志办公室、县档案馆、县图书馆存藏。

5.21 重刊〔明万历〕龙游县志 〔清康熙〕龙游县志 〔民国〕龙游县志初稿 一函7册

龙游县地方志编纂委员会影印重刊。编纂委员会顾问刘根宏，主任张晓峰，副主任张少华、应敏、王光华、徐宾、陆寿泉、陆民，委员56人，编委会办公室主任黄国平。2017年6月，国家图书馆出版社出版（ISBN 978-7-5013-6028-4），杭州富阳正大彩印有限公司印刷，新华书店发行。16开本特种纸线装，共7册，一函盒装。深蓝色真丝绫函套，淡蓝色真丝绫封面。全套2260页，其中〔明万历〕《龙游县志》（附《〔万历〕龙游县志辑佚》）2册550页；〔清康熙〕《龙游县志》3册1028页；〔民国〕《龙游县志初稿》2册682页。印数300套。《龙游历史文献集成》总定价1.6万元。

2017年1月，龙游县史志办公室开始重印工作。以〔明万历〕《龙游县志》、〔清康熙〕《龙游县志》、〔民国〕《龙游县志初稿》原刊本为底本，采用原书影印的方式整理重刊。其中〔明万历〕《龙游县志》（附《〔万历〕龙游县志辑佚》）、〔清康熙〕《龙游县志》，底本由浙江图书馆提供；〔民国〕《龙游县志初稿》底本由国家图书馆提供。重刊本归属于《龙游历史文献集成》，而《龙游历史文献集成》又为《龙游文库》系列之一。重刊目的在于抢救和留存旧籍，弘扬优秀地方文化。

重刊本每部卷首为中共龙游县委书记刘根宏作总序；龙游县史志办公室撰写的提

要。龙游县地方志编纂委员会名单、《龙游文库》专家组名单、《龙游文库》编辑部名单。正文均与原刊本保持一致。

龙游县史志办公室存藏。

二、乡镇志

5.22 沐尘畲族乡志

沐尘畲族乡志编纂委员会编。编纂委员会主任田土生，副主任余晓、蓝芝苇。主编劳乃强，副主编武辛夫，特邀编辑雷柏成，编辑李土根、吴土根、吴永建、程鹏、谢佐金，资料征集人员13人。方志出版社2014年9月出版(ISBN 978－7－5144－1380－9/K.1126)，浙江一方印业有限公司印刷。精装，大16开本，32.375印张，492页，80万字，印数6000册，定价198元。编纂工作始于2012年2月，考虑到其内容的典型性和编纂的复杂性，由《龙游县志》主编担任主编，配备了解情况的县志骨干编辑为编辑，在龙游县史志办公室和沐尘畲族乡政府共同努力下，拟订纲目，落实人员，集中力量攻关，2013年12月定稿。方志出版社的审阅意见中有“在新编乡志中，此为较出色的一部”的评价，也得到浙江省民族宗教事务局的高度认可。

本志上限追溯事物发端，下限2010年。根据实际需要，乡、村干部任职时间等个别内容略作延伸。

志首扉页编纂委员会、编纂人员、资料征集人员名单；沐尘畲族乡地图1幅；反映沐尘畲族乡风貌的彩照11页33幅；卷首2014年3月中共龙游县委书记方健忠序1篇；凡例11条；概述。本志以沐尘畲族乡的境域为记述范围，采用类目体，基本结构以门、类、目、条四个层次(四级标题)构成。正文分《基本篇》《专题篇》两大部分，《基本篇》共15卷53类，每卷相当于一个分志；《专题篇》5个专题24类，每个专题相当于一个分志：《基本篇》卷一大事记(清及清以前各朝、中华民国、中华人民共和国)；卷二区域(建置沿革、行政村、自然村)；卷三环境 设施(自然环境、资源、基础设施)；卷四人口 氏族(人口、氏族)；卷五宗教 风俗(宗教、岁时礼仪习俗、生产习俗、生活习俗、匠作)；卷六居民生活(物价、收入与消费)；卷七林业(林种、林间作业、山林管理、主要林产品)；卷八农业(种植业、养殖业、涉农企业、农技服务组织)；卷九工贸旅游(工业、商贸、旅游)；卷十中国共产党(革命战争时期的中共党组织、1949年后中共党组织)；卷十一机构组织(民国时期机构、乡人民代表大会、乡人民政府、在乡省市县人大代表 政协委员);卷十二政务(民政、治安、司法行政、军事、政事选要);卷十三文化(文物、非物质文化、单位和队伍);卷十四教育 卫生(学校、成人教育、民间医药、医疗机构、名录);卷十五人物(人物传、人物录、名匠小传、寓外人士);《专题篇》专题一红色足迹(大革命时期沐尘党组织活动、红军挺进师游击沐尘、坚持斗争的龙南区委、武工队在沐尘的活动、龙南区委遭破坏、龙南五烈士永垂不朽、龙南区委党员的调查结论、资料辑录);专题二畲乡风情(源流、风俗、语言、民歌);专题三余绍宋在沐尘(避寇居沐尘、忧国忧民的情怀、艺术创作的新阶段);专题四沐尘水库(工程概况、酝酿与规划、移民工作、施工建设、意义及影响、文件选辑);专题五诗文选辑(诗选、文选、旧志资料辑录)。卷末设索引;2014年3月龙游县沐尘畲族乡党委书记田土生跋。

衢州市地方志办公室,龙游县史志办公室存藏。

5.23 湖镇镇志

湖镇镇志编纂委员会编。编委会名誉主任陆寿泉,主任张雪昌,副主任余晓、劳志平、吴生祥、江建新。编纂顾问劳乃强,主编吴土根,资料征集5人,摄影2人。方志出版社2015年7月出版(ISBN 978－7－5144－1667－1),浙江新华数码印务有限公司印刷。精装,大16开本,37印张,550页,91.2万字,印数2000册,定价198元。《湖镇镇志》编纂工作自2010年11月启动,当时下限定为2010年12月,2013年11月形成初审稿,2014年4月下限调整为2013年12月,2015年2月形成复审稿,同年6月定稿,提交方志出版社审稿。

本志上限追溯事物发端,下限2013年。根据实际需要,镇主要领导人任职时间等个别内容略作延伸。

志首扉页湖镇镇志编纂委员会成员、湖镇镇志编纂人员名录;湖镇镇政区图1幅;反映湖镇镇区域、经济、文化等方面的彩照15页38幅;2015年5月中共龙游县委书记方健忠序1篇;凡例10条;概述;大事记。采用类目体,基本结构以门、类、目、条四个层次(四级标题)构成。正文设22卷70类。卷一区域(建制、行政村、自然村);卷二自然环境(地质地貌、河流、土壤、气候、环境保护);卷三湖镇集镇(街道巷弄、集镇建设、集镇人口、规划);卷四水利(灌溉设施、防洪堤坝、水旱灾害);卷五交通电力邮电(交通、电力、邮政、电信网络);卷六农业(种植业、养殖业、涉农企业);卷七工业(发展进程、企业、产品);卷八商业(民国时商号、市场、国营与集体商业、民营商业);卷九农村发展记事(初步发展时期、快速发展时期);卷十党政组织(中国共产党、行政机构、群众团体);卷十一政务(民政、治安、司法行政、武装、政事);卷十二相关部门(财税、金融、工商、土管);卷十三文化(群众文化、戏曲、民间舞蹈、创作、民间传说);卷十四教育 卫生 体育(学校、卫生、体育);卷十五文物古迹(遗址、建筑、出土文物);卷十六人口 氏族 宗教(人口、氏族、宗教);卷十七居民生活(物价、居民收支情况、山头村调查);卷十八风俗(岁时、礼仪、生产习俗、生活习俗、匠作);卷十九人物(人物传、人物录、人物表);卷二十诗文选辑(诗、文);卷二十一公文选辑;卷二十二杂录(文献采录、民间采风)。志末设索引;后记;2015年5月龙游县湖镇镇党委书记张雪昌跋。

浙江图书馆,衢州市地方志办公室,龙游县史志办公室、县档案馆存藏。

专 志

5.24 龙游土壤志

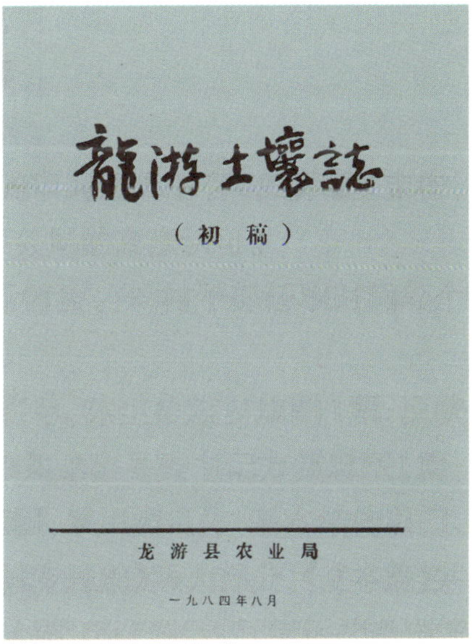

龙游县农业局编。执笔黄正来,指导审稿李马裕,绘图张华云。1980年3月,衢州市(县级)组织开展全省第二次土壤普查,《龙游土壤志》由普查成果的基础上整理而成。1984年8月印刷。内部资料,简装油印,16开本,205页,约16万字。

本志记述上限为事物发端(具体视资料情况而定),下限为1984年。

志首为前言,目录,插图5幅(龙游县政区图、地势图、岩性图、水系图、土壤断面图)。正文8章28节。第一章概况(地理位置和行政区划、自然概况、社会经济概况);第二章土壤形成与分类(土壤形成、土壤分类);第三章土壤分布(土壤分布基本概况、土壤地域性分布、土壤微域分布);第四章土壤性态各论(红壤土类、黄壤土类、岩性土类、潮土类、水稻土类);第五章土壤养分状况(土壤养分概况、各区 社养分状况);第六章低产田的改良(低产田概况、低产田改良意见、高产稳产水稻土的特征);第七章土壤改良利用分区(土壤改良利用分区划分的原则和依据、土壤改良利用分区方案、改良利用分区概述、土壤改良主要类型分述);第八章土壤普查成果应用(合理施用化肥 增施磷钾肥、增施有机肥料、大力推广秸秆还田、绿肥上山、合理施用石灰、治理土壤渍害、微量元素肥料在生产上的应用、因土种植、合理利用土壤资源)。志末设龙游县土壤普查工作人员名单。

龙游县农业局存藏。

5.25 龙游风俗志

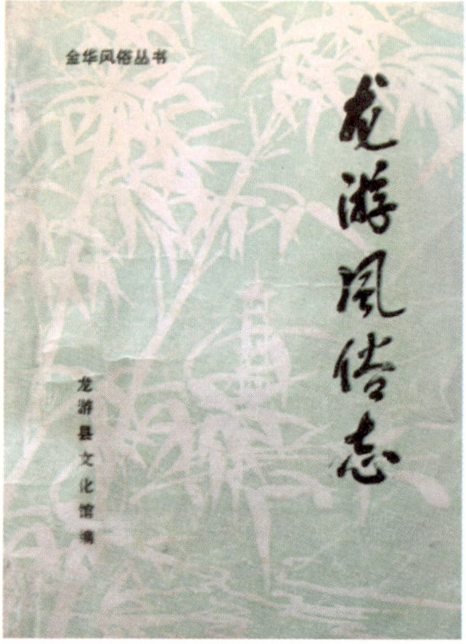

龙游县文化馆编,系金华风俗丛书中的一册。1985年1月印刷,龙游县印刷厂印刷。内部资料,32开本,约10万字,144页,印数1000册,每册收取成本费1.28元。参加编写的有叶京、应品荣、严聚生、余滋敬、陈沛云、周樟炳、姜碧梧、饶敏卿、黄萍荪等。此志于1984年着手整理,同年10月完成。

本志上限事物发端,下限1984年。

封面由龙游县县长钱铭题词。正文7章27节。第一章概述;第二章生产习俗(农作习俗、山林习俗、饲养习俗、水利习俗、匠作习俗、商业习俗);第三章生活习俗(饮食习俗、服饰习俗、居住习俗、交通习俗、文娱习俗、卫生习俗、其它);第四章礼仪习俗(婚姻礼仪、喜庆礼仪、丧葬礼仪);第五章岁时习俗(传统节日、时令节日、新兴节日);第六章信仰习俗(鬼神宗教、崇宗祭祖、求神拜佛、驱邪镇妖、预卜休咎、禁忌及其它);第七章其他习俗(民间组织、游民和乞丐)。志末设编后。

浙江图书馆,衢州市图书馆,龙游县图书馆存藏。

5.26 龙游县法院志(1912—1988)

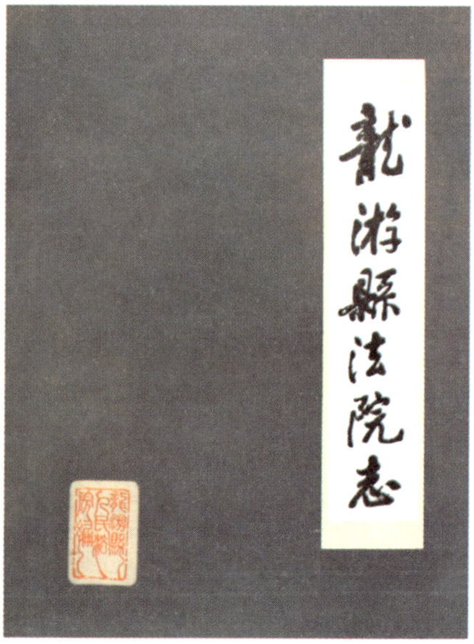

龙游县人民法院编。编纂领导小组组长方荣根,副组长张润,组员兼主编郑建飞,责任编辑吴宝生,摄影王文军。1989年11月内部发行,龙游县福利印刷厂印刷。内部资料,16开本,103页,4.3万字,印数100册。编纂工作于1987年9月开始,1989年5月完稿,1989年6月完成全书编审工作。

本志上限民国元年(1912),下限1988年。个别在断限内未完成事件,作适当延伸。

志首有龙游县政区图1幅,人民法院院徽彩图1张。有法院原院址、新建法院、审判厅及各乡镇法庭、法院工作等照片7页14幅(其中1984年法院全体干警合影1幅,参加本志修志的法院新老院长、老同志、公检司、县志办、各庭室负责人合影1幅)。1989年6月龙游县人民法院院长方荣根序1篇;凡例8条;《龙游县法院志》编审人员名录。概述;大事记。正文4章22节。第一章民国时期司法(机构沿革、院址变迁、历任主管、设置职能、案件审判、监狱);第二章建国以后司法(隶属变动、机构设置、庭院建设、人员编制、历任院长、庭室领导更迭、党的组织);第三章审判工作(刑事审判、民事审判、经济审判、执行工作、公开审判、信访接待、复查纠错);第四章陪审调解制度(陪审制度、调解制度)。志末附本志《民国时期司法》参考资料、后记。

龙游县史志办公室存藏。

5.27 浙江省龙游县地名志(1990年版)

龙游县地名办公室编。主审雷长林、王锡武、周士林,主编饶敏卿,责任编辑周士林,编辑丁鹏来、刘土根、江德发、周士林、饶敏卿。1990年4月内部印刷,浙江省金华新华印刷厂印刷。内部资料,16开本精装,487页,字数50万字,印数1000册。编纂工作始于1986年5月,历时3年,1989年8月定稿付印。共收录注释各类地名3045条。

本志上限为事物发端,下限为1988年。

龙游县县长钱铭封面题词,志首1989年8月龙游县县长钱铭序;说明9条。地图5幅(龙游县政区图、龙游县城区图、龙游县地势图、龙游县古城图、龙游县交通图)。收录反映龙游风光的龙游县城、医院、电影院、大桥、水库、堰坝、乡村风貌、特产、领导视察、厂房、旅游景点、文物、书法、国画等的照片20页65幅。正文10卷47类。卷一全县综述(龙游县概况、龙游县政区沿革、龙游县政区沿革表、龙游县境域沿革、龙游县山脉简述、龙游县河流简述、龙游县交通简述);卷二乡镇村名(龙游镇、龙游区、塔石区、模环区、团石区、湖镇区、溪口区);卷三单位名称(厂矿、场站局所、银行、公司、文化、学校、医院、专业单位名录);卷四自然地名(山峰、山岭、岩洞、河流);卷五人工建筑(桥梁、渡口、水库、堰坝、渠道、隧洞、渡槽、水电站、电灌站);卷六名胜古迹(游览地、古建筑、古窑址、古墓葬群、纪念地);卷七地名艺文(地名诗选、地名故事);卷八地名总览(龙游县地名复查工作简况、龙游县聚落地名之渊源、分布规律及其演变原因初析、龙游县地名方言音义注释、龙游县地名方言字考释);卷九文件汇编;卷十附录《地名索引》(汉字首字笔画索引、汉语拼音音节索引)。志末设《龙游县地名志》编纂人员、编后记。

浙江图书馆,衢州市图书馆,龙游县史志办公室存藏。

5.28 龙游交通志

龙游县交通局编。编纂委员会主任朱锡华,副主任贺力、傅琢,委员10人。主编傅琢,编写吴珊花、刘菊香、王岱昌、孔小珍4人,摄影张志坚。1990年5月内部印刷,印刷单位不详。内部资料,精装,大32开本,约14万字,191页。本志于1986年8月开始编写,1989年7月完成送审稿,1990年2月定稿。

本志上限事物发端,下限为1988年年底。

志首有反映龙游县交通建设和发展的照片18页34幅,其中龙游交通志编写人员合影1幅,龙游交通志编委会成员合影1幅,交通局全体干部合影1幅;龙游县公路里程示意图1幅。1990年5月龙游县县长戴峻序言1篇;凡例5条;概述;大事记(1921—1988)。正文9章23节。第一章古道(驿道、古桥、凉亭、乡间民道);第二章公路建设(线路、公路桥梁、公路养护、公路改造、公路绿化);第三章城镇街道建设;第四章公路运输(手车运输、汽车运输、拖拉机运输);第五章铁路;第六章水路(航道、码头、溪流、渡口、水运);第七章汽车修理;第八章交通局机关沿革;第九章各局属单位沿革(公路、车辆监理站、公路段、县乡公路管理所、龙游航运管理站、企业人事沿革表)。志末设附录(龙游县各乡机耕道路汇总表、龙游县各乡民间桥梁汇总表);编后话;《龙游交通志》编纂人员名单。

龙游县史志办公室存藏。

5.29 龙游县粮食志

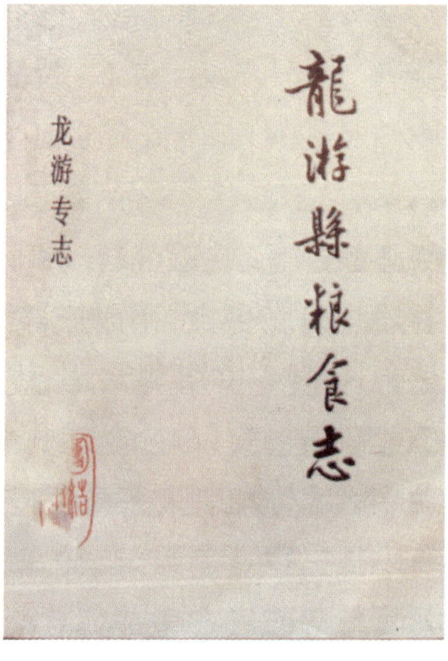

龙游县志编纂委员会办公室编。顾问魏桥,主审胡礼舟,主编傅根水、郑有成,副主编刘钧奎,编辑王章球、葛望贤,摄影王文军、汪丽娟。团结出版社1990年8月作为《龙游专志》的分册出版(ISBN 7-80061-217-1/K.18),浙江龙游县印刷厂印刷。大32开本,236页,18.5万字,印数2000册,定价7元。本志编纂工作始于1987年10月,在龙游县志编纂委员会办公室的指导下,由龙游县粮食局组织人员着手进行,在两年多的时间里,吸取大量史实素材，经反复修改、查证、考实，统合成篇，1990年2月定稿。

本志上限所载事物发端，下限1988年年底。

封面题词赵发生。志首有张兴钱题为《为龙游县粮食志的问世叫好》的题词1篇；反映龙游县粮食局工作现状的办公楼、粮库、局领导照片、日常工作、走访、大米加工生产线、奖状等的彩照8页16幅；龙游县行政图1幅。1989年9月时任浙江省地方志办公室主任魏桥作总序；1990年1月粮食部党组原副书记、副部长赵发生作序一，1990年2月粮食部原副部长、商业部副部长姜习作序二，1990年2月浙江省粮食局局长张兴钱作序三；凡例9条；概述；大事记（1282—1988）。正文10章25节。第一章粮食生产（粮食作物、耕作制度、农技推广）；第二章粮油征购（田赋 积谷、粮食购销、油料购销、城镇供应及票证管理）；第三章粮油集市贸易；第四章粮油价格及奖售（粮油价格、奖售）；第五章粮食财务管理（管理制度、会计核算体制、经营责任制）；第六章粮油储运（储存设施、储存技术、粮油调拨及运输）；第七章粮油食品加工（加工企业、技术与设备改造、加工类型及品种、综合利用和出口产品、农村粮油加工）；第八章饲料加工和经营（饲料加工、饲料经营）；第九章粮食管理机构（机构沿革、人事沿革、职工队伍）；第十章粮食经济理论研究；志末设附录（重大事故灾害、龙游风味食品）；编后语。

浙江图书馆，衢州市图书馆，龙游县史志办公室存藏。

5.30 龙游县水利志（1990年版）

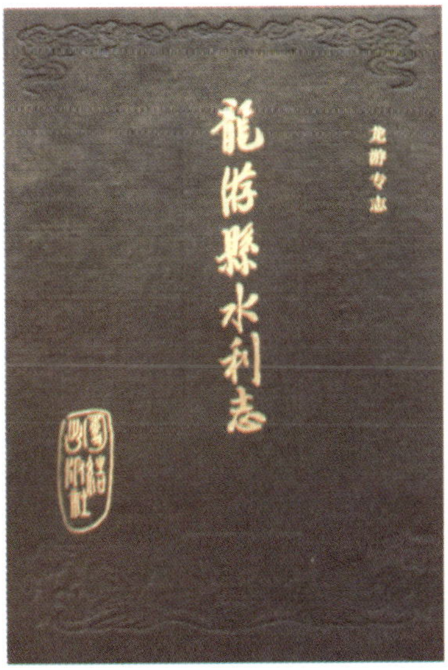

龙游县水电局水利志编写小组编。编写领导小组组长谢森炎、曹唐林，主审胡礼舟，主编叶仲魁，编辑叶仲魁、陆耕畴。另有收集资料7人，测量制图3人，摄影2人，誊写校对3人。团结出版社1990年10月作为《龙游专志》的分册出版（ISBN 7－80061－217－1/K.18），浙江龙游造纸厂印刷分厂印刷，大32开本，分精装、平装两种，225页，18万字，定价：精装24元，平装13元，印数600册。本志在龙游县志编纂委员会的统一部署下，1987年9月成立《龙游县水利志》编写小组编纂，1989年10月写成初稿，1990年6月定稿，1990年10月出版。

本志上限事物发端，下限1988年，个别章节，延至1989年。

志首题词2幅（1990年4月中国工程院院士、水利电力部原部长钱正英，1989年10月浙江省水利厅厅长、总工程师陈绍沂各1幅）；龙游县水电局大门、水库、堰坝、电站、渡槽、渠道、鱼种场及渔政人员执勤彩照7页11幅；龙游县政区图1幅；1989年9月时任浙江省地方志办公室主任魏桥的总序1篇；1989年12月龙游县水电局局长谢森炎序言1篇；凡例7条；龙游县重点水利工程分布图1幅；概述；大事记（1168—1988）。正文10章38节。第一章河流水系（衢江、灵山港、塔石溪、其它河流）；第二章水资源（降水、地表水与地下水、水能资源、开发与供需）；第三章水旱灾害（建国前水旱灾情、建国后水旱灾情）；第四章水利设施（蓄水、引水、提水）；第五章水库建设（首建水库及示范水库、中型水库、小型水库、铜山源水库及境内引水工程）；第六章江河治理与防洪工程（衢江防洪工程、灵山港防洪工程、塔石溪治理、模环溪治理）；第七章水力发电建设（全民电站、集体电站、户联营电站）；第八章水利技术改革（工程技术、工具改革、建筑材料、技术队伍与学术团体）；第九章渔业（水域分布、鱼类品种、鱼种繁殖、人工养鱼与江河捕捞、塘库养鱼高产试验、渔政管理）；第十章水政（水利机构、管理与制度、水费与经营、治水人物）。志末为附录（水利农谚）；编后记；龙游县水利志编写小组人员名单。

浙江图书馆，龙游县史志办公室存藏。

5.31　龙游畜禽疫病志

龙游县农业局畜牧兽医站编。主编张桉，审稿修改张桉、许有成。1989年10月至1990年3月，龙游县开展畜禽疫病普查工作。本志为普查成果，是记述龙游县历史上发生过的家畜家禽疫病的流行情况、危害程度以及防治措施和经验教训的专业志。修志工作历经3年，1990年12月印刷。内部资料，油印简装，16开本，415页，约28万字。

本志上限不拘，下限到1989年，重点记述新中国成立后至1989年年末。

志首目录；序言（龙游县副县长唐文方、龙游县农业局副局长孙叶庭）；凡例9条；前言。正文3篇14章137节。第一篇概况(自然地理概况、社会经济概况、公共卫生、畜牧业生产)；第二篇疫病防治（畜牧兽医机构、防疫设施、畜牧兽医防检队伍组织建设、畜禽疫病的流行概况、畜禽疫病防治）；第三篇畜、禽疫病（猪病、牛病、羊病、禽病、其它动物疾病）。志末设附录（获奖课题一览表、获奖论文一览表、市省级以上报刊杂志发表论文一览表、龙游县畜牧兽医系统先进集体名单、龙游县畜牧兽医系统先进工作者、农牧谚语）；后记；龙游县畜禽疫病普查工作组织情况；《龙游畜禽疫病志》编写人员名单；参考文献。

龙游县畜牧兽医局存藏。

5.32 龙游县公安志

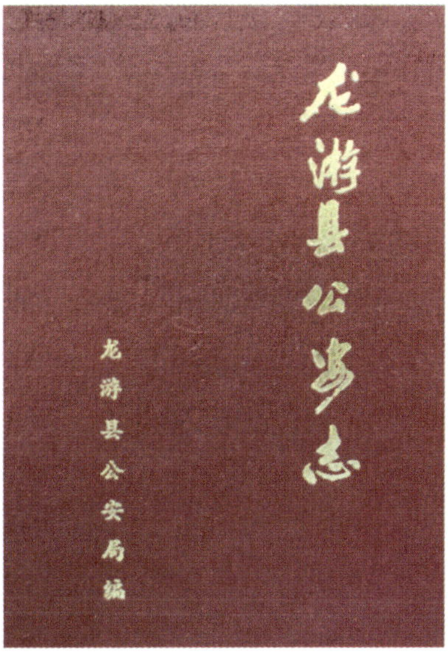

龙游县公安局编。龙游县公安志编写领导小组组长张振华，副组长王梦麟，组员李樟荣、王银福、邓春根，主编徐家佐，协编袁建奎、张继来，审稿2人，校对2人，摄影2人。龙游造纸厂印刷分厂1991年9月印刷。内部资料，印张7，大32开本，精装，202页，16万字，印数200册。编纂工作始于1987年9月，1990年3月形成初稿，经3次修改，1990年5月形成讨论稿，6月进行审议，经进一步修改完善后于1991年8月定稿。

本志上限1949年5月，下限1990年12月，部分内容略有上溯或延伸。

志首载反映龙游县公安局工作的全体干警合影、办公大楼、交通警察队、消防中队、看守所、乡镇派出所等的彩照9页17幅；龙游县公安志编写领导小组名录；1991年1月龙游县公安局局长张振华序；凡例5条；概述；大事记（1949.5—1990.12）。正文12章42节。第一章机构沿革（党团组织、行政机构）；第二章政治保卫（剿匪、反动党团特人员登记、镇压反革命、取缔反动会道门、肃反运动、纠正冤假错案）；第三章刑事侦查（刑侦组织、技术装备、严厉打击刑事犯罪活动、各类刑事案件）；第四章户籍、人口（户籍管理、人口统计）；第五章社会治安（特种行业管理、爆炸物品管理、治安保卫委员会、对四类分子监督改造、禁烟 肃毒、禁赌、取缔淫秽物品、交通管理）；第六章内保工作（内保机构、安全防范、警卫工作、党的“十三大”保卫）；第七章预审看守（预审工作、监所变迁、监狱管理）；第八章消防（消防组织、消防设备、消防工作）；第九章秘书、行政（秘书、档案、信访工作、财产 经费）；第十章政工、纪检（政检机构、思想教育、组织工作、爱民月活动、纪检工作、立功创模）；第十一章案例选编；第十二章布告、章则。正文后附录民国时期县统治机构（党派、县政府 县议会、警察机构、地方武装、特务组织）。志末设编后记。

浙江图书馆，衢州市图书馆，龙游县公安局存藏。

5.33 龙游县卫生志

龙游县卫生局编。主审张荣祥，副主审吴士增、徐金忠，评审成员22人。主编吕建民，编辑周林松、姜伟民、汪素珍、龚雅芳，摄影胡志华、周执中、林成巨，资料提供王阿香、雷建龙。上海社会科学院出版社1992年12月出版（ISBN 7－80515－850－9/

K.123)，上海市印刷七厂印刷。精装，16开本，印张21.5，插页8，字数40.6万字，332页，印数1000册，定价35元。本志1987年9月开始编纂，1991年7月初稿脱稿送审，1992年8月底完成二稿改写，10月付梓。

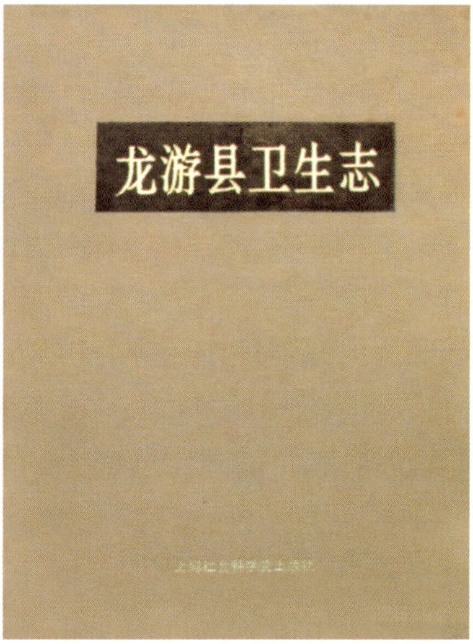

本志上限尽量溯源，下限1989年，大事记和个别事物适当延伸。

志首1992年8月龙游县卫生局局长张荣祥序1篇；凡例8条；1992年6月卫生部原部长崔月犁、1992年3月浙江省卫生厅厅长戴迪题词各1幅。反映龙游县卫生局工作现状的医院大楼、手术、仪器设备、书刊、座谈会等彩照8页18幅（其中县卫生局全体工作人员合影1幅）；地图2幅（城区医疗卫生机构分布图，区、乡医疗机构分布图）；概述；大事记（公元629~1990年）。正文11章48节。第一章机构、组织（卫生行政机构、卫生医疗机构、党群组织、学术团体）；第二章管理（人事管理、医政管理、药政管理、财务管理、医疗制度）；第三章医疗[概况、县级医疗单位、区医院、乡卫生院、村医疗室、企事业单位医院（医务室）]；第四章卫生防疫（机构与网络、预防接种与计划免疫、传染病疫情管理、急性传染病防治、公共卫生、寄生虫病防治、皮肤病防治）；第五章妇幼保健（机构与网络、妇女保健、儿童保健、婚姻保健、节育技术指导）；第六章血吸虫病与地方病防治（机构设置、血吸虫病防治、地方病防治）；第七章爱国卫生运动[组织机构、除“四害”、环境卫生、农村改水、文明卫生村（单位）建设]；第八章中西药业（中药店、西药房、中西药制剂、中草药资源与种植）；第九章医学教育与医著、论文（医学教育、健康教育、医学著作和论文）；第十章人物（人物传略、人物名录）；第十一章杂记（长寿老人、卫生习俗、奇闻逸事、医药卫生谚语与对联）。志末设1990年龙游县卫生年鉴；赞助出版经费的单位和人员名单；编后记；《龙游县卫生志》编审人员名单。

浙江图书馆，衢州市图书馆，龙游县史志办公室存藏。

5.34　龙游县教育志（1993年版）

龙游县教育志编纂办公室编。编纂委员会顾问张云舞、祝鹤皋、童超、傅春龄，主任黄澄仪，副主任林镜蓉、朱樟太。主编严聚生，副主编叶宽发、李土根，编辑王东生、叶日章、叶宽发、严聚生、李土根、俞光海、雷招才。1993年5月出版[浙出书临（1992）第168号]，浙江龙游印刷厂印刷，精装，16开本，印张23.75，插页16，57万字，373页，印数2000册，精装定价22元，平装定价18元。编纂工作始于1988年8月，三易其稿，

1992年12月定稿。

本志上限依事物发端和掌握的资料而定，下限1988年，个别事物下限适当延伸。

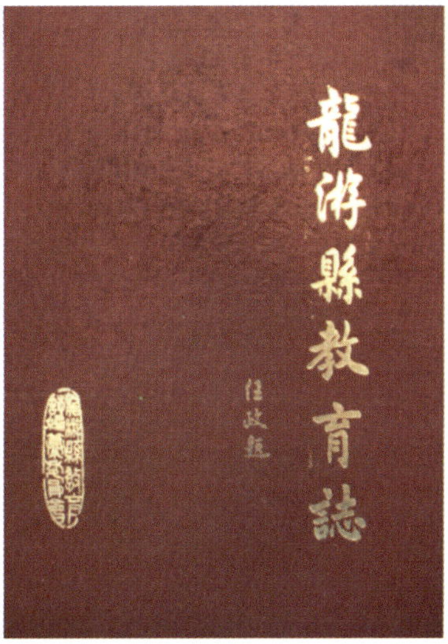

书法家任政封面题词。志首1992年4月龙游县教育委员会副主任林镜蓉序1篇；凡例8条；反映龙游县教育工作面貌的领导视察、书院旧址、学校新貌、表彰大会、文娱活动、书法比赛、奖状、奖章等照片28页77幅；地图2幅（清康熙十一年龙游县学宫图；龙游县中小学分布图）；概述；大事记（公元480~1988年）。正文分14章40节。第一章行政管理（县级教育行政管理、区乡级教育行政管理、学校行政管理、老师任用）；第二章县学书院学塾（县学、书院、学塾）；第三章普通教育（幼儿教育、小学教育、中学教育）；第四章中等专（职）业教育（师范教育、职业教育）；第五章成人教育（民众教育、农民教育、职工教育、干部教育、其它成人教育）；第六章思想政治教育（管理机构、教育内容与形式）；第七章体育与卫生（体育教学、体育竞赛、卫生教学与卫生制度、保健工作）；第八章美术与音乐（美术与音乐教学、课外活动和竞赛）；第九章劳动教育（劳动教育、校办厂场）；第十章教师队伍（师资概况、教师培训、教师待遇、民办教师）；第十一章党群团体（中国共产党 共产主义青年团 中国少年先锋队、民主党派、中国国民党 三民主义青年团 中国童子军、群众团体）；第十二章教学研究（机构沿革与职能、教学研究活动）；第十三章教育经费（经费来源、管理与使用、校舍与设备）；第十四章人物传 人物表。志末设附录、编后记；《龙游县教育志》编纂委员会成员名单；《龙游县教育志》编写人员名单。

浙江图书馆，龙游县史志办公室存藏。

5.35 社阳水库志

社阳水库志编委会编。编委严根荣、童修园、叶仲魁、陆惠成、张国松，主审童修园、严根荣，主编叶仲魁，特邀编辑王飞一。1993年9月出版，浙江省新闻出版局［浙出书临（1993）第102号］，龙游造纸厂印刷分厂印刷。32开本，约10万字，150页，印数1000册，定价4元。本志于1992年1月成立编委会，并开始搜集资料，着手编写，1992年年底完成第3稿，1993年年初开始对少数资料作调查核实，章节再作增删调整，经5个多月的整修后于1993年6月定稿。

本志上限事物发端，下限1991年。个别重要事件延伸至定稿前。

志首1993年7月龙游县副县长谢森炎题词1幅；反映社阳水库的全景、办公大楼、溢洪道、分水闸、电站、纺织厂、供电所、鱼种塘、果园、发源地、初建状况等的照片12页29幅；图5幅（社阳水库水系示意图、社阳水库平面布置图、社阳水库大坝横断面图、社阳洪畈水库渠系图、社阳水库供电线路图）；龙游县水电局局长杨清云作序一，1993年6月中共龙游社阳水库党支部书记严根荣、1993年6月社阳水库管理处主任童修园作序二；凡例8条；概述；大事记（1957—1991年）。此志以社阳水库枢纽和渠系工程为记载对象，兼及灌区内其他附属工程。正文设7章28节。第一章水库环境（库水源流、气象水文、土壤植皮、流域区水利旧貌）；第二章工程建设（上）（工程设计、挡水工程施工）；第三章工程建设（下）（泄水 输水工程施工、渠系工程施工、洪畈水库续建配套、电站建设、政策处理）；第四章水库管理（上）（机构和人员、大坝管理）；第五章水库管理（下）（蓄供水管理、小水电管理、管理条例与责任制）；第六章综合经营（种养殖业、渔业、水费、兴办经济实体）；第七章水库效益（灌溉农田、提供用水、蓄水防洪、水力发电、水产养殖收益、水费收入、综合经营开发、历年经济效益统计）。正文后附水库远景展示；志末设编后记；编辑人员名单。

浙江图书馆，龙游县史志办公室存藏。

5.36 龙纸志（1958—1993）

龙纸志编辑室编。主审邵南燕，主编于杏生，编辑11人，参加资料收集整理27人，审阅人员39人。1994年10月印刷，浙江亚伦股份有限公司印刷厂印刷。内部资料，精装，16开本，21.25印张，插页17页，正文331页，50万字，印数650册。本志编修工作始于1987年11月，王飞一、徐澍华先后任主编，由于种种原因，编修工作曾两度中断。1992年9月设立《龙纸志》编辑室，编修工作继续，至1994年4月定稿，6月付印。

本志资料上溯1953年，下限1993年12月31日。

志首扉页主审及审阅人员名单；龙游造纸厂全景彩照1幅；图3幅（浙江省龙游造纸厂地理位置图1幅，浙江龙游造纸厂平面布置图2幅）；反映龙游造纸厂工作的领导视察、荣誉奖状、厂房设备及相关活动等照片24页69幅；1994年5月龙游造纸厂厂长邵南燕序1篇；凡例7条;概述。正文25章126节,节下设置若干目。第一章自然环境;第二章管理体制;第三章基本建设;第四章生产管理;第五章产品结构;第六章横向联系;第七章经营销售;第八章劳动人事;第九章科技开发;第十章质量管理;第十一章财务管理;第十二章原料管理;第十三章材料管理;第十四章动力设备;第十五章安全保卫;第十六章计能管理;第十七章环境保护;第十八章党委;第十九章工会;第二十章团委;第二十一章文化教育;第二十二章工资福利;第二十三章文秘后勤;第二十四章人物;第二十五章附录。志末设大事记;本志编修始末。

衢州市图书馆,龙游县史志办公室存藏。

5.37 龙游县金融志

浙江省龙游县金融志编纂委员会编。编纂委员会主任徐渭源,副主任陈兆水、何渭贤、季锦祥、黄炜、翁雄祥、张应前、张志勇,成员4人。主编叶顺华,副主编项之正、吴晓峰,编辑5人,特邀编辑阮文烈。中华书局1995年5月出版(ISBN 7-101-01476-3/K.645),未来科学技术研究所印刷厂印刷,新华书店北京发行所发行。精装护封,16开本,印张18.75,283页,29.8万字,定价42元,印数2000册。《龙游县金融志》的编纂,工作始于1988年,1994年4月定稿。

本志上限依事物发端及掌握的资料而定,下限1990年,另设《1991—1993年概况》于卷末。

志首有龙游县各银行、保险公司、信用社照片及反映龙游县银行日常工作、办理业务、技术比赛、会议、演讲等的彩照8页23幅;地图3幅(龙游县政区图、1990年县城金融机构分布示意图、1990年乡镇金融机构分布示意图)。1989年9月浙江省地方志办公室主任魏桥总序;1993年12月中国人民银行龙游县支行行长徐渭源序言1篇;凡例8条;县情简介;概述;综合图表。正文设14门类50目。机构(当店钱庄、银行、保险公司、信用社联合社、其他金融组织);货币(币种、货币流通);存款(单位存款、城乡储蓄);贷款(民间借贷、工业贷款、农业贷款、商业贷款、固定资产贷款、其他贷款、基本建设拨款与贷款);会计与出纳(银行会计、银行结算、银行出纳、业务操作革新);保险(保险种类、防灾与理赔);农村信用合作社(组织发展、业务经营、资金实力);其他业务(代理国库、债券发行、侨汇、社队会计辅导);金融管理(金银管理、现金管理、工资基金管理、利率管理);职工队伍(人事管理、工资福利、文化教育、政治思想教育、业务技术培训、技术职称评定、行为规范)；党群组织(中共党组织、共青团组织、工会组织、职工代表大会)；人物传；先进荣誉[全国先进集体、省先进集体、地(市)先进集体、县先进集体、全国先进个人、省先进个人]；文录。志末设1991—1993年概况；后记；编纂委员会名单；编写人员名单。

浙江图书馆，龙游县史志办公室存藏。

5.38 龙游县农业志

龙游县农业局编。主审曹唐林，主编劳乃强，副主编贾尚田。1996年7月金华日报印刷厂印刷，内部资料，32开本，416页，约30万字。本志于1994年年初开始编纂，至1996年5月定稿。

本志上限以事物发端和资料溯源而定，下限1995年年底。

志首扉页由龙游县政协主席钱铭题词；1996年7月龙游县副县长江汎波序1篇；凡例8条；概述；大事记。正文设22章64节。第一章土地(土地构成、土地整治、农业区划、基本农田保护)；第二章气候(气象特征、灾象)；第三章水利(水资源、水利设施)；第四章自然灾害(气象灾害、病虫害)；第五章生产关系(封建土地所有制、土地改革、农业合作化、人民公社化、农村经济体制改革)；第六章肥料(种类、施肥技术变化)；第七章作物保护(病虫害防治、除草、灭鼠、植保药械)；第八章农业机械(传统农业机具、农具改良和改革、农机管理、农机监理)；第九章科学技术(农技推广、科技成果、学术团体)；第十章耕作制度(水田、旱地)；第十一章水稻(种子、栽培管理、商品粮基地建设、稻米加工)；第十二章麦豆杂粮(大小麦、豆类、杂粮)；第十三章油菜油料(油菜、花生、芝麻)；第十四章经济特产(茶叶、棉花、蚕桑、其他经济作物)；第十五章果树瓜菜(水果、柑橘、瓜类、蔬菜)；第十六章饲料；第十七章畜禽防疫保健(机构网络、药物器械)；第十八章家畜(养猪、牛 羊 兔)；第十九章家禽、蜜蜂(家禽饲养、养蜂)；第二十章机构组织(农业行政机构、技术服务机构、事业管理机构、县属农场、场办工厂、各站服务实体)；第廿一章人物(劳模先进、专业荣誉、技术人员)；第廿二章资料存录(农谚、农产品价格、全年农事历)。志末设编后记。

浙江图书馆，龙游县史志办公室存藏。

5.39 龙游县土地志

龙游县土地管理局编。编写领导小组组长毛树录,副组长何启生、郑炳根、诸葛洪,组员7人。主编诸葛洪,特邀编辑劳乃强,编写诸葛洪、周方旭,资料收集3人,摄影2人,校核9人。1998年5月印刷,内部资料,精装,大32开本,358页,约22万字。编纂工作始于1995年3月,1996年12月形成初稿,经过调整、修改和补充,1998年3月通过衢州市土地管理局验收定稿。

本志上限尽量追溯事物起端,下限1995年12月底止,大事记及部分事例则延伸到1997年。

志首彩照8页15幅,其中龙游县土地管理局办公楼彩照1幅,反映龙游县土地管理局工作面貌的省领导调查、会议、荒山爆破、基本农田保护、奖状、宣传活动、拆除违法用地建筑物等彩照7页14幅;地图3幅(龙游县政区图,龙游县地势图,龙游县土地利用总体规划图各1幅);1998年5月龙游县土地管理局局长毛树录序言1篇;凡例7条;概述;大事记。正文设13章48节。第一章政区(地理位置、政区沿革);第二章自然环境(地质、地貌、土壤植被、水资源、矿产资源、气候);第三章土地和人口(土地、人口、粮食产量);第四章土地开发(红黄壤低丘开发、低产田改造、农业建设用地开发、城镇土地开发及利用、闲置 废弃土地复垦);第五章土地保护(划定基本农田保护区、农田地力保护、农田环境保护);第六章土地制度(土地所有制、土地制度改革);第七章赋税地租(赋税、地税、地租);第八章地籍管理(地籍调查和编制、地籍测量、土地权属证书);第九章土地市场(地价、土地评估、地产市场);第十章土地规划(土地利用总体规划、城区规划、综合农业区划);第十一章用地管理(计划管理、征地管理、审批管理、用地补偿和劳力安置);第十二章土地监察(制订规定、法规宣传、执法检查、违法查处、土地信访、创建“三无”乡镇);第十三章机构和队伍(机构沿革、县土地管理局、队伍建设、科研成果、土地档案);正文后附录文件存录。志末设后记;《龙游县土地志》编写领导小组、编纂人员名单。

浙江图书馆,衢州市地方志办公室、市图书馆,龙游县史志办公室存藏。

5.40 龙游县建设志

龙游县建设志编纂委员会编。编委会名誉主任占跃平,主任何启全,副主任翁文

益、姚秦管、翁宽喜、林金祥、王文平，委员20人。主编王文平，副主编范显镗，编辑7人，摄影3人。1998年9月印刷，金华市真彩电脑设计照排，金华日报印刷厂印刷。内部资料，精装护封，16开本，印张18.25，插页34页，正文283页，38万字，印数1000册。编纂工作始于1992年4月，当时确定断限至1990年。1993年4月，根据资料情况又将断限推迟到1992年，至1993年年底，修志工作基本停止。1996年4月，充实人员，又将断限调整到1995年，内容也作了较大调整，资料重新予以补充，编纂工作继续。1997年4月完成送审稿，当年12月定稿。

本志上限力求溯源，下限1995年。大事记和个别事件延伸至1996年。

龙游县人大常委会主任程渭堂封面题词。志首建设部规划司原司长赵士修、1998年3月中共龙游县委书记戴峻、龙游县县长占跃平、龙游县政协主席钱铭题词各1幅；反映龙游县城市建设的城区鸟瞰、广场、大桥、防洪堤、火车站、汽车站、旧城区、古街等的照片24页74幅。地图5幅[龙游县政区图，龙游县城现状简图，龙游城市总体规划总图(1995—2010)，龙游县治图(明)，龙游县城区镇图(民国)]；1997年12月龙游县建设局局长何启全序；凡例8条；概述；大事记。正文设12章55节。第一章县城规划(县城总体规划、城区总体规划、城市总体规划、规划管理、城镇测绘)；第二章市政工程(街道、广场、路灯、桥梁、渡口、码头、县城防洪、排水)；第三章公用设施(古城墙和人防工程、公共建筑、县城交通、供水、环境卫生、燃气)；第四章房地产(房屋建设、管理、房地产经营、住房制度改革、白蚁防治)；第五章园林名胜(县城绿化、园林景点、山川名胜、古塔牌坊、革命纪念地、文化遗址)；第六章建筑(勘察与设计、建筑施工、建筑业管理、建材生产、典型建筑)；第七章村镇建设(集镇、道路、桥梁、住房建设、管理)；第八章环境保护(自然环境、环境污染、环境保护、环境监测、三废治理)；第九章机构设置(县局机构、政党、团体、直属企业事业单位)；第十章人物(历代名人、寓外专家学者、高 中级专业技术人员)；第十一章科教 档案(科技成果、职工教育、档案)；第十二章丛录(文告、艺文、杂记)。正文后附重大灾害摘录。志末设编后记；《龙游县建设志》编委会委员、工作人员名单。

浙江图书馆，衢州市图书馆，龙游县史志办公室存藏。

5.41 龙游工业志

龙游工业志编纂委员会编。编纂委员会主任黄秋莽、吴新星，副主任徐发达、杨荣兴、张绳伟、方伟成，委员74人。主编王飞一，编辑王飞一、王红峰、郑献丰，资料傅琢、张宝庆。1998年12月出版，[浙内图准字(1999)第026号]，杭州艺华印刷厂印刷，精装护封，大16开本，印张33.25，插页15页，正文251页，40万字，印数2000册，工本价98元。编纂工作始于1991年11月，1992年2月，成立龙游工业志编辑室，着手组织编写班子。其间，三易其稿，于1998年10月定稿。

本志上限力求上溯，下限1996年。少数重要内容延至付印之时。

封面由龙游籍寓外人士、北京大学党委原书记王学珍题写书名；卷首修志人员名单；1996年11月全国人大常委会原副委员长雷洁琼、1996年8月全国人大常委会原副委员长费孝通、1996年8月全国人大常委会原委员陈舜礼、1997年5月全国人大常委会委员毛昭晰、1997年5月浙江省政协副主席丁德云、浙江省人大常委会委员吴山明、龙游县政协原主席钱铭、龙游县人大常委会主任程渭堂题词各1幅。1997年3月中共龙游县委书记戴峻作序一，1997年3月龙游县人民政府县长占跃平作序二，1997年4月龙游县人民政府副县长吴新星作序三；凡例9条；地图4幅(龙游县政区图，龙游县方位图，龙游县自然旅游资源分布图，龙游县工业分布示意图)；有反映龙游县工业建设情况及领导视察等彩照5页15幅。正文设概貌、行业、丛录三个分志16类81目。志首设概貌(总述，体制，科技，产品，环保，安全，职工与劳资，乡镇工业)；中设行业分志(造纸印刷，化学工业，建材陶瓷，电子器材，纺织服装，五金机械，食品，竹木加工，电力，采矿冶炼，其它工业)；尾设丛录(人物录，人物表，企业名录，商标录，工业文化，文献选录)。志末设后记。

衢州市地方志办公室、市图书馆，龙游县史志办公室存藏。

5.42 龙游县人民医院院志

龙游县人民医院院志编纂委员会编。编纂委员会主任莫文梅，副主任李培良、程剑平、程新登、周建民、汪陈设，委员9人；编纂办公室主任杨瑾，编纂人员李培良、杨瑾、陈岚、张济生、胡水土、姜伟民、徐竟成，摄影2人，工作人员2人，校对2人。2004年

10月印刷，内部资料，精装护封，大16开本，约35万字，234页。编纂工作于2003年8月开始，2004年9月定稿。编写工作大致可分为三个阶段：2003年8月至11月为资料收集整理阶段，2003年12月至2004年2月为初稿编写阶段，2004年3月至8月为补充核对完善阶段。为本院志编写提供文字资料或回忆的有40余人。

本志上限1940年3月建院时，下限2003年。其中"血吸虫病防治"上溯至起端，个别章节略有延伸至2004年。

志首题词共6页11幅（中国工程院院士、浙医一院院长郑树森；美籍华人，医学、哲学博士叶练；2004年10月衢州市副市长、龙游县委书记杜世源；2004年9月龙游县委副书记、县长诸葛慧艳；衢州市卫生局局长柴伊玲；龙游县人大常委会主任程渭堂；龙游县政协主席谢森炎；龙游县委常委、宣传部部长叶浩平；龙游县副县长吕玉茹；2004年9月衢州市人民医院院长余耀生；2004年9月龙游县卫生局局长李竹生各1幅）。彩照35页106幅，主题为殷切关怀、专家指导、日新月异、科学管理、悠悠岁月、先进设备、科技兴院、抗击"非典"、为民服务、多彩生活、硕果累累；另有医院平面图1张。2004年9月龙游县人民医院院长莫文梅序1篇；凡例8条；概述；大事记。正文设10篇27章112节。第一篇组织机构（历史沿革、机构设置）；第二篇员工队伍与基础设施（员工队伍、基础设施）；第三篇医疗（门诊、医技及附属科室、病区、护理）；第四篇预防保健与计划生育（预防保健、血吸虫病及其它地方病防治、计划生育）；第五篇科研教育（科研活动与成果、论文、继续医学教育）；第六篇医院管理（行政管理、业务技术管理、总务管理、设备管理、信息管理、财务管理）；第七篇党派团体（中国共产党、民主党派、群众团体）；第八篇精神文明建设；第九篇荣誉称号（先进集体、先进个人）；第十篇人物（参政议政代表 委员名录、高级卫技人员简介）；正文后附录医院职工名单。志末设编后记；《龙游县人民医院院志》编纂委员会及编纂办公室人员名录。

龙游县史志办公室存藏。

5.43 姑蔑龙脉——龙游文化遗产图志

龙游县文化广电新闻出版局编。编纂委员会成员16人，责任编辑陆民，执行编辑黄国平，校对章佳，摄影朱土生、朱建生、郭建军、雷栋荣。2006年6月印刷，大32开本，206页，约15万字，印数1000册，定价28元，内部发行。编纂工作始于2005年5月，于2006年6月定稿。图志将龙游县的国家、省、县三级文物保护单位及文物保护点的文字、图片资料汇编成集，作为2006年6月10日第一个“中国文化遗产日”献礼。

本志上限尽量溯源，下限2006年。统一以2006年为基准，对龙游县文物保存现状作了记载。

龙游县人大常委会主任程渭堂封面题词；志首插页有“中国文化遗产”图标，并写有“谨以此书献给第一个‘中国文化遗产日’”；卷首《姑蔑龙脉》编纂委员会名单；反映龙游石窟保护学术讨论、专家考察、领导视察、文物保护单位等的彩照12页23幅；2006年5月清华大学建筑系教授陈志华作序一；2006年6月龙游县副县长、龙游县文物管理委员会主任周耀明作序二。正文分五大类：一、全国重点文物保护单位（湖镇舍利塔）；二、浙江省文物保护单位［鸡鸣山民居苑、叶氏民居、横山绍衣堂（横山塔）、志棠三槐堂、志棠关西世家、龙游石窟（小南海石室）］；三、浙江省历史文化保护区（湖镇通济街、石佛三门源古村落）；四、龙游县文物保护单位（93个文物保护单位）；五、龙游县文物保护点（110个文物保护点）。每个文物保护单位和文物保护点分别记载时代、类别、地址、方位、简介、历史沿革、保存现状等，并配以黑白图片。志末设后记。

龙游县史志办公室存藏。

5.44　龙游政协志

龙游政协志编纂委员会编。编纂委员会主任谢森炎，副主任张振华、雷樟发、翁樟根、谢晓荣，委员徐康仁、刘森炎、尹志芳、胡锡恒、金兆贵、刘巧琴。主编谢晓荣，副主编徐康仁、陈济民，责任编辑刘森炎，编辑金兆贵、刘巧琴、刘红卫、王国清、陶百妍、舒樟荣，校对陈来桂。当代中国出版社2007年1月出版（ISBN 978－7－80170－554－9），浙江新华印刷技术有限公司印刷，精装，16开本，印张36.875，插页42页，正文581页，50万字，印数1500册，定价120元。编纂工作始于2005年7月，于2006年12月定稿。

本志上限1983年12月,下限2006年。

志首《龙游政协志》编纂委员会、编写组名录;浙江省政协副主席梁平波题词1幅;彩照30页98幅,主题为领导视察、会议剪影、工作纪实、政协活动。2006年12月龙游县政协主席谢森炎序1篇;凡例7条;概述;大事记。正文设11章41节。第一章组织机构(常务委员会、政协党组、工作机构);第二章政协例会(全体委员会议、常务委员会议、主席会议);第三章视察调研(委员视察、专题调研、案例选录);第四章委员提案(提案采纳、提案督办、提案表彰、提案选录);第五章文史资料(文史征编、专辑简介);第六章民主党派、工商联[民盟龙游县总支部委员会、民建龙游县总支部委员会、民进龙游县总支部委员会、农工党龙游县总支部委员会、九三学社龙游县基层委员会、龙游县工商业联合会(总商会)];第七章祖国统一事业(台湾事务工作、侨务工作、民族宗教、黄埔军校同学会);第八章团结联谊(委员约谈、接待交流、书画联谊会、诗词学会);第九章机关工作(机关学习、机关事务、中心工作、机关党支部);第十章政协人物(政协主席、政协副主席、政协秘书长、政协委员);第十一章资料存录(领导讲话、工作报告、文件选辑、大会发言)。志末设后记,并附有反映龙游县公路建设、龙游石窟、荣昌广场、住宅小区、公园景观等的彩照7页11幅。

浙江图书馆,衢州市图书馆,龙游县史志办公室存藏。

5.45 龙游县教育志(1983—2005)

龙游县教育志编纂委员会编。编委会主任李林、夏剑平、姜铁,副主任肖炎生、杜锡祥、王兆斌、徐红斌、徐建清、何勤,委员21人。主编江永亮,编辑吴正章、李有根、吴耘耕、童睿娟、劳合成、袁芳,审稿人员徐海水、夏希虔、劳乃强、张金菊、林镜蓉、徐逢高、方国新、姜芳仁、夏樟生、余仁良、项翰、卜金土。2008年8月西泠印社出版社出版(ISBN 978-7-80735-377-5),衢州新华印务有限责任公司印刷。精装,16开本,印张38.5,586页,字数约80万字,印数2000册,定价120元。本志编纂工作始于2005年11月,2006年年底正文初稿脱稿送审,2007年5月评审志稿,10月志书初样送审,经反复审改,2008年8月付梓。参与编写人员45人,分别担任各校校史编纂领导小组组长的有58人。

本志为《龙游县教育志》(1992年版)的续编,上限1983年(恢复龙游县制),下限2005年。

志首为《龙游县教育志》编纂委员会、办公室、编纂室、审稿人员名单。卷首反映龙游县教育历史及现状、学校、教育活动等的照片12页37幅；地图2幅（龙游县2005年学校布局图、龙游县2005年城区学校布局图）；2008年6月龙游县教育局局长李林序1篇；凡例10条；概述；大事记。正文设11篇49章103节。第一篇幼儿教育（发展概况、保育与教育、幼儿教育管理）；第二篇义务教育（发展概况、招生 学制与任务、教学、德育与安全教育、体育与美育、卫生与健康、学校管理）；第三篇普通高中教育（发展概况、招生 学制与任务、课程与教材、升学预备教育与高考）；第四篇中等职业技术教育（发展概况、教育任务与专业设置、课堂教学与技能实践、就业与升学、管理）；第五篇成人教育（浙江广播电视大学龙游分校、自学考试、乡镇成人文化技术学校）；第六篇科学实验管理与信息技术教育（发展概况、科学实验管理、电化教育、教育电视台、信息技术教育、信息网络）；第七篇教师（发展概况、人员编制、教师资格与任用、教师考核与培训、教师待遇、民办教师）；第八篇教学研究（发展概况、组织机构与学术团体、研究活动与改革实验）；第九篇教育经费与设施装备（教育经费、教育设施与装备）；第十篇勤工俭学与教育发展公司（勤工俭学、教育发展总公司、校办企业选介）；第十一篇教育行政与党群组织（教育行政机构、教育管理体制、教育督导、教育监察、中国共产党组织、民主党派组织、群众组织）。正文后另设幼儿园、学校简史（幼儿园、小学、初级中学、普通高级中学、中等职业技术学校、成人学校）。志末设人物传；《龙游县教育志》（1992年版）入传人物名录；教育文献辑录；龙游县中学高级（小挂高）教师名录（1987—2005）；获奖单位、个人名录；编后记。

浙江图书馆，衢州市地方志办公室，龙游县史志办公室存藏。

5.46　龙游县水利志（2010年版）

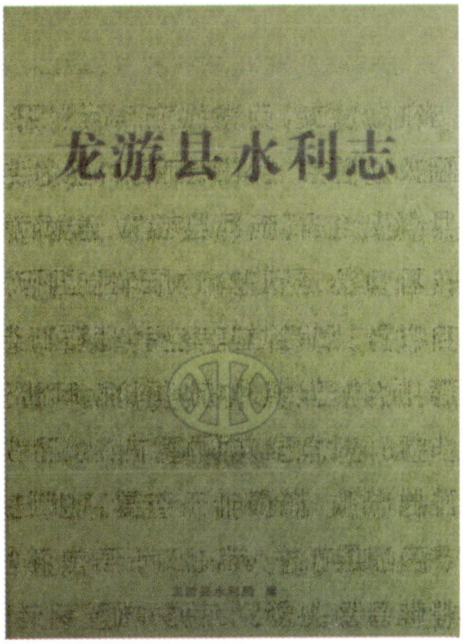

龙游县水利局编。编写小组组长陈卫平，副组长方冬成。主编吴土根，顾问叶仲魁，资料提供21人，资料收集2人，图片提供4人，审核10人。2010年2月印刷，内部资料，精装，大16开本，326页，约40万字。编纂工作始于2008年12月，2009年6月初步形成第一稿，后经几易其稿，2009年12月定稿。

本志记事上限事物发端，下限2008年，个别章节有所延伸。

志首反映龙游县水利工作面貌的领导视察、水库除险加固、大坝、堰、防洪工程、渡槽、拱坝、电站、施工现场、防洪抢险等彩照13页24幅；龙游县沐尘水库工程平面布置图1幅；2010年2月浙江省水利厅厅长陈川作序一、2010年2月龙游县水利局局长陈卫平作序二；凡例10条；概述；大事记。正文设19章70节：第一章河流水系（衢江、灵山港、塔石溪、其他支流）；第二章水资源（降水、地表水与地下水、水能资源、开发与供需）；第三章水旱灾害（1949年前水旱灾情、1949年后水旱灾情）；第四章防汛防旱（组织机构、情报预报、调度决策）；第五章湖、塘、堰、井及提灌设施（蓄水、主要堰坝、提水）；第六章水库工程［首建水库及示范水库、小（二）型水库、小（一）型水库、中型水库、沐尘水库］；第七章大型引水灌溉工程（铜山源水库境内引水工程、乌溪江引水工程）；第八章江河治理与防洪工程（城市防洪工程、衢江农村防洪工程、灵山港农村防洪工程、河道疏浚与管理）；第九章水土保持（水土流失与治理、机构设置与管理、小流域治理与水土保持项目）；第十章节水工程（水资源状况、节水措施）；第十一章饮用水工程（县城自来水厂原水工程、集镇饮用水工程、乡村饮用水工程）；第十二章水力发电建设（水库电站、径流电站、山区高水头电站、引水电站）；第十三章水利技术改革（工程技术、工具变革、建筑材料、技术队伍）；第十四章渔业（发展概况、水域分布、鱼类品种、鱼种繁殖、人工养鱼与江河捕捞、渔政管理）；第十五章执法管理（机构的设置、规范性文件及宣传教育、依法行政）；第十六章水政（水政机构、管理与制度、奖惩、治水人物）；第十七章水利企业（非工程性水利企业、工程性水利企业、水费收取与企业效益）；第十八章移民安置（中小型水库建设移民、铜山源水库移民安置、乌引工程移民安置、灵山港橡胶坝及城防工程征地补偿与移民安置、小溪滩水利枢纽工程淹没处理、沐尘水库淹没处理）；第十九章文献（政府文件、文告、碑文、章程 条例、旧志对水利的记载）。志末设附录（水利谚语）；后记；龙游县水利志编写小组人员名单。

浙江图书馆，龙游县史志办公室存藏。

5.47　沐尘水库志

龙游县沐尘水库工程建设指挥部办公室编，主编谢森炎，执行主编江永亮，副主编马盈忠、季礼康、方永宏，编辑9人。2010年8月（香港）中华文化出版社出版（ISBN 978－988－98903－3－9），精装，大16开本，印张9.375，278页，12万字，印数600册，定价100元。编纂工作于2009年5月启动，2010年2月底初稿完成，2010年4月形成审定稿。

本志以沐尘水库建设发端的1987年4月为上限，水库建成正常运行且志书基本成稿的2010年4月为下限。

志首编纂人员名录；题词5幅（中共龙游县委原书记占跃平、杜世源、诸葛慧艳，中共龙游县委书记徐旭，龙游县原县长连小敏题词各1幅）。彩照41页103幅，主题为：领导关注、工程建设、库区原貌、移民工作、移民动迁、移民新村。2010年5月龙游县县长方建忠、龙游县政协主席谢森炎序各1篇；凡例7条；大事记；概述。正文设12章44节：第一章流域地理（河流水系与水文气象、地质地貌与森林植被、河流灾害）；第二章勘测规划设计（建库缘由、坝址勘测、工程设计）；第三章工程地理评估与灾害防范（地质灾害危险性和地震安全性评估、地矿产资源评估、环境影响评估、农业自然资源可持续利用评估、水土保持方案）；第四章水库建设决策与管理（沐尘水库建设领导小组、沐尘水库工程建设指挥部、龙游县沐尘水库开发有限责任公司）；第五章库区调查（调查的依据和原则、调查的方法和要求、调查的组织和过程、淹没区村落和人口、淹没实物指标）；第六章移民政策（移民政策制订、移民政策主体、移民安置协议签署）；第七章移民新村（安置点的选择、芝溪家园规划设计和布局、芝溪家园的住房建设、芝溪家园的公共设施）；第八章移民安置（资金使用、新村建设与移民生产用地、移民动迁、扶持移民的措施）；第九章枢纽工程施工与监理（拦河坝、溢洪道、放空洞、发电引水建筑物、发电厂及升压站、工程监理）；第十章库区清理与完善（库底清理、“六线”迁建、库区交通完善）；第十一章蓄水阶段验收与安全鉴定（蓄水阶段验收、蓄水安全鉴定）；第十二章水库运行管理（水库管理机构、水库管理职责、水库管理实施）；正文后另设丛录（水库示意图、文件辑录、诗词、散文）。志末设编后记。

衢州市地方志办公室，龙游县史志办公室存藏。

5.48 龙游县军事志

龙游县军事志编纂委员会编。编纂委员会顾问郭少军、文翔、刘水平，主任李保华、毛荣，副主任金晓峰、梅金良，委员5人。主编毛荣，执行主编李景，编辑廖世熙、王国华，资料3人。2011年3月印刷，准印证号浙内图准字（2011）第74号，衢州新华印务有限责任公司承印，精装护封，大16开本，315页，35.6万字，印数500册。编纂工作始于2004年3月，2008年11月初稿完成，2009年2月完成送审稿，2009年4月衢州军分区军事志领导小组召开《龙游县军事志》评审会，在作进一步修改后，于2011年3月定稿。编纂工作历时8年。

本志上限追溯事物发端，下限2005年，根据实际需要，个别内容略作延伸。

志首扉页龙游县军事志编纂委员会、《龙游县军事志》编辑部名录；照片23页59幅，主题为：首长关怀、荣誉称号、征兵工作、抢险救灾、历史记忆、党管武装、民兵整组、军事训练、参与两个文明建设、龙游大地。地图3幅（龙游县行政区划图、龙游县交通图、龙游县地形图）；2011年3月龙游县人民武装部部长李保华、政委毛荣序1篇；凡例7条；概述；大事记。正文设专篇8篇29章88节。第一篇军事环境（地理形势、自然环境、人文环境、军事要地、交通通信）；第二篇军事组织（军事机构、驻军）；第三篇兵役（兵役制度、兵役结构、兵员征集、优抚与安置）；第四篇国防动员（国防动员领导体制、国防演练、国防潜力）；第五篇民众武装（明清及民国时期民众武装、中华人民共和国民兵组织、民兵军政训练、参与社会主义建设）；第六篇军事活动（政治工作、军事工作、保障与装备、双拥工作、人民防空）；第七篇战事（清及其前战事、民国时期战事、中华人民共和国成立前夕战事）；第八篇军事人物（人物传、英名录、职官表）。正文后另设丛录（文献、文选、诗词、红军标语 碑铭 题词、杂录）。志末设参考书目；编纂始末。

龙游县史志办公室存藏、龙游县人武部存藏。

5.49 龙游法院志

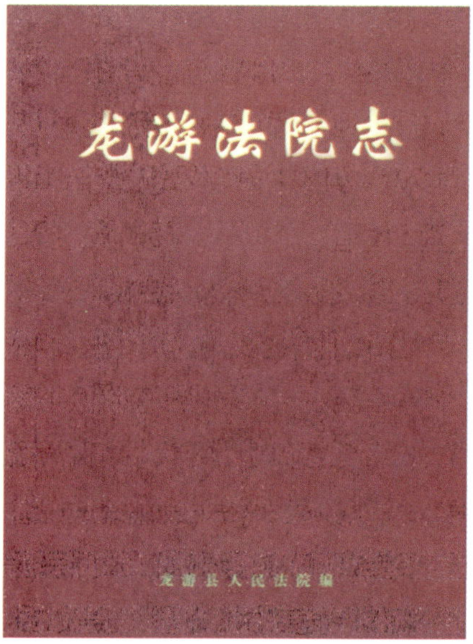

龙游县人民法院编。编委会主任杨铁荣，顾问方荣根、郑丰禄，副主任刘益明，委员徐根华、祝文波、陈永成、方土林、郑小平。主编祝金枝，副主编吴幼平、徐水耀，责任编辑杨宗仁，资料提供邱建卿，校对3人，摄影2人。2011年11月，金华市远大印刷有限公司印刷。内部资料，精装，大16开本，印数300册，307页，字数22.2万字。编纂工作始于2009年5月，2009年9月讨论稿脱稿，进入修改评议审定阶段，2009年12月定稿。

本志上限事物发端，编年断限上起民国元年（1912年），下限2008年，不作延伸。

志首龙游县行政区划图1幅；反映龙游县人民法院工作的审判综合大楼、合影、省高院领导考察指导工作、法院工作、龙游人民法庭及乡镇法庭、先进荣誉等彩照24页62幅。2009年12月龙游县人民法院院长杨铁荣序1篇；凡例6条；综述；大事年表。正文设6章33节。第一章机构沿革（封建帝国时期、民国时期、人民共和国时期）；第二章法院建设（法院基本建设、法院队伍建设、法院制度建设、先进荣膺）；第三章审判制度（审判制度、审判原则、审判程序、人民调解制度、人民陪审制度);第四章审判业务(民国时期审判业务、刑事审判、民事审判、行政审判、执行工作、立案审查、审判监督、复查纠错);第五章司法行政(司法警察、司法行政、档案管理、综合治理、法医、后勤管理);第六章案例选编(刑事审判案例、民事审判案例、经济审判案例、企业破产审判案例、行政审判案例、执行案例、再审复查案例)。正文后另设人物传;附录。志末设编后记;《龙游法院志》重修人员名单。

龙游县史志办公室存藏。

5.50 龙游县佛教志

由龙游县民族宗教事务局、龙游县佛教协会编。编纂委员会顾问本焕长老,主任释戒成,副主任雷金标、雷建龙、黄国平、姜汉水、释地开,委员18人。主编李景,编辑夏希虔、张金菊、钟红芳、劳晓天、陈捷、叶日章,摄影2人。2011年11月印刷,内部资料,精装,大16开本,234页,约30万字。编纂工作始于2009年7月,2010年12月初进行第一轮志稿评审,2011年2月中旬进行第二轮志稿评审,2011年8月下旬进行第三轮志稿评审,进一步修改后,2011年10月定稿付梓。

本志上限追溯事物发端,下限2010年,根据实际需要,个别内容略作延伸。

志首龙游县佛教志编纂委员会、《龙游县佛教志》编辑部名录;反映龙游县佛教现状的彩照20页57幅,主题为:竹林禅寺、乌石寺、秀峰寺、居士林、乌石庵、龙山寺、护国禅寺、永丰寺、社阳大公殿、徐偃王庙、其他场所等;2010年龙游县佛教寺庵分布示意图1幅;功德榜1幅;2010年广州光孝寺方丈释本焕序(一);2011年6月中共龙游县委常委、县委统战部部长周耀明序(二);凡例8条;概述;纪事。正文按人、事、物、文等略分为八卷,取材范围包括发生在境内与佛教活动相关的人和事。凡在境内佛教活动中有一定影响的人物,不受籍贯限制。龙游籍在外地佛教活动中有影响者也在记述之列。卷一场所(当代寺院、历代遗迹);卷二人物(传灯大师、人物传、人物谱);卷三机构团体;卷四法务;卷五仪规制度;卷六佛法常新;卷七文物;卷八艺文(文选、诗选、楹联);正文后附编佛教知识。志末设编后。

浙江图书馆,衢州市地方志办公室、衢州市图书馆,龙游县史志办公室存藏。

5.51 龙游县交通志

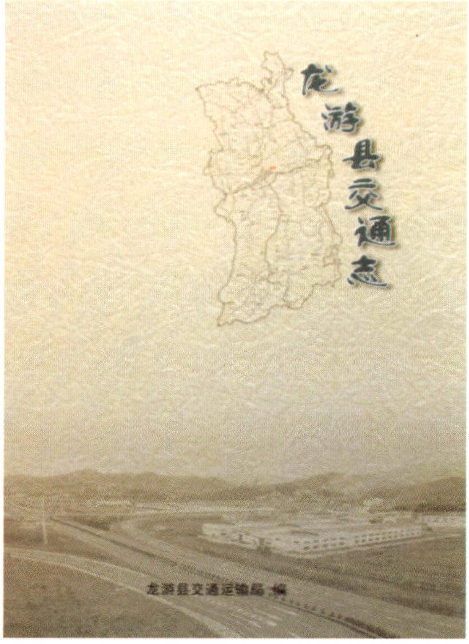

龙游县交通运输局编，龙游县交通志编撰委员会主任陈卫平，副主任李建兵，委员20人。2015年12月印刷，内部资料，精装，大32开本，404页，约40万字。编纂工作始于2006年，至2014年12月定稿。

本志上限事物发端，下限2011年年底。

志首扉页龙游县交通志编撰委员会名录；龙游县交通运输局局长陈卫平序言1篇。正文11编32章95节。第一编民间道路（古道、民间桥 亭、城区街路）；第二编水路（航道、运输、管理）；第三编铁路（基础设施、运输、管理）；第四编公路设施（国省道、县乡公路、桥梁隧道）；第五编公路管理（公路建设，公路养护，路政）；第六编公路运输（运输设施、客运、货运、物流）；第七编公路运管（运输行业管理、车辆管理、安全管理）；第八编文化（教育、文化建设、精神文明建设）；第九编组织机构（县交通局、事业单位、企业）；第十编人物（人物传录、优秀人物）；第十一编丛录（文录、杂录）。

龙游县史志办公室存藏。

5.52 龙游县地名志（2017年版）

龙游县地名志编纂委员会编。主编黄国平，副主编吴土根、詹炳全，顾问劳乃强。方志出版社2017年9月出版（ISBN 978-7-5144-2538-3），杭州富阳正大彩印有限公司印刷，精装，大16开本，字数101.1万字，607页，印数3000册，定价200元。编纂工作始于2013年初，龙游县史志办公室受龙游县民政局委托，正式启动《龙游县地名志》的编纂。至2017年9月定稿付梓，历时5年。借地名志的编纂，深化地名管理、地名规范、地名保护的相关问题，并将这些内容充实到新编的地名志中去。力求内容准确、完整，图文并茂，实事求是地反映龙游县的地名历史和现状。

本志上限起于事物发端，下限2014年，个别内容略有延伸。

本志采用类目体，全志由门、类、目、条四个层次构成。以门为次设卷，共23卷。志首编纂人员名单；卷首反映龙游县风光面貌的彩照、龙游古城图21页48幅；地图4幅（2014年龙游县政区图、2014年龙游县地势图、2014年龙游城区图、民国34年龙游县图）。中共龙游县委书记刘根宏作序；凡例；概述。卷一政区（建置、境域、行政区划）；卷二城区（龙游县城、浙江龙游工业园区）；卷三龙洲街道（行政村与居民点、单位名录）；卷四东华街道（城南工业区、行政村与居民点、单位名录）；卷五湖镇镇（湖镇集镇、湖镇工业区、行政村与居民点、单位名录）；卷六溪口镇（溪口集镇、行政村与居民点、单位名录）；卷七詹家镇（集镇与单位名录、行政村与居民点）；卷八小南海镇（小南海集镇、行政村与居民点、单位名录）；卷九塔石镇（集镇与单位名录、行政村与居民点）；卷十横山镇（横山集镇、行政村与居民点、单位名录）；卷十一社阳乡（行政村与居民点、单位名录）；卷十二罗家乡（行政村与居民点、单位名录）；卷十三大街乡（行政村与居民点、单位名录）；卷十四沐尘畲族乡（行政村与居民点、迁往詹家村民原自然村、单位名录）；卷十五庙下乡（行政村与居民点、单位名录）；卷十六石佛乡（行政村与居民点、单位名录）；卷十七模环乡（行政村与居民点、单位名录）；卷十八地理实体（山、水、自然保护小区）；卷十九人工建筑（交通设施、水利设施、供电设施）；卷二十名胜古迹（古遗址、古建筑、景区景点）；卷二十一地名管理（地名普查、管理工作、地名探索）；卷二十二地名艺文（诗选、文选、故事）；卷二十三地名公文；卷末设引用书目，地名索引，图片索引，照片索引，表格索引，后记。

龙游县史志办公室、龙游县民政局存藏。

常山县志书

三衢山

常山县志书编修一览

表6

序号	书 名	编修(出版)时 间	编 修 者	收 藏 单 位
综 合 志				
一、县 志				
6.1	〔明万历〕常山县志	万历十三年(1585)	傅良言 詹莱	北京图书馆
6.2	〔明顺治〕常山县志	顺治十七年(1660)	王明道	原刻本在北京图书馆，1987年据顺治刻本复印本在常山县档案馆
6.3	〔清康熙〕常山县志	康熙二十二年(1683)	杨 潆	缩微胶卷及其胶印本在常山县档案馆存藏
6.4	〔清雍正〕常山县志	雍正元年(1723)	孔毓玑	台湾成文出版社有限公司影印本在常山县档案馆
6.5	〔清嘉庆〕常山县志	嘉庆十八年(1813)	陈珄 徐始博	常山县档案馆存藏有嘉庆十八年(1813)刊本
6.6	〔清光绪〕常山县志	光绪十二年(1886)	李瑞钟	常山县档案馆有常山县志办公室1986年据光绪十二年(1886)纂修本翻印本
6.7	常山县志(1990年版)	1990年6月	常山县志编纂委员会	浙江图书馆，省、市地方志办公室，衢州市图书馆，常山县档案馆、县图书馆
6.8	常山县志(1988—2005)	2008年12月	常山县地方志编纂委员会	浙江图书馆，省、市地方志办公室，常山县档案馆、县图书馆
6.9	常山旧志集成	2012年	常山县地方志编纂委员会	衢州市地方志办公室，常山县档案馆
二、乡镇志 村志				
6.10	天马镇志稿	1989年	天马镇志编纂委员会	常山县档案馆
6.11	球川镇志	2005年3月	球川镇志编纂小组	常山县档案馆、图书馆
6.12	青石镇志	2005年12月	青石镇志编纂小组	常山县档案馆、图书馆

续表6

序号	书　名	编修(出版)时　间	编　修　者	收　藏　单　位
6.13	天马镇志	2012年6月	天马镇志编纂委员会	浙江图书馆,常山县档案馆、图书馆
6.14	蜀阜志	2005年1月	蜀阜志编纂委员会	浙江图书馆,衢州市图书馆,常山县档案馆、图书馆
6.15	同弓乡志	2015年3月	同弓乡志编纂委员会	同弓乡政府
6.16	招贤镇志	2016年	招贤镇志编纂委员会	常山县档案馆
6.17	辉埠镇志	2016年	辉埠镇志编纂委员会	常山县档案馆
6.18	东乡村志	2006年	东乡村志编纂委员会	衢州市图书馆,常山县图书馆
专　志				
6.19	常山县文联专志	1981年1月	常山县文艺学术界联合会	常山县档案馆
6.20	常山县土壤志	1984年11月	常山县土壤普查办公室	常山县档案馆、县图书馆
6.21	常山县乡镇企业志	1989年	常山县乡镇企业管理局	常山县档案馆
6.22	常山县工商行政管理志	1986年3月	常山县工商行政管理局	常山县档案馆
6.23	常山县血防志	1987年	未详	常山县档案馆
6.24	常山县建设志（名胜古迹）	1987年	未详	常山县档案馆
6.25	常山县文化志	1987年2月	常山县文化局	常山县档案馆
6.26	常山县民政志	1987年3月	县民政局专志小组	常山县档案馆
6.27	常山县林场场志	1987年3月	常山县林场	常山县档案馆
6.28	常山县司法志	1987年4月	县司法局专志小组	常山县档案馆
6.29	常山县统战志	1987年6月	常山县委统战部	常山县档案馆
6.30	常山县商业志	1987年8月	常山县商业局	常山县档案馆
6.31	常山县物价志	1987年8月	常山县物价局	常山县档案馆

续表6

序号	书　名	编修(出版)时　间	编　修　者	收　藏　单　位
6.32	常山县广播电视志	1987年9月	常山县广播电视局	常山县档案馆
6.33	浙江省常山县药物志	1987年9月	常山县中药资源普查办公室	浙江图书馆，常山县档案馆、县图书馆
6.34	常山县地名志	1987年10月	常山县地名办公室	浙江图书馆，衢州市图书馆，常山县档案馆
6.35	常山县宣传工作简志	1988年1月	常山县委宣传部	常山县档案馆
6.36	常山县电力工业志	1988年3月	常山县供电局	常山县档案馆
6.37	常山县供销社志	1988年7月	常山县供销合作社联合社	常山县档案馆、县图书馆
6.38	常山县林业志（1988年版）	1988年8月	常山县林业局	常山县档案馆
6.39	常山县农业志	1988年10月	常山县农业局	常山县档案馆、县图书馆
6.40	常山县公安志	1988年11月	常山县公安局史志办公室	常山县档案馆
6.41	浙江省常山县交通志（1988年版）	1988年11月	常山县交通志编纂办公室	浙江图书馆，衢州市图书馆，常山县档案馆、县图书馆
6.42	常山县粮食志（1989年版）	1989年	常山县粮油食品局	衢州市图书馆，常山县档案馆、县图书馆
6.43	常山县风俗志	1989年5月	常山县风俗志编写组	常山县档案馆
6.44	常山县畜禽疫病志	1990年	常山县兽牧畜医站	常山县档案馆
6.45	常山县水利志（1991年版）	1991年6月	常山县水电局	浙江图书馆，常山县档案馆、县图书馆
6.46	常山县卫生志	1992年12月	常山县卫生志编纂组	常山县档案馆、县图书馆
6.47	常山县工业志（1993年版）	1993年6月	常山县工业志编纂委员会	常山县档案馆、县图书馆
6.48	常山县工会志	1994年7月	常山县总工会	常山县档案馆
6.49	浙江省常山棉纺织厂志	1995年5月	浙江省常山棉纺织厂厂志编写小组	常山县档案馆

续表6

序号	书　名	编修(出版)时　间	编　修　者	收　藏　单　位
6.50	常山县土地志	1998年6月	常山县土地管理局	常山县档案馆
6.51	常山县林业志（1998年版）	1998年	常山县林业志编纂委员会	衢州市地方志办公室，常山县档案馆、县图书馆
6.52	常山县交通志（2000年版）	2002年3月	常山县交通志编纂办公室	浙江图书馆，常山县档案馆、县图书馆
6.53	常山县第一中学校志	2004年6月	常山县第一中学校志编辑委员会	常山县档案馆
6.54	常山县工业志	2005年4月	常山县经济贸易局	常山县档案馆、县图书馆
6.55	常山县供销合作志（1988—2002）	2005年6月	常山县供销合作志编辑组	常山县档案馆、县图书馆
6.56	常山县教育志	2005年10月	常山县教育志编纂委员会	常山县档案馆、县图书馆
6.57	常山县建筑业志	2005年12月	常山县规划建设局	常山县档案馆
6.58	常山县粮食志（2005年版）	2005年	常山县粮食局	常山县档案馆
6.59	常山县财政税务志	2006年	常山县财政地税局	常山县档案馆
6.60	常山县法院志	2006年10月	常山县人民法院	常山县档案馆
6.61	常山县水利志（1988—2005）	2007年11月	常山县水利局	常山县档案馆、县图书馆
6.62	常山县国土资源志	2008年10月	常山县国土资源局	常山县档案馆
6.63	常山县军事志	2010年3月	常山县军事志编委会	常山县人武部、常山县档案馆
6.64	常山县第一中学校志	2014年	常山县第一中学校志编辑委员会	常山县档案馆
6.65	常山县教育志（2005—2014）	2017年8月	常山县教育志编委会	常山县教育局、常山县档案馆

常山县

常山县志书

综合志

一、县　志

6.1 〔明万历〕常山县志　15卷

明代傅良言修，詹莱纂。傅良言，字行所，临川（今江西抚州）人，举人，万历九年（1581）任常山知县。詹莱，字时殷，号范川，常山人，进士，历官池州同知、金谿知县、湖广佥事，著有《七经思问》《春秋原经》《招摇池馆集》等。是志修于万历十三年（1585），阅五月而讫工付刊，卷首有序例，正文分八门三十余目，约二十万字，记载止于万历十二年（1584）。为常山县现存最早一部志书。记载多有疏略，体例亦欠详备，其沿革目错误较多。但该志为常山保存一批明万历以前的最早资料。其中田赋目较详，有关明一条鞭法及兵饷等记载价值较高。万历十三年原刻本仅在北京图书馆收藏。《内阁藏书目录》误作万历九年，詹莱亦误作"詹宷"。

（录自《中国地方志总目提要》）

6.2 〔明顺治〕常山县志　15卷

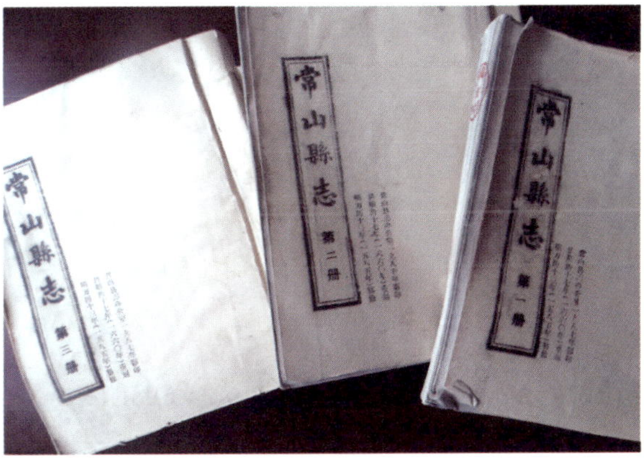

清代王明道纂修。王明道字有功，江苏句容人，由选拔任，顺治十三年（1656）任常山县令。是志修于顺治十七年，同年付梓。体例一仍《〔明万历〕常山县志》，卷首有序例，正文共十五卷，分八门：舆地表（第一卷）、山川表（第二卷第三卷）、建置表（第四卷和第五卷）、官师表（第六卷和第七卷）、赋役表（第八卷）、礼秩表（第九卷）、选举表（第十卷至第十三卷）、杂纪表（第十五卷），二十余万字。记载完全以万历旧志为基础，仅稍作增减，常首尾不相连接。记事止于顺治十七年。是志所载对明末清初是邑历史研究有一定参考价值。顺治十七年（1660）原刻本在北京图书馆有收藏；1987年常山县志办公室据顺治刻本复印本收藏于常山县档案馆。

6.3 〔清康熙〕常山县志　15卷

清代杨潆纂修。杨潆，河南新乡人，贡生，康熙二十年(1681)任常山知县，后迁柳州同知。是志自康熙二十一年(1682)起修，次年稿成，记事止于二十二年，首有序例，体例仍因前志，分八门，约25万字。作者广搜博采，以补前志所未备，材料较为丰富。又立意编志为后人“以资采择”，故所载史料价值较高。该志还较重考据，记事间增考订。所记顺治以前可和《〔万历〕常山县志》《〔顺治〕常山县志》互订，顺治以后则为新增。有抄本。据传当时并未付梓，后抄本入日本，先藏内阁文库，后藏日本宫内厅书陵部；1988年，原杭州大学陈桥驿教授托其日本友人将此书拍成缩微胶卷寄回到常山县志办公室。

缩微胶卷及其胶印本在常山县档案馆存藏。

6.4 〔清雍正〕常山县志　12卷首1卷末1卷

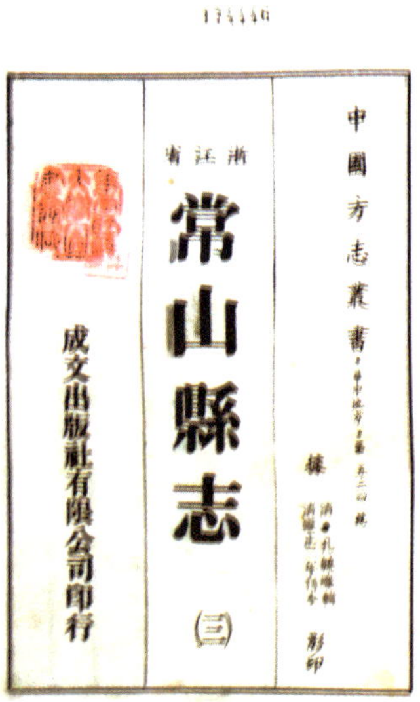

清代孔毓玑纂修。孔毓玑，字秋严，号象九，江苏江阴人，康熙进士，康熙五十六年(1717)任常山知县。是志自康熙六十年(1721)起修，经四年完成。雍正二年(1724)知县李国祥又补乡贤、名宦二门，同年付梓。记事自宋起，止于康熙末，卷首有序一篇、原序五篇、《常山县志》序一篇、叙一篇、图序一幅、凡例十五条，全书分舆地志(第一卷)、建置志(第二卷)、学校志(第三卷)、礼秩志(第四卷)、国计志(第五卷)、职官志(第六卷)、选举志(第七卷)、人物志(第八卷)、政迹志(第九卷)、艺文志(第十卷)、风俗志(第十一卷)、拾遗志(第十二卷)，计五十目，约二十八万字。义例精详，称有史法，记载详略较为得当，对前志搜罗修饰，多有补充驳正，足资参考。其学校、乡贤、名宦诸目材料较丰。有雍正二年刻本、台湾《中国方志丛书》本暨台湾成文出版社有限公司影印本。

台湾成文出版社有限公司影印本在常山县档案馆存藏。

6.5 〔清嘉庆〕常山县志　12卷首1卷

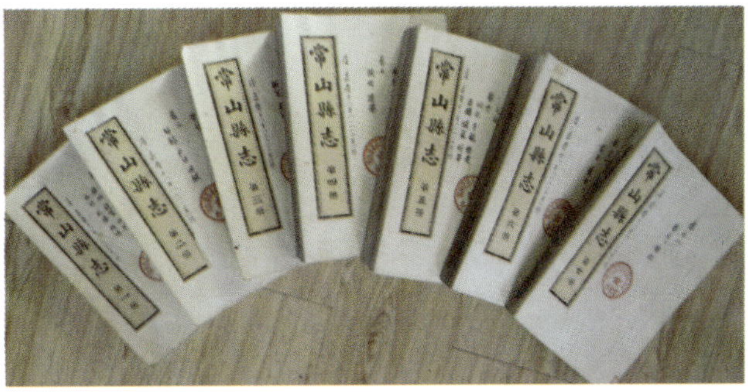

清代陈珪修，徐始博纂。陈珪，字士竹，江西金溪人，举人，曾任德清知县，嘉庆十六年（1811）任常山知县，著有《定阳志余》等。始博，常山人，曾任金华府儒学训导。是志修于嘉庆十八年（1813），同年付梓，记事止于十七年（1812）。卷首有重修《常山县志》序四篇、原序五篇、凡例十一条、纂修姓氏32人、目录八部（金石丝竹匏土革木）、图说二十一幅，正文分十二卷，计三十三目附子目四十八，约三十万字。体例一反《〔雍正〕常山县志》，记载雍正以前也常有与雍正不同。其学校、公署、名宦等目记载较详。户口记自宋迄嘉庆十四年（1809）。艺文目收集有一些明碑记，参考价值较高。卷四祥异目记录有关于明、清初矿工、农民在常山活动的资料。有嘉庆十八年（1813）刊本、道光二十八年（1848）修锓本。

常山县档案馆存藏有嘉庆十八年（1813）刊本。

6.6 〔清光绪〕常山县志　68卷首1卷末1卷

清代李瑞钟修，朱昌泰、许仁杰等纂。李瑞钟，石埭（今安徽天长）人，监生，光绪七年（1881）任常山知县。朱昌泰，嘉兴海盐人，举人，曾任常山教谕。许仁杰，杭州海宁（今浙江海宁）人，举人，官常山训导。是志创修于光绪九年（1883），十二年1886（完稿付梓。卷首叙序目图说，卷末载杂记，正文分十二门六十八目，约五十余万字。为常山县存藏最晚一部旧志书。体例较为严正，考订也属精详。记载以雍正以前主要以《〔清雍正〕常山县志》为本，并参订《〔清嘉庆〕江山县志》，改正不少前志记载之误。其艺文门记载清晰，其中文集一目凡前志已载列为集上，前志未载列为集下，补充材料一倍以上。墟墓目记载宋墓二十五座、元明墓二十座，并录有部分墓志铭，可补史志之阙。食货门记载详尽，户口记自道光十六年（1836）；田赋以明以降至光绪七年为详。赋役名目甚全，对研究清光绪以前的经济、赋税制度等有参考价值。桥渡目记载桥渡七十余处。是志颇重图的利用，材料又常出自古墓碑旧家谱，提高了其利用价值。有光绪十二年(1886)刻本、台湾《中国方志丛书》本、民国18年(1929)重印本。

常山县档案馆收藏有常山县志办公室1986年据光绪十二年(1886)纂修本翻印本。

6.7 常山县志(1990年版)

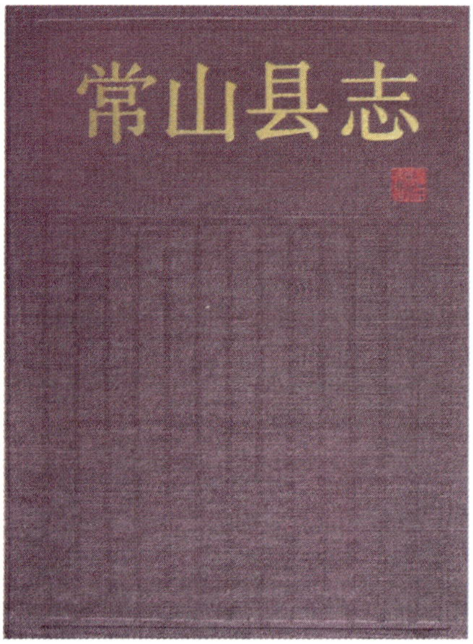

常山县志编纂委员会编。主编周鸿富(最早为李赓扬),副主编李赓扬、丁启才、叶国伟。浙江人民出版社出版(ISBN 7-213-00529-4/K.136,印数4000册,77.6万字,定价32元,1990年6月第1版)。《常山县志》(1990年版)为中华人民共和国成立后的常山县第一部地方志。是志1986年春始修,历时四载,四易其稿。

本志记述上溯不拘,略古详今,下限至1987年。

《常山县志》编纂工作于1985年12月启动。至1988年2月,县志办公室和各部门采编小组共查阅历史档案2.4万多卷,图书刊物1300多册,搜集历史文献186篇,老人回忆录591篇,厂矿学校等史料116篇,资料总字数1745万字,照片、图表、实物等1343件。1988年10月底由县人民政府召开评稿会,对篇目和部分编章作调整增删。1990年6月出版发行。

《常山县志》(1990年版)由图照,序,凡例,目录,概述,大事记,正文,附录,编后记组成。志首彩照12页24幅;地图2幅(常山县政区图,常山县城图)。时任县委书记程平平,县长田清标作序。凡例7条,正文24编94章(第二十四编未设章)301节。第一编建置(建县、行政区划、县城、乡镇);第二编自然环境(地质地貌、河流、气候、土壤植被、自然资源、自然灾害);第三编人口(人口状况、计划生育);第四编生产关系、经济体制改革(生产关系变革、经济体制改革);第五编经济管理(国民经济计划、工商管理、物价、计量、标准);第六编农业(粮食作物、经济作物、畜牧业、渔业、水利、农机具);第七编林业、特产(森林概况、营林、油茶、保护、利用、林业企事业单位、桔、柚、茶、桑、食用菌);第八编工业(发展概况、工业门类、主要企业简介、管理系统);第九编能源(电力、煤炭、农村能源);第十编交通、邮电(交通、邮电);第十一编商业(商业成份、商业网点、商品购销);第十二编财政、金融(财税审计、金融);第十三编建设(城乡建设、建筑业、环境保护、房地产管理、地名管理);第十四编党派群团(中国共产党、民主党派、中国国民党及其他党派、群众团体);第十五编政权、政协(解放前行政和代议机构、县人民代表大会、人民政府、人民政协)；第十六编公安、司法(公安、检察、审判、司法行政)；第十七编军事(地方武装、兵役、民兵、战事、防空)；第十八编民政、劳动人事(民政、劳动人事)；第十九编教育(县学、书院、私塾、学前与初等教育、中等教育、成人教育、教育管理)；第二十编科技(组织、活动、成果)；第二十一编文化、新闻(群众文化、戏剧、电影、谚语、歌谣、传说、图书、档案、文物、胜迹、广播、电视、报刊、通讯报道)；第二十二编卫生、体育(医药卫生、血吸虫病防治、其他地方病防治、体育)；第二十三编社会(人民生活、风俗、宗教、姓氏、方言、异闻、轶事)；第二十四编人物(人物传、烈士名录)。是志既有继承与发扬；更有创新和特色。全书以三分之一余篇幅记述全县经济建设；打破旧志书偏重人文而轻经济的陈规；人物传中也记载了一批有影响的普通群众；改变了旧志书只载官而不载民的历史偏见。卷末设附录、编后记。

浙江图书馆，省、市地方志办公室，衢州市图书馆，常山县档案馆、县图书馆存藏。

6.8 常山县志(1988—2005)

常山县地方志编纂委员会编。历任主编刘石平、黄孔森、鲍秀英，常务副主编吴林锋、徐金堂，副主编赵军、王玉姣、周尚辉。西泠印社出版社出版(ISBN 978－7－80735－457－4)，印数3000册，印张70，167.5万字，2008年12月第1版，定价480元。2003年11月，常山县正式启动《常山县志》续编工作，历时五载，数易志稿，2007年11月上旬形成“通审稿”；2008年付梓。

本志以1988年、2005年为上下年限，某些内容根据需要适当追溯或延伸。

本志全面系统地记述1988年至2005年间常山经济和社会发展的历史轨迹，反映常山人民勤勉进取的光辉业绩。该志展示了常山名优特产、优势资源、特色产业、优美环境和深厚人文，“两浙首站、八省通衢”的地域特点和“金钉子”等的地质特点，“工业立县、特色发展”的思路，“轴承”“钙类”等特色产业，以及“中国常山胡柚之乡”“中国油茶之乡”“中国食用菌之乡”“抗癌奇人”等，在志书上一一记载，引人瞩目。

《常山县志(1988—2005)》由图照，序，凡例，目录，概述，大事记，正文，丛录，索引，编后记及编纂机构与人员名单组成。志首地图6幅(常山县政区图，常山县城图，常山风景名胜图，常山县交通图，常山县地貌图，常山县水系图)；彩照14页52幅。时任县委书记金运成、县长徐焕凤作序一；浙江省地方志学会会长魏桥作序二。凡例16条，正文34编共171章576节，较前志多10编。34个编目依次为：政区，自然环境，资源，居民，改革，国土，环境保护，水利，交通，城乡建设，信息传媒，经济发展与管理，工业，农业，林业，常山胡柚、食用菌、油茶，商贸，财政税收，金融、保险，政党，人民代表大会，人民政府，人民政协，群众团体，公安、司法，军事，民政，人事劳动、社会保障，精神文明建设，教育，科学技术，文化、旅游，卫生、体育，人物。全志既继承传统，汲取历代修志之长，又与时俱进，有所创新和突破；既严格遵循志书规范，又突出特点，充分显示地方特色；既重视记地、记事，更重视记人、记普通人。卷末设丛录、索引、编后记、编纂机构与人员名单。

浙江图书馆，省、市地方志办公室，常山县档案馆、县图书馆存藏。

6.9　常山旧志集成

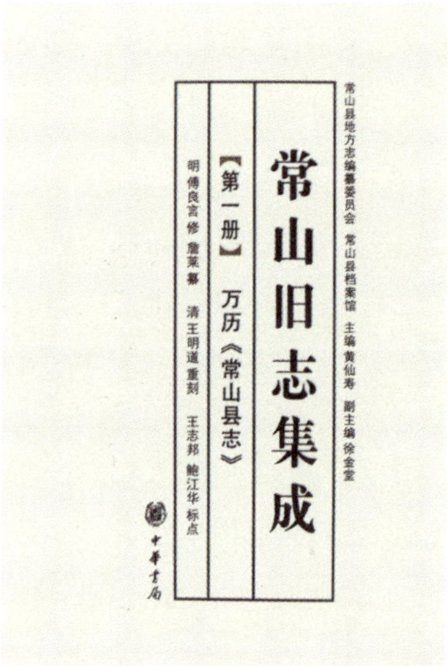

常山县地方志编纂委员会编。主编：黄仙寿，副主编徐金堂。2007年，常山县地方志编纂委员会启动旧志整理工作，2012年年底，常山县旧志整理成果——《常山旧志集成》由中华书局出版发行，全书共收录万历（顺治重刻本）、康熙、雍正、嘉庆、光绪等5部《常山县志》。其中万历《常山县志》（顺治重刻本）、康熙《常山县志》、嘉庆《常山县志》、光绪《常山县志》由王志邦（浙江工商大学）、鲍江华（浙江大学）标点；雍正《常山县志》由刘卉标点，王志邦、鲍江华负责校核，王志邦校注。《常山旧志集成》客观、翔实地记录了常山县历史上的自然、政治、经济、文化、人物、风土等情况，是一部了解常山、研究常山的重要文献，对于传承历史文化、昭示和教育后人具有十分重要的意义。

衢州市地方志办公室，常山县档案馆存藏。

二、乡镇志　村志

6.10　天马镇志稿

常山县天马镇人民政府编，主笔樊玉明，采编陈芝香、张基阳（旸）。1987年开始编修，1989年成稿付印，油印本。

志稿上限溯至唐广德二年（764），下限至1987年。

时任镇党委书记方平、镇长徐之正作序。《天马镇志稿》，本着贯串今古、详今略古的原则，搜集自然和社会各方面大量资料，去芜存菁，去伪存真，实事求是地予以记述。志稿卷首设图照，序，凡例，目录。图照有常山县古城图、常山县城图、天马镇地图；卷末设编后记及诗两首。志稿正文分设城邑、地理、经济、政治、文化、社会、人物，凡7编共29章，编目较为齐全，基本上达到资料翔实、体例得当、体现时代风貌的要求。

常山县档案馆存藏。

6.11　球川镇志

球川镇志编纂小组编。主笔周基厚。16开本，约20万字，254页，内部印刷。修志工作2003年初启动，历时一载而成。

本志上溯不拘，下限一般至2002年，个别编节延续至2004年。以详今明史、详今存史为原则，注重发掘浙西重镇和革命老区的主要特色。

志首设序言；凡例7条；地图1幅（球川镇政区图），彩照20页69幅；概述；大事记。正文7编29编100节。第一编地理（环境 资源、政区、交通 邮电）；第二编居民（人口、氏族、方言、风俗）；第三编政治（中国共产党、政权、群众团体、公安 司法、军事、民政）；第四编经济（农业、工业、林业、水利、商业、财税 金融 保险）；第五编文化（教育、卫生、文学艺术、文物 古迹、广播电视）；第六编人物（人物传、人物录、人物表）；第七编丛录（重要文献、杂记）。志末设后记。

常山县档案馆、县图书馆存藏。

6.12　青石镇志

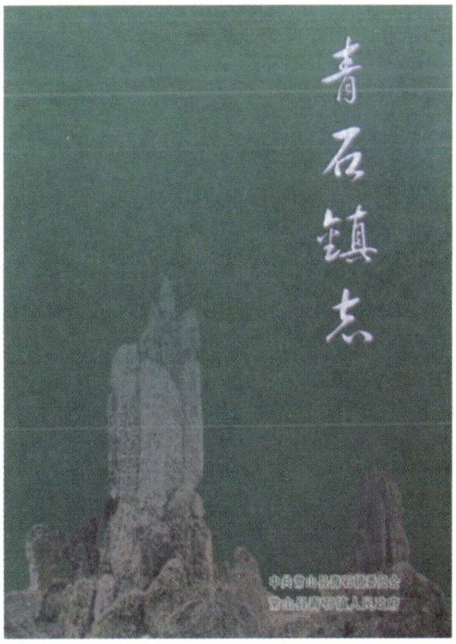

青石镇志编纂小组编。镇志编纂领导小组凡三届，历任组长鲍秀英、严维国、姜苏州。主编徐爱荣，副主编魏斌；主审姜苏州。16开本，约30万字，341页，内部印刷。修志工作2004年年初启动，历时一年半而成。

本志上限尽力追溯事物之发端，下限至2004年。以详今明史、详今存史为原则，注重发掘青石镇之历史，力求突出青石的主要地方特色。

志首彩照10页26幅，主要有青石镇花石市场、石笋、大理石板材、胡柚祖宗树、胡柚标准化基地等；地图1幅（青石镇政区图）；序；凡例7条；概述；大事记。正文5编27章125节。第一编镇区（镇域 区划、自然环境、资源、居民、村镇建设）；第二编政治（政党、人民代表大会、政权、政法、军事、群众团体）；第三编经济（农业、常山胡柚、工业、青石板业、花石、商业、交通 邮电、财税 金融）；第四编文化（教育、科技、卫生、文学 艺术、广播 电视、影视娱乐、文物古迹、风景名胜）；第五编人物（人物传、人物录、人物表）。志末设后记。

常山县档案馆、县图书馆存藏。

6.13 天马镇志

天马镇志编纂委员会编。编委会主任何健，副主任姜利成、饶贤福。主编饶贤福，编辑方明祥、刘贤德、陈修杭、陈清文、徐新元。2012年6月浙江人民出版社出版（ISBN 978－7－213－04665－0），杭州大漠照排印刷有限公司电脑制版，浙江海虹彩色印务有限公司印刷。精装，16开本。30印张，54.6万字，470页，印数，定价68元。修志工作2007年8月启动，历时5年。

本志记述上溯不限，下限至2006年。

志首题词1幅，彩照13页30幅。地图2幅（天马镇政区图、天马镇城区图）。由镇委书记、镇长写序；概述；凡例；大事记。正文7篇29章108节。第一篇镇域（建置、区划、辖区、自然环境）；第二篇城镇建设（城区、村镇建设）；第三篇经济（体制改革、农业、工业、交通运输、商业、财政 税收 金融）；第四篇政治（中国共产党、政权、村 居自治组织、群众团体、武装、治安）；第五篇文化（教育、科普、卫生、文化、体育）；第六篇社会（人口、计划生育、民政、居民生活、宗教、民间风俗）；第七篇人物（人物传、人物录、人物表）。志末设附录；后记。

浙江图书馆，衢州市地方志办公室，常山县档案馆、县图书馆存藏。

6.14 蜀阜志

蜀阜志编纂委员会编。编委会主任徐立荣，副主任徐日茂。主编徐日茂，成员徐克成、徐树林、徐河奎、徐水华、徐胜美、徐润生、徐木法；编审周尚辉（特邀）、徐寄兰、徐之贵。2005年1月方志出版社出版（ISBN 7－80192－459－2/K.339），浦江华鑫印务有限公司印刷。精装16开本，24.75印张，387千字，369页，印数1000册，定价100元。修志工作2001年启动，历三载、五易稿而成。

本志上溯事物之发端，下限大致定于1960年。鉴于蜀阜特殊的历史变迁，部分内容延至脱稿之日，以反映蜀阜移民重建家园。

志首图照16页46幅，含原《人民日报》社社长邵华泽题写书名、地图1幅（蜀阜区域示意图）。序两篇（浙江省地方志学会原会长魏桥作序一，邑人序寄兰作序二）；凡例8条；概述；大事记。正文13编70节。第一编镇域（建置沿革、村名考、蜀阜村落）；第二编自然环境（蜀阜山、蜀阜水、气候、蜀阜十景、后十景、其他山川景观、道路）；第三编蜀阜解放；第四编居民（人口概况、氏族）；第五编经济（解放前后土地制度的变革、农业、林业、畜牧养殖、副业）；第六编党政社团（中国共产党、其他党派、古代蜀阜政制、民国时期蜀阜政制、新中国成立后蜀阜乡政、解放前的社团帮会、中华人民共和国建国后的群众组织）；第七编风俗 宗教（生产习俗、生活习俗、礼仪习俗、红白喜事、岁时习俗、殡葬习俗、取名字、宗教）；第八编教育 卫生（教育、卫生）；第九编文化艺术（学术和文学著作、蜀阜文献简介、戏曲、民俗文化、文物古迹、祭祀庙会、民间文学、当代学说 文学作品选载）；第十编典籍文化（蜀阜徐氏历史文献选辑、文萃、诗选、楹联）；第十一编移民（略）；第十二编重建家园（略）；第十三人物（略）。志末为附录、后记。1960年，新安江水电站建成蓄水，蜀阜沦为泽国，千年文明古村，自此不复存在。《蜀阜志》为后人留下一份宝贵的记忆和史料。

浙江图书馆，衢州市图书馆，常山县档案馆、县图书馆存藏。

6.15 同弓乡志

同弓乡志编纂委员会编。第一任编委会主任饶祖根，副主任胡志彬，主编周尚辉，编辑陈伟俊；第二任编委会主任胡志彬，副主任周卫军、楼华，主编章青松，编辑章小燕。编纂工作于2015年3月启动，至2016年5月，《同弓乡志》完成初稿。内部发行。

本志记述上限不拘，下限2016年12月。

设志首彩照25页67幅，地图2幅（即常山县行政区划图、同弓乡行政区划图），序言，凡例，概述，大事记，正文，附录，后记。正文分6编27章93节。第一编区域（建置区域、行政区划、自然环境、乡村建设）；第二编经济（生产关系经济体制改革、农业、林业、农田水利、工业、商业、财政金融）；第三编政治（中国共产党、政权、群众团体、武装、社会治安）；第四编教育卫生（教育、卫生、文化、方言）；第五编社会（人口计划生育、民政、农民生活、宗教、习俗);第六编人物(人物传、人物录)。

同弓乡政府存藏。

6.16 招贤镇志(初稿)

招贤镇志编纂委员会编。总编蒋绍青,执行主编何桃树,执行副主编苏正良、洪金仙。简装油印,16开本(2016年6月复印),277页,20余万字。修志工作2004年启动。

记述上限不等高,下限为2002年12月31日。

志首招贤镇地图1幅;目录17页;凡例8条;概述;大事记。正文12编,编下分别依序设章,章下设节。第一编建置:第一章建镇(沿革、镇境);第二章区划(宋元明清时期、民国时期、解放以后)。第二编自然环境:第一章地质地貌(地质、地貌);第二章山脉河流(山脉、河流);第三章气候;第四章灾害性气象;第五章旅游资源(旅游资源与线路)。第三编镇区建设:第一章古镇(古渡、古埠 老街)。第四编居民:第一章人口状况(人口变动、人口分布);第二章人口控制(政策法规、生育政策、宣传教育、工作班子、节育措施、计划生育成果);第三章风俗(生产习俗、生活习俗、礼仪习俗、岁时习俗、其他习俗)。第五编经济:第一章工业(发展综述、经营体制、主要企业简介);第二章农业(土地关系变革、耕地 作物、农技农艺);第三章林业(森林资源、森林保护、古树名木);第四章水利;第五章经济特产(柑橘、胡柚、佛柚、枇杷、茶叶 蚕桑 油茶);第六章畜禽渔牧业(畜禽、渔业、养殖专业户);第七章农机具(耕作机械、收割机械、排灌机械、加工机械、植保机具、运输机具);第八章商业(国营商业、粮油商业、供销商业、集市贸易、个私贸易、返销专业户)。第六编政治:第一章中国共产党(解放前党的组织和活动、解放后党的建设、历任镇委领导、历次党代表大会、镇委召开的重要会议及其活动情况);第二章民主党派;第三章中国国民党;第四章其他党派(中国民主社会党、中国青年党);第五章群众团体(工会组织、农民组织、妇女组织、青少年组织、老年人组织、计划生育协会、个体劳动者协会、其他协会);第六章政权(建国前基层政权、镇人民政府、人民代表大会)。第七编公安、司法、军事:第一章公安(沿革、主要任务和工作);第二章司法(机构、人民调解、法律服务、审判机关);第三章军事(地方武装、兵役、预备役建设、全民国防教育、民兵、战事)。第八编民政、人事:第一章优抚(优待抚恤、救灾救济救助、退伍军人安置、社会福利、婚姻登记、民间组织管理、地名管理、基层组织建设、老龄工作、其他);第二章人事(编制 队伍 精简 工资、劳动保险、福利待遇)。第九编交通、邮电、能源:第一章交通(水路、古道、公路、村道、桥梁、渡口);第二章能源(电力、煤炭、农村能源)。第十编教育、卫生:第一章教育(私塾学堂、学前教育与初等教育、小学教育、中等教育、民办中学、教师队伍、业余教育、其他教育);第二章卫生(医疗机构、乡村医生、传染病防治)。第十一编文化:第一章群众文化(文化站建设、曲艺 剧团 俱乐部、广播 电视、电影);第二章文艺作品(古代诗词摘抄、诗词、散文);第三章传说故事;第四章古今奇录;第五章谚语、俗谣、俗语、歇后语(谚语、俗谣、俗语、歇后语);第六章档案宗谱(档案、宗谱);第七章名胜古迹(名胜、古迹)。第十二编人物:第一章人物传;第二章人物表;第三章人名录。志末设丛录;编纂委员会成员名录。

《招贤镇志》编纂较为粗糙,差错颇多,时而用第一人称叙事。

常山县档案馆存藏。

6.17 辉埠镇志(初稿)

辉埠镇志辉埠镇地方志编纂委员会编。主编张根土,其余未详。简装油印,16开本(2016年6月印),252页,近30万字。修志工作2004年3月启动,寒暑兼程,五改纲目,两易文稿,历时三载许,完成初稿。

本志记述上限尽力追溯事物之发端,下限为2005年12月31日。

志首序1篇;凡例7条;概述;大事记。正文10篇,篇下分别依序设章,章下设节。第一篇镇区:第一章镇域、区划(沿革、区域、集镇建设);第二章行政村、居委会(行政村、居委会)。第二篇环境、资源:第一章自然环境(地理位置、地质地貌、植被、气候、环境保护);第二章资源(矿产资源、土地资源、动植物资源、旅游资源);第三章气候;第四章灾害性气象;第五章旅游资源(旅游资源与线路)。第三篇居民:第一章人口(人口概况、人口构成、人口变动、姓氏 民族);第二章人口控制(计划生育、服务管理);第三章生活(居民收入、居民物质生活、居民文化生活 精神文明建设);第四章风俗宗族(生活习俗、生产习俗、岁时习俗、礼仪习俗、迷信习俗、信仰)。第四篇工业:第一章布局、结构(布局、结构);第二章管理机构、体制改革(管理机构、体制改革、经济效益、安全生产);第三章工业立镇(立镇方略、园区、招商引资);第四章建材工业(砖瓦、石灰、石灰钙粉、水泥、主要企业简介);第五章轻钙产业(发展概况、产品、产品销售、科技革新、行业协会、主要企业简介);第六章机械工业(轴承、主要企业简介、其他机械业);第七章其他工业(采矿业、编织业、食品工业)。第五篇农业:第一章农业(发展概况、土地与土地所有制、生产关系变革、种植业、经济作物、经济特产、养殖业、农机具、农业科技推广、小康村简介);第二章林业((森林概况、绿化造林、封山育林、经济林木与古树名木、森林保护与病虫防治);第三章水利(蓄水工程、防洪提水工程、农田基础设施建设、农村饮用水)。第六篇商贸、财税、金融:第一章商业(商贸活动、粮食购销、集体商业、个私商业);第二章财税(乡镇财政体制、税务);第三章金融(信用社、保险)。第七篇交通、邮电:第一章交通(水路运输、陆路、运输业、康庄工程);第二章邮政电信(邮政、电信)。第八篇党政军团:第一章政党(中国共产党、行政村(大队)党支部、纪律检查、中国国民党);第二章政权(建国前乡村政权组织、镇(乡)人民政府、辉埠镇(乡)历任领导、镇(乡)人民代表大会、村级组织);第三章政法(治安组织、司法调解);第四章军事(屯兵与战事、兵役、民兵);第五章民政(拥军优属、救济扶贫、助残事业);第六章群众团体(工人组织、农民组织、中国共产主义青年团、中国少年先锋队、妇女组织、老年人组织、其他群众组织)。第九篇教育、文化、卫生:第一章教育(私塾、学前教育、小学教育、初中教育、成人教育、教学设施、教师队伍);第二章文化(戏剧曲艺、群众文化、文物古迹、方言、古诗、谚语 歇后语 民谣 民歌 民间故事 异闻轶事 民间传说);第三章广播电视(广播、电视、有线电视入户);第四章卫生(医疗事业发展、妇幼保健、农村合作医疗、血吸虫病防治、其他疾病防治)。第十篇人物:第一章人物传;第二章人物录;第三章辉埠镇省级系统以上先进;第四章辉埠镇建国后大学毕业生名录;第五章农民创业典型。志末设附录;编后记。

《辉埠镇志》无目录,校对不细,差错颇多。

常山县档案馆存藏。

6.18 东乡村志

东乡村志编纂委员会编。编纂理事会理事长徐国祥,名誉理事长徐斌、徐国平、徐荣、曾发善,副理事长徐作功,理事徐作良、樊忠水;编纂委员会主任徐作良。北京史志谱数码科技有限公司制作。精装16开本,2006年4月出品,共360页,其中旧谱影印153页,新编志谱207页,约24万字。修志工作2005年10月启动。

本志记述上不设限,下限为2006年2月。

志首彩页42页;序3页;凡例9条;目录2页。共分4篇:第一篇设有村落概况、行政沿革、经济发展、村庄建设、交通、村民生活、文教卫生、风俗文化、大事记、历届两委成员、全村党员名单;第二篇历代先贤名录;第三篇村民行为规范;第四篇东乡村徐氏谱系、其他姓氏世系。志末为编后记;旧谱影印。

衢州市图书馆,常山县图书馆存藏。

专 志

6.19 常山县文联专志

常山县文艺学术界联合会编(1981年1月)。油印本,97页。

本志记述上限1984年,下限1987年。

全志只有目录和正文。正文共4编9节:第一编文联史情;第二编组织、人事;第三编工作与活动;第四编创作成果。创作成果中记载常山籍在外地工作人员和本县(包括县外籍在常山工作期间)人员在省级以上(包括面向全国发行的)报刊发表、展览、受奖的作品,为后人留下了一份珍贵的史料。

常山县档案馆存藏。

6.20 常山土壤志

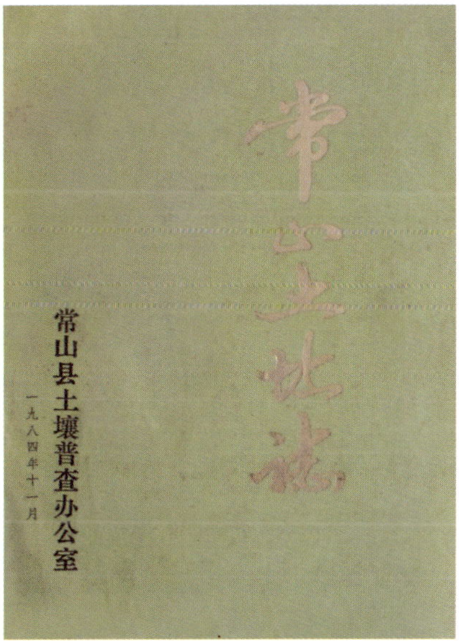

常山县土壤普查办公室编。执笔徐学文,审稿定稿钟友根。1984年10月底脱稿,同年12月通过省、地土壤普查领导小组验收合格;再经修改、补充、删动后次年刊印,约22万字,16开本。

本志记述上限事物发端,下限1984年年末。

卷首前言;目录。正文8编18节。第一编概况(地理位置和行政区划、社会经济概况、自然条件概况);第二编成土过程(主要成土过程、自然条件影响土壤形成和演变);第三编土壤分类(土壤分类系统的确定、土壤分布规律);第四编各类土壤性态(红壤土类、黄壤土类、岩性土土类、潮土土类潮土亚类、水稻土土类);第五编土壤肥力状况(土壤养份状况、土壤物理性状);第六编低产田类型和改良(主要低产田类型及分布、改良措施);第七编土壤改良分区和改良措施(分区的原则和依据、分区论述和改良培肥措施);第八编成果应用和专题调查。卷末设后记;土壤普查领导成员及工作人员名单;图照(常山县气候与成土关系分析略图、常山县岩性图、断面线图、常山县山地地貌类型彩照28幅、常山县"双土"工作全过程黑白照13张)。

常山县档案馆、县图书馆存藏。

6.21　常山县乡镇企业志(上、下册)

常山县乡镇企业管理局编。主持人王之进、余保法，主笔俞国培，修稿人包家禾、姜振根等15位。1986年3月启动编写，1988年9月基本定稿，1989年6月打印装订成册，油印本，分上、下2册，16开，400余页。

本志记述上限事物发端，下限1987年年末。

卷首书名；序言；题词4幅；前言；总目次；总目录；常山县综合农业区划图(乡镇企业区划图)1幅。正文10章，部分章下设节；各乡镇地图24幅。第一章建国前常山县乡村工商企业概况；第二章乡镇企业发展历史；第三章乡镇企业现状；第四章建局十年来工作中的经验教训；第五章乡镇企业资源(地理条件、生物资源、矿产资源、能源资源、人力 人才资源)；第六章乡镇企业发展方向；第七章建置沿革(县乡镇企业管理局、下属机构、各乡镇企业办公室历届主任名录、各乡镇企业办公室历届主办会计名录)；第八章大事记；第九章名、优、特、稀、新产品(油茶、柑橘 胡柚、猴头菇 金针菇罐头、山楂香槟、胡柚沙瓤罐头、轻质碳酸钙、青板石 花石笋 砚瓦石、棉条筒、城关红砖、钙镁磷肥)；第十章先进企业与先进模范人物。卷末设附件(厂长经理全省统考人员名录、全县乡镇企业系统被授予专业技术职称人员名录)。

常山县档案馆存藏。

6.22　常山县工商行政管理志

常山县工商行政管理局编。编纂领导小组组长樊存水，成员汪利生、姚庆。主编姚庆，采写章利华、徐向农、朱鹤岗、袁恩岳、陈敏、王志远、刘仕俊、章建平。16开油印本，176页，约10万字。1986年3月启动编写，1987年3月完成初稿，同年6月装订成册。

本志记述断限，上限为清光绪十五年(1889)，下限为1985年。

卷首编纂领导小组名录；序言；凡例；大事记；概述。正文7章23节。第一章工商行政管理机构沿革(解放前的工商行政管理机构、解放后的工商行政管理机构)；第二章工商企业登记管理(中华民国时期的工商企业登记管理、过渡时期的工商登记管理、1957—1978年的工商企业登记管理、1979年以后的工商企业登记管理)；第三章集市贸易与市场管理(集市贸易、建国后的市场管理、庙会集市、集市贸易的物价、集市贸易的“三起三落”、市场现状、打击投机倒把)；第四章个体经济管理(个体工商业的历史演变、个体工商业的登记、对私营工商业的社会主义改造、个体经济的监督检查、个体经济的公布)；第五章经济合同管理；第六章商标与广告管理(商标管理、广告管理)；第七章工商组织(商会组织、工商业联合会组织、个体劳动者协会)。卷末设后记；附录。

常山县档案馆存藏。

6.23 常山县血防志

编者不详。1987年油印本，125页。

本志记述上限事物发端，下限1986年年末。

全志只有目录、序言、凡例、大事记和正文。正文共7编29节。第一编全县概况；第二编血吸虫病流行情况；第三编血吸虫病的防治；第四编血防科研；第五编疫区新貌；第六编附录；第七编血防先进单位介绍。除血吸虫病流行历史溯源于解放前外，重点记述中华人民共和国成立后（1952—1986年）常山县血吸虫病防治的历程。由于在防治过程中出现两个时期（1959—1963年、1967—1969年）的停滞和动乱中许多资料散失销毁，致使资料脱节和不完整，难以反映30多年来常山县血吸虫病防治的历史全貌。

常山县档案馆存藏。

6.24 常山县建设志（名胜古迹）

16开油印本，22页。其余未详。是志为新修《常山县志》（1990年版）供稿而编。

正文收录名胜古迹22个：武当别峰，文峰塔，西峰夕照，集真观，严谷甘泉，石门佳气，忠简古冢，唐定阳县城遗址，晋信安县故址，西峰寺，石碇寺，慕仙亭，里择祠，大宗祠，兴贤塔，凌云塔，周王庙，新石器时代遗址，李家岗古窑址，贤良宗祠，关帝庙，定阳书院。

常山县档案馆存藏。

6.25 常山县文化志（浓缩稿）

常山县文化局《文化志》办公室1987年2月编。16开油印本，22页。其余未详。是志为新修《常山县志》（1990年版）供稿而编。

正文编入《常山县志》（1990版）第二章民间文学（传说故事、歌谣、谚语）。

常山县档案馆存藏。

6.26 常山县民政志（初稿）

县民政局专志小组1987年3月编。16开油印本，28页。其余未详。是志为新修《常山县志》（1990年版）供稿而编。

正文编入《常山县志》（1990年版）第二章行政区划（疆域与变更、县建置沿革、县城地址变更、城乡区划与变更)。

常山县档案馆存藏。

6.27 常山县林场场志

常山县林场1987年3月编。16开油印本,131页。其余未详。是志为新修《常山县志》(1990年版)供稿而编。

本志记述上限1929年。下限1985年。

正文第一章大事记;第二章林场体制(沿革、机构、林校);第三章地理位置(位置、面积、交通、气候、土壤);第四章森林植被和资源(森林植被、主要经济特产树种和木本花卉、森林资源);第五章营林生产(育苗、造林、抚育、水土保持);第六章森林保护(护林防火、森林病虫害及防治、护林组织和护林措施);第七章林业科研及档案管理工作(林业科研情况及结果、林木档案和科技档案);第八章经营管理(管理体制、管理方法、经费来源);第九章经营范围变化情况(扩建、变更、山林定权发证);第十章林区建设(房屋建设、水利水电工程和电力供应、林区交通和运输、通讯设施);第十一章职工福利事业(职工福利、职工教育、文化生活、抚恤和补助、职工退休、职工经济生活状况);第十二章党群工作(中共党组织、职工代表大会、群众团体)。

常山县档案馆存藏。

6.28 常山县司法志

县司法局专志小组1987年4月编。16开油印本,16页。其余未详。是志为新修《常山县志》(1990年版)供稿而编。

正文第一章概述;第二章组织机构(机构设置、司法行政队伍发展情况、干部离退休、党团组织);第三章司法行政工作开展情况(法制宣传、人民调解管理、公证工作、律师工作);第四章司法人员培训情况;第五章基本建设、装备添置;第六章奖惩。

常山县档案馆存藏。

6.29 常山县统战志

中共常山县委统战部1987年6月编。16开油印本,25页。其余未详。是志为新修《常山县志》(1990年版)供稿而编。

正文第一章统战工作概述;第二章对台工作(机构、台胞、台属);第三章侨务工作(机构、侨胞、侨眷、往来、侨联);第四章民族、宗教工作(佛教 道教、天主教、基督教、少数民族);第五章民主党派和无党派知名人士的工作(民革、民盟、农工民主党、无党派知名人士、人物介绍);第六章工商联合会的工作(机构、人员与管辖、工作情况、三小区别);第七章起义投诚人员的工作;第八章黄埔同学会的工作。

常山县档案馆存藏。

6.30 常山县商业志(浓缩稿)

常山县商业局1987年8月编。16开油印本,88页。其余未详。是志为新修《常山县志》(1990年版)供稿而编。

本志记述上限事物发端,下限1986年年末。

正文第一章历代商业(商业发展概况、商业管理机构设置、商业团体);第二章国营商业(国营商业的建立与发展、国营专业公司、商办工业);第三章商品经营(农副产品购销、日用工业品经营、五金交电化工经营、副食品经营、燃料经营、中西药经营、饮食服务);第四章对私营商业的社会主义改造。

常山县档案馆存藏。

6.31 常山县物价志(浓缩稿)

常山县物价局1987年8月编。16开油印本,69页。其余未详。是志为新修《常山县志》(1990年版)供稿而编。

本志记述上限事物发端,下限1984年4月。

正文第一节常山县解放以前等物价状况;第二节建国后物价状况(粮食 油料类、棉麻类、烟 酒 日用杂品类、食糖类、食品类、蔬菜豆制品类、果品类、茶 茧类、电价类、竹 木 柴 炭类、物资 农资类、其他类);第三节毗邻地区价格;第四节物价管理;第五节价格体系和价格管理体制改革;第六节机构沿革。

常山县档案馆存藏。

6.32 常山县广播电视志

常山县广播电视局1987年9月编。16开油印本,128页。审订张立新,主笔喻性果,编写成员徐润华、朱荣寿。其余未详。是志为新修《常山县志》(1990年版)供稿而编。

本志记述上限事物发端,下限1987年。

卷首常山县广播电视志编写组成员名单;目录。正文第一章(概述、大事记);第二章机构沿革(从常山县广播站至常山县广播电视局、常山县广播站、常山县电视差转台、常山县广播电视局办公室、常山县广播电视管理站、常山县广播电视服务公司、乡镇广播放大站);第三章广播事业(建国前的收音机、建国初期的收音室、有线广播站、广播事业的发展);第四章广播宣传(节目时间、自办新闻节目、自办专题节目、自办文艺节目、气象与广告、转播节目、通联工作、获奖稿件);第五章电视事业(电视差转台、卫星电视地面收转站、电视宣传）；第六章广播电视经费（县级、乡镇广播放大站经费、工作及居住用房）；第七章音像管理；第八章党团组织（中共组织、共青团组织）。卷末附图：常山县广播信号线、电视差转台分布示意图。

常山县档案馆存藏。

6.33 浙江省常山县药物志

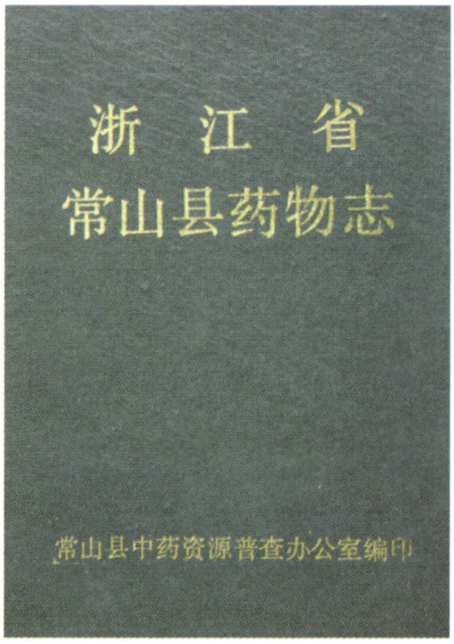

常山县中药资源普查办公室编印（1987年9月）。主编钱银木，编委刘胜利、陈小宝，制图何冬泉，封面设计王集法。衢州报社印刷厂承印，16开本，706页，约105万字。是志在1986年7月起历时一载对全县中药资源进行普查的基础上，依据积累的大量原始资料及县林业部门木本森林资源调查资料，并参考《浙江药用植物志》《药用植物目录》《中药大辞典》等文献编纂而成。

本志记述上限事物发端，下限1987年9月。

卷首前言；编写说明；目录。正文分菌藻植物、有胚植物两大种，下分类、门、纲、科等。藻类：绿藻门，蓝藻门；菌类：真菌门（子囊菌纲、担子菌纲）；地衣门。有胚植物：苔藓植物门（苔纲、藓纲）；蕨类植物门（石松纲、木贼纲、蕨纲：厚囊蕨亚纲、薄囊蕨亚纲）；种子植物门：裸子植物亚门（苏铁纲、松柏纲）；被子植物亚门（双子叶植物纲：原始花被亚纲、后生花被纲、单子叶植物纲）。动物类；矿物类。卷末《浙江省常山县药物志》编纂人员名单。是志收载常山县有资源中草药1047种，其中植物类药960种、动物85种、矿物类2种。首载常山药用植物新资源猴头、金针菇。

浙江图书馆，常山县档案馆、县图书馆存藏。

6.34 常山县地名志

常山县地名办公室编。主编叶国伟。1982年1月启动编纂工作，1987年1月编纂完成，1987年10月印刷。内部资料。

本志记述上限事物发端，下限1985年年末。

全志共分9卷，约63万字，内含32幅地图，41幅照片，收入全县各类地名2673条（其中政区地名368条、聚落地名1527条、单位地名89条、名胜古迹19条、人工建筑323条、自然地理实体地名347条），详尽反映了常山县政治、经济、自然、地理、历史、人文等方面的状况，阐明了当时标准地名的标准书写形式，标准读音和地名的方位、距离、由来、含义及其行政归属。该志是常山县历史上第一部最完整、最系统的地名典籍和第一部专志，是各行各业必备的工具书，也是进行爱国主义教育的乡土教材。

浙江图书馆，衢州市图书馆，常山县档案馆存藏。

6.35 常山宣传工作简志

中共常山县委宣传部1988年1月编。16开油印本，67页。其余未详。是志为新修《常山县志》(1990年版)供稿而编。

卷首设说明。正文6章：第一章机构沿革(职称及名称沿革、科室及刊物简介、部长变更名录)；第二章群众宣传(时事政策宣传、各项活动宣传、文化宣传)；第三章干部学习(时事政策学习、理论文化学习)；第四章党员教育；第五章农村宣传网建设；第六章新形势下宣传工作的探讨。卷末设附录。

常山县档案馆存藏。

6.36 常山电力工业志

常山县供电局编(1988年3月)。油印本(附勘误表)，332页。主编吴土正，副主编方格起。

本志断限：1925年至1987年。

略古详今，编纂重点在新中国成立后，力求反映常山电力工业的历史和现状，突出时代特点和电力系统发展特色。

卷首设序言、凡例、图照、大事记，卷末有附录和编纂成员名录；正文分10编34节。第一编概述；第二编发电(3节)；第三编供电(6节)；第四编用电(6节)；第五编安全生产(4节)；第六编科教(3节)；第七编行政(3节)；第八编管理(4节)；第九编党群(3节)；第十编生活(2节)。

常山县档案馆存藏。

6.37 常山县供销合作志(1949—1987)

常山县供销合作社联合社编。主编刘炘，副主编吴启连、舒立雄，编辑郑鸿斌、黄鹏鸣。上下册，721页，约30万字，1987年10月油印本。1986年4月启动修订，历时年余成稿。

卷首编纂小组名单；凡例；目录；大事记。正文13编64节。第一编供销合作社的建立与发展；第二编供销合作社组织；第三编农副产品生产和购销；第四编农业生产资料供应和服务；第五编生活资料组织供应和发展；第六编供销社工业；第七编猴头及食用菌；第八编饮食服务业；第九编基建储运；第十编供销社企业管理；第十一编供销社劳动工资和福利；第十二编供销社职工教育；第十三编农村私营商业及合作商店；历年被授予地市以上先进称号的单位和个人名录。卷末设后记。

常山县档案馆、县图书馆存藏。

6.38　常山县林业志(1988年版)

常山县林业局编，主编丁启才，采编胡有年、张先富、占晓云。1986年12月油印本，分上下两卷，352页。

本志记述上限事物发端，下限1994年年末。

全志设凡例；目次；序；概述；大事记和正文及附录。正文共21编90节。第一编地貌土壤；第二编山脉；第三编水系；第四编气候；第五编林区动植物资源；第六编采种育苗；第七编造林；第八编油茶；第九编乌桕油桐；第十编森林抚育；第十一编森林病虫害防治；第十二编森林保护；第十三编林业“三定”；第十四编森林工业；第十五编林副产品；第十六编普查与区划；第十七编科学研究；第十八编技术推广；第十九编林业教育；第二十编机构；第二十一编林业经费。本志因条件限制，民国初年乃至更早的资料无从收集，主要记述民国20年(1931)及新中国成立后的情况，下限至1986年。

常山县档案馆存藏。

6.39　常山县农业志

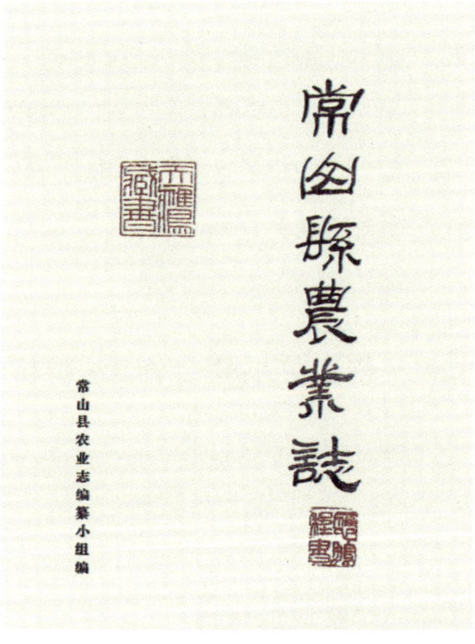

常山县农业局《县农业志》编纂小组编(1988年5月)。油印本，250页，24.5万字。主笔单克瞳。

本志记述上限事物发端，下限1987年年末。

卷首只有编写人名录和编目，全书设9编27章。第一编概述；第二编机构配置；第三编自然灾害；第四编耕地和土壤；第五编作物分布和生产水平；第六编粮油生产；第七编经济特产；第八编畜牧生产；第九编农业机械。

常山县档案馆、县图书馆存藏。

6.40 常山县公安志

常山县公安局史志办公室1988年11月编，油印本，291页，约17万字。编写人员徐家同、刘建中、汪艇飞、乔真鸣、吴直丰。

本志上溯清光绪三十四年(1908)，下限1987年。

主要记述公安机构的设置、沿革，各部门的职能和各个历史时期的工作概貌及有代表性的案例和数据。卷首设图照、目录、凡例、概述，卷末有大事记、附录和后记。正文分设12编62节。第一编清末、民国警察机构沿革(2节)；第二编人民公安机关(5节)；第三编各个历史阶段公安中心工作(9节)；第四编政治侦察(5节)；第五编内部保卫(7节)；第六编治安管理(16节)；第七编刑事侦查(3节)；第八编消防(2节)；第九编预审、看守、劳改(3节)；第十编公安改革(2节)；第十一编档案、通讯、基建(3节)；第十二编政治工作(3节)。

常山县档案馆存藏。

6.41 常山县交通志(1988年版)

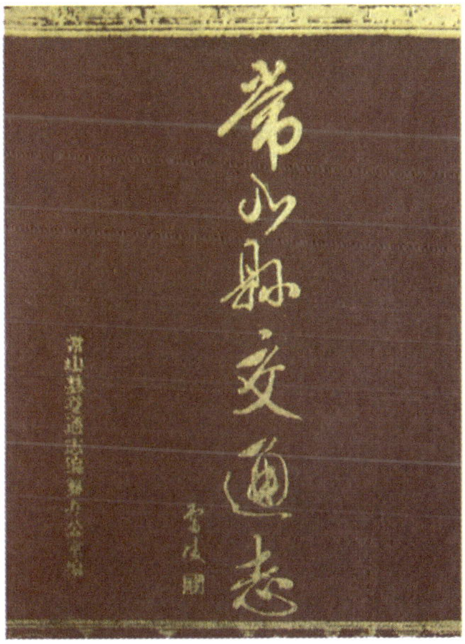

常山县交通志编纂办公室编。主编周作浩，副主编张朝德、林正南。常山县印刷厂印刷(正文)，浙江省第三地质大队绘图室印图照；印张11.5，26.3万字，印数800册，1988年11月第一版(内部发行)。1986年4月开始编纂，历时两年半完稿付印。

本志上限不拘，下限1986年。

本志记事贯彻“详今略古，立足当代”原则，着重记述新中国建立以来常山交通事业的发展，力求反映常山交通的历史和现状，突出时代特点和地方特色。《常山县交通志》问世，填补了常山县交通运输史籍的空白。

卷首彩照16页31幅，主要是桥梁、车站。地图3幅(常山县交通图、常山县总图、常山县水系图)。全志主体部分设陆上交通篇、水上交通篇、综合篇三篇，篇下设章，章下设节。陆上交通篇、水上交通篇各设设施、运输、管理三章；综合篇设行政机构，养护、修造、服务，人物三章。另在卷首设图照、序言、凡例、概述和大事记，卷末设附录和编后记。

衢州市图书馆，常山县档案馆、县图书馆存藏。

6.42 常山县粮食志(1989年版)

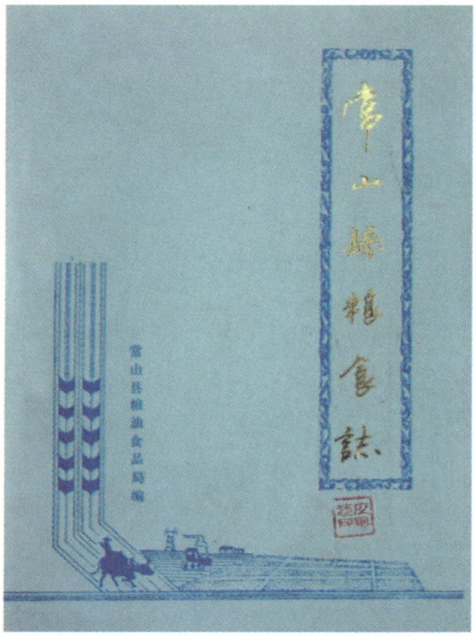

常山县粮油食品局1989年编,常山县印刷厂承印,附勘误表,290页。主编徐家麟,副主编翁克文。1986年3月启动修订,三改编目,四易其稿,历时3年完稿付印。

本志记述上限事物发端,下限1987年。

卷首设图照、序、凡例、概述、大事记。正文分11编38节。第一编机构人事(机构、人事);第二编粮食征购及农村统销(田赋、积谷、公粮征收、粮食统购、农村粮食购销);第三编城镇粮食供应(居民口粮、工商行业用粮、各项补助、供应管理);第四编油脂统购统销(食用油、非食用油);第五编粮油贸易(粮食经营、油脂经营、粮食市场、粮油议购议销);第六编粮油票证(票证种类和使用范围、票证管理);第七编粮油价格及检验(价格、检验、计量及折率);第八编粮油储藏(仓库建设、储藏、防治、“四无”粮油仓库);第九编粮油调运(交通概况、粮油运输、责任划分及溢耗处理、中转站及运粮车队、装具使用管理);第十编粮油工业(粮食工业、油脂工业、粮食复制品、饲料);第十一编财务(财务管理、财经纪律和财务制度、会计核算)。本志系记载常山县粮食门类历史和现状的专著,本着详今略古、求实存真的原则,将常山粮油供求的古往今来,基本作了记述,有“前有所稽,后有借鉴”的作用。卷末设附录;编后;编纂成员名录。

衢州市图书馆,常山县档案馆、县图书馆存藏。

6.43 常山县风俗志

常山县风俗志编写组1989年5月编。32开铅印本,100页,约6.7万字。主编陈文鑫,编写王庆生、占昌春、洪筱阳、徐文。

本志记述上限事物发端,下限1987年年末。

卷首序言(县长田清标作);正文8章31节。第一章概况;第二章生产习俗(农作习俗、山林习俗、饲养习俗、水利习俗、匠作习俗、作坊习俗、商业习俗);第三章生活习俗(饮食习俗、服饰习俗、器用习俗、居住习俗、交通运输、医学卫生习俗、文化娱乐习俗、其他习俗）；第四章礼仪习俗（婚姻、家庭和宗嗣、喜庆、丧葬和祭祖）；第五章岁时习俗（传统节日、时令节日、其他节气）；第六章信仰习俗（纪念建置、神祇、仪典、驱邪、禁忌）；第七章谚语·歌谣·民间故事（谚语、歌谣）；第八章其他风俗（民间组织、其他方面）。是志记述常山风俗的基本特点：尚农、崇儒、淳朴、节俭、恋乡、不喜多事。

常山县档案馆存藏。

6.44　常山县畜禽疫病志

常山县兽牧畜医站编。主编曾耀勇，编委季土明、鲍忠良。1990年简装油印本，170余页，12.5万字。是志在常山1987—1989年全面开展畜禽疫病普查基础上编写，为记述常山畜禽疫病流行情况，危害程度、防治措施和经验教训的专志。

本志记述上限视资料而定，下限至1989年。

卷首编纂人员名录，前言，凡例，目录；正文3篇14章。第一篇概况（自然地理、社会经济、畜牧生产、畜牧兽医疗机构组织）；第二篇疫病防治（防疫设施、畜禽疫病流行概况、疫病防治的经验教训）；第三篇畜禽疫病（牛病、羊病、猪病、禽病、兔病、蜂病、普通病）。卷末设附表。

常山县档案馆存藏。

6.45　常山县水利志（1991年版）

常山县水电局编。主编应鹏程，主编助理楼月樵，采编郑娅仙、王一鹏、滕跃云、郑忆平、徐巧九、罗舍田、潘定阳。1991年6月杭州大学出版社出版（ISBN 7－81035－103－6/S·001），杭州市余杭人民印刷厂印刷。32开本，9印张，插页11页，231千字，正文263页，印数1380册，定价10元。1986年3月启动编修，年余完成初稿（实际是资料长篇），后暂停。1989年7月起继续修改，至1990年10月定稿付梓。

本志记述上限以资料发端，下限至1987年。

卷首题词1幅，常山县政区图1幅，彩照12页24幅；序言2篇；凡例8条；概述；大事记。正文15章53节2附录。第一章自然条件(地质、地貌、气候、水文、水资源);第二章防洪、抗旱(历代水旱灾害、防汛、防洪工程、抗旱);第三章蓄引水工程(陂塘 堰坝、水库工程、引水工程、配套工程);第四章提水灌溉设施(柴油机灌溉机埠、水轮泵站、电力灌溉机埠、附录);第五章灌溉面积与抗旱能力(有效灌溉面积、灌溉分类与抗旱能力、旱涝保收田面积);第六章改造低产田,开发低丘红壤(改造低产田、低丘红壤分布、开发利用低丘红壤);第七章水利管理(工程管理、经营管理、社会经济效益);第八章水力发电(水库电站、芳村溪梯级开发、山区农村小水电站、发电量、水电站管理);第九章水土保持(水土流失、小流域治理、附录);第十章水产(水域与养鱼面积、养殖、淡水捕捞、渔政管理);第十一章水运(航道、航运、管理);第十二章规划与设计(规划工作、勘探设计);第十三章科技(科技队伍、水利学会、应用与推广、科学研究);第十四章水政(机构沿革、治水法规、治水人物、治水经费与水利投工、水利移民安置);第十五章杂录(重要水利文献、诗词选辑、名胜 传说)。卷末设编后记;《常山县水利志》编纂领导小组名单。

浙江图书馆,常山县档案馆、县图书馆存藏。

6.46 常山县卫生志

常山县卫生局《常山县卫生志》编纂组1992年12月编修。编纂领导小组组长陆镇华,主编寿葭生,编辑方明祥、陶雪祥。修志工作1986年初启动,编纂成约20万字《常山县卫生志》初稿,后未经评审而暂停;1992年元旦重新组织编写小组重修,1992年年底完稿付印,约18万字。

本志断限,上限不等,追溯至已查到的事物最早历史资料,下限至1991年。

志首彩照8页17幅;黑白照12页23幅;图7幅(常山县县级卫生机构分布图、常山县1991年卫生院分布示意图、常山县1964年各公社血吸虫病病人感染度示意图、常山县1965年各公社钉螺面积分布图、医院二迁示意图、县人民医院1965—1990平面示意图、常山县现人民医院平面示意图);序(时任卫生局局长陆镇华);凡例9条;概述;大事记。正文10篇42章98节。第一篇行政管理(县卫生局、其他行政机构);第二篇医疗事业[县人民医院、县中医医院、基层医疗单位、村(队)卫生组织、个体诊所(个体开业医)、其他医疗机构];第三篇血吸虫病防治(流行概况、县地方病防治站、查螺 灭螺、查病 治病、水管 粪管、毗邻联防);第四篇其他地方病防治(疟疾、地方性甲状腺肿、地方性氟中毒、丝虫病、肺吸虫病、钩虫病);第五篇卫生防疫(县卫生防疫站、爱国卫生运动、传染病防治、卫生监督);第六篇妇幼保健(县妇幼保健站、妇女保健、儿童保健、计划生育技术指导);第七篇药材、药品(药材资源、药材种植、药材收购、药业概述、药品生产);第八篇教育、科技(教育、科技);第九篇党派团体(党派、人民代表 政协委员、团体);第十篇人物(医林人物、先进集体 个人)。志末设编后记;《常山县卫生志》编纂组织及人员名单。

常山县档案馆、县图书馆存藏。

6.47 常山县工业志(1993年版)

常山县工业志编纂委员会编。编委主任陶柏成,副主任缪业温,主编徐亮。浙江新闻出版局准印证:浙出书临(1993)第70号;1993年6月常山县印刷厂印刷。32开本。印张9,24万字,300页,印数1700册。修志工作1990年年初启动,1991年年底完稿。

本志记述上限事物发端,下限1989年年末。

志首题词二;彩照20页39幅;序(副县长陶柏成序一,县经委主任缪业温序二);凡例;概述;大事记。正文12编47节。第一编管理机构(机构变革、行政领导人、股科室负责人);第二编中共党组织(主管部门党组织、工业企业党组织、企事业党组织);第三编国营企业(发展概况、企业简介、厂长名录);第四编县属集体企业(发展概况、企业简介、厂长名录);第五编乡镇工业(发展概况、工业分布、行政机构)第六编联营工业(发展概况、联营企业选介);第七编私营工业;第八编工业门类(煤炭、采矿 选矿、食品 饮料、纺织、缝纫业、木竹棉棕草加工、造纸及纸制品、印刷、工艺美术品、电力、化工 塑料、建材、金属制品、机械 电机、其他工业);第九编生产经营(经营体制、生产实施、产品产量、产值 利润、职工、科研、技改);第十编名优及出口产品(名优产品、出口产品);第十一编工资、福利(工资、福利);第十二编先进名录(先进企业 集体、先进个人)。志末设附录;跋;《常山县工业志》编纂组织及人员名单。

常山县档案馆、常山县图书馆存藏。

6.48 常山县工会志

常山县总工会编。编辑李赓扬(主笔)、江照红、王建平。1987年3月就启动修订,王文棠执笔,1988年2月完稿,时称《常山县工运简史资料汇编》(修改稿);1989年12

月修改后打印成《常山县工运简史资料汇编》；至1992年12月决定在《常山县工运简史资料汇编》基础上编写《常山县工会志》，李赓扬主笔，1994年7月付印，简装铅印，16开本，137页，15.3万字。

本志记述事件上限追溯至明代的矿工起义、民国时期的职业工会，下限至1993年。

卷首题词2幅，黑白照2页4幅；序言1篇，凡例9条，概述；大事记。正文8章26节。第一章解放前常山的工人和工会（从古代到民国时期常山工人的反抗斗争、民国时期的工会、民国时期县总工会内的一场争斗）；第二章解放后的县总工会和会员代表大会（基本完成社会主义改造和开始全面建设社会主义时期、“文化大革命”时期、社会主义现代化建设新时期）；第三章发动职工积极参加社会主义建设（增产节约与劳动竞赛、提高职工的业务技术水平、合理化建议、创建文明单位）；第四章维护职工合法权益、保障职工生活福利（劳动保险、劳动保护、生活福利、女工工作）；第五章参与有关事务的民主管理（从解放初期到“文化大革命”时期、社会主义现代化建设新时期）；第六章教育职工提高自己的素质（思想政治教育、文化科技教育、文娱体育活动）；第七章工会财务（经费来源、建立管理审查组织、提高财务人员素质、贯彻执行工会财务方针、县总工会的经费收支）；第八章工会的自身建设（抓队伍建设、把工会建设成“职工之家”、工会兴办经济实体）。卷末设丛录；编后记。

浙江图书馆，常山县档案馆存藏。

6.49 浙江省常山棉纺织厂志（1965—1995）

浙江省常山棉纺织厂志编写小组编。主编方作清，编写史建英、郑土生、徐新源、黄志东、谢顺泉。1995年5月成稿付印，常山县印刷厂印刷，32开，铅印本，197页，附勘误表，13万余字。

本志为纪念建厂三十周年而编，上限1965年5月，下限至1994年。

卷首题词2幅，彩照2页8幅；序3篇，凡例6条，概述；大事记。正文3篇12章，章下设节。第一篇机构设置（行政机构、中共党组织、群众组织机构、其它组织机构）；第二篇企业管理（生产经营、基建技改、劳动 人

事 工资、职工教育、生活后勤）；第三篇荣誉及各级代表、委员（集体荣誉、个人荣誉、各级代表 委员）。卷末设附录（厂歌、回忆录、职工专业技术论文选目、典范制度、1966至1994年厂经济技术指标汇编）；编后记。

浙江图书馆，常山县档案馆存藏。

6.50 常山县土地志

常山县土地管理局编。领导小组组长王文达，副组长卢金良、洪顺和；主编方明祥，编辑陈修杭、应鹏程、姚长征。1995年12月启动修订，历时两年半，至1998年5月完稿。32开油印本，391页，28万字。

本志记述上限不拘，追溯到最早的历史资料，下限至1995年。概述、大事记和末篇延伸到1997年。

卷首地图1幅（常山县图）；序1篇，凡例7条；概述；大事记。正文12章，章下设40节。第一章土地资源（地质地貌、土地资源、土壤分布、其它资源）；第二章土地制度（土地所有制演变、土地使用制度改革、土地市场）；第三章土地与人口（土地、人口、耕地人口对照）；第四章地籍管理（地籍调查、土地资源调查与测量、地价与土地估价、土地管理档案）；第五章土地规划（综合农业区划、天马镇总体规划、全县土地利用总体规划）；第六章土地保护（水土保持、划定基本农田保护区、水利工程建设与农田保护）；第七章土地开发利用（农业土地开发利用、城镇土地开发利用）；第八章建设用地（建设用地沿革、建设用地分类面积、用地审批征地与政策、征地造地 计划用地）；第九章土地法规监察（土地法规、土地法规宣传、土地执法监察、土地信访、调解土地纠纷）；第十章土地赋税（田赋、农业税、契税、耕地占用税、国有土地使用权出让和转让费、其他税费）；第十一章机构与队伍（土地管理机构、队伍建设、土地管理科技成果应用）；第十二章末篇。志末设附录；编后记；修志机构及编审人员名单。

常山县档案馆存藏。

6.51 常山县林业志

常山县林业志编纂委员会编。历任编委会主任詹庄国、李志成，副主任丁启才、卢志土、沈坚敏。主编丁启才，采编胡有年、张先富（初稿）。1998年8月中国林业出版社出版（ISBN 7－5038－1817－4/S.1044），北京地质印刷厂印刷。精装，16开本。印张21.5，380千字，330页，印数1500册，定价68元。修志工作1986年5月启动，年底即完成初稿，后因故中断8年。1994年8月重建常山县林业志编纂委员会，在《常山县林业志（初稿）》基础上编修。前后历经10余个寒暑，3次会审，4易编目，5易其稿而付梓。

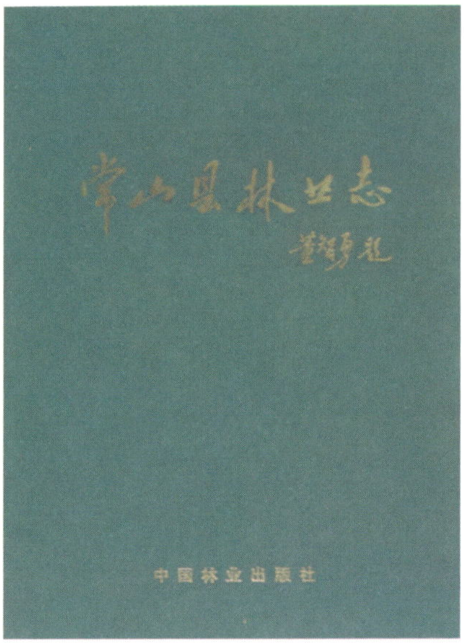

本志记述上限不拘，下限1994年。

志首题词2帧；彩照4页19幅；黑白照2页12幅；地图2幅（常山县政区简图、常山县森林资源图）；凡例；序（一、二、三、四、五）；概述；大事记。正文设10编42章99节。第一编地理环境（地质 地貌、山脉 河流、气候、土壤 植被、森林资源）；第二编营林（种苗、造林绿化、封山育林、抚育）；第三编经济林木［油茶、其他木本油料、经济林（果）、笋竹］；第四编森林利用（木材、毛竹、林副产品、茶 桐 柏籽加工）；第五编山林保护（护林防火、联防、山林纠纷处理、节能保林、病虫害防治）；第六编山林权属与管理（山林权属、资源管理、经费）；第七编科技、教育、宣传（科技、林学会、论著与学术交流、教育 宣传）；第八编林业系统工商业（县森林工业总公司工商业、县林场工商业、县林业局自办企业）；第九编组织机构［县林业局（科）、国营林场、常山油茶（林果）科学研究所、县森林工业总公司、职工］；第十编人物［人物传略、劳动模范个人及集体（代表）名录、先进工作（生产）者名录、林业部 中国林学会奖励名录、人物录］。志末设丛录；后记。

浙江图书馆，衢州市地方志办公室，常山县档案馆、县图书馆存藏。

6.52 常山县交通志（2002年版）

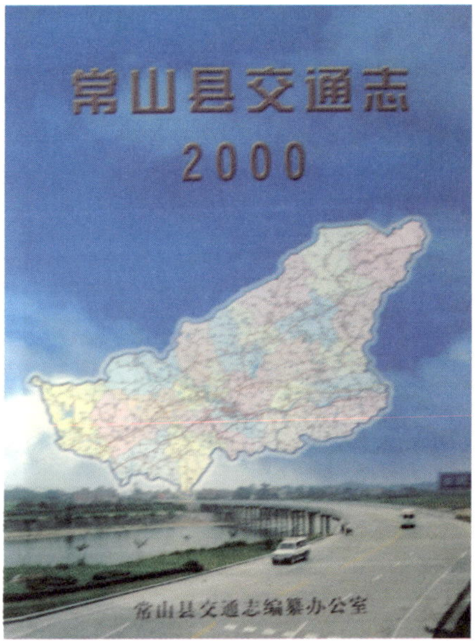

常山县交通志编纂办公室编。主编周作浩，副主编张朝德、林正南。杭州印刷厂印刷，16开本，印张25，彩色印张2.125，60.8万字，印数1000册，2002年第一次印刷。2000年3月开始编纂，历时两年完稿付印。记事贯彻“详今略古，立足当代”原则，着重记述新中国成立以来常山交通事业的发展和改革开放20余年来的成就，力求反映常山交通的历史和现状，突出时代特点和地方特色。

本志断限上起不拘，下限2000年。

志首彩照6页8幅，地图3幅［常山县交通图、常山县总图（古驿大道示意）、常山县水系图］；序一;凡例9条;概述;大事记。正文13编44节。第一编交通线路(水路、道路、公路);第二编桥、渡、站、亭、码头(桥梁、渡口、车站、凉亭、码头);第三编客货运输(水路运输、陆路运输、搬运 装卸与转运业);第四编运输企业(水运企业、陆运企业);第五编交通工副业(船舶修造业、车辆维修业、交通企事业附办企业);第六编交通行政机构(历史沿革、交通局暨临时机构);第七编水路交通管理(管理机构、航运管理、航港管理);第八编陆路交通管理(管理机构、运输管理、运价管理、公路交通监理、公路交通安全管理、车辆维修业管理);第九编交通规费稽征(航政规费、公路稽征);第十编公路管理(公路养护管理机构、公路建设市场管理、公路科学养护与规范化管理、公路绿化、路政管理);第十一编交通科技与教育(员工培训、科技成果推广和应用、技术职称人员);第十二编行业文明(建国后交通行业精神文明建设活动简况、"九五"期间的精神文明建设活动、社会主义精神文明建设、交通行业职业道德行为规范);第十三编人物(立传人物、先进集体和先进个人、代表人物)。志中彩照3处:交通线路主题8页17幅,桥、渡、站、亭、码头主题8页30幅,综合主题8页38幅。志末设附录;编后记。

浙江图书馆,常山县档案馆、县图书馆存藏。

6.53 浙江省常山县第一中学校志(1944—2004)

浙江省常山县第一中学校志编辑委员会编。顾问曾越河、胡震云、王培兴;主编杨顺耀,执行主编叶宗耀,编委汪良幅、郑红全,胡敏芳等。474页,约59万字;出版、印刷情况未详。2003年9月,组建成立校志编辑委员会,次年6月完稿付梓。

本志记述上限1944年,下限2004年。

志首篆刻"浙江省常山县第一中学建校六十周年纪念";《浙江省常山县第一中学校志》编辑委员会名录;彩色图照23页78幅,主题为合影、杰出校友等;序一;六十献词;荣获荣誉称号一览表(集体);1989年以来获荣誉称号一览表(个人)。正文11章30节。第一章六十风雨(学校诞生、艰难历程、再求发展);第二章组织机构和科学管理(机构沿革、历史文件、岗位职责);第三章德育(德育工作指南、德育工作规章制度、学生寝室管理职责);第四章教学改革与教科研(学制与课程、教学管理制度、现代化教育技术、李徐素娥奖学金、获奖总表、高考和会考、教科研实践);第五章体育与美术[体育、艺术类(美术)大中专院校录取名单、"腾飞"文化艺术节、艺术类(音乐)大中专院校录取名单];第六章勤工俭学;第七章教职工(概况、教职工、工会、教职工岗位量化方案、奖励条例、离退休教职工的管理工作);第八章社团活动(少先队 团支部 团委 学生会、无线电测向队、文峰文学社、英语角、田径队、健美操队、书画社、音乐兴趣小组、“校园之声”广播站);第九章友好交流(友好往来、聘请外籍教师);第十章忆昔看今(历任校长 书记文录、史料文选);第十一章桃李天下(历届毕业生名录、在校生名录)。卷末设常山一中五十周年校庆捐资捐物名单;后记。

常山县档案馆存藏。

6.54 常山县工业志(1990—2003)

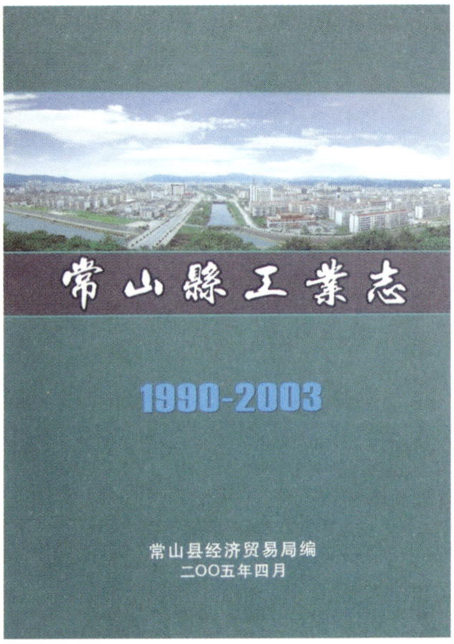

常山县经济贸易局编。编纂领导小组组长陈训,办公室主任樊根祥,主编严克昌。2005年9月常山县友谊印刷厂印刷。16开本,插页30页,约20万字,263页,印数500册,无定价。修志工作2003年12月启动,2005年年初完稿付印。

志首彩照20页68幅;彩色图表9页18张;序(县委副书记、副县长吴宝骏序);凡例;目录;概述;大事记。正文13章54节。第一章管理机构(机构变革、行政领导人、中共党组织、科室负责人);第二章工业经济所有制形式(国有工业、县属集体企业、乡镇工业、联营工业、个私非公工业);第三章工业管理体制改革(“三轮”承包经营责任制、扩大企业自主权、资产委托经营、风险抵押承包、“三上”激励机制);第四章工业产权制度改革(改制综述、改制主要形式、重组与组建形式);第五章工业企业经营(内部经营制度、扭亏增盈责任制、来料加工);第六章工业布局与结构(工业布局、工业结构);第七章工业门类(建材工业、化学工业、机电工业、轻纺工业、食品工业、钙类工业、矿山开采、电力工业、其他工业);第八章三资企业(发展概况、三资企业简介);第九章对外贸易(外贸沿革、经营体制、出口贸易、外贸企业、出口产品);第十章工业技术进步(技术改造、技术创新、技术中心、产品开发、名牌创优);第十一章工业可持续发展(节约能源、散装水泥、清洁生产、资源综合利用、废旧物资回收);第十二章安全生产管理(管理机构、安全生产制度、安全生产检查);第十三章先进名录(先进企业 集体和单位、先进个人)。志末设附录;跋;《常山县工业志》编纂领导小组成员、办公室成员及工作人员名单。

常山县档案馆、县图书馆存藏。

6.55 常山县供销合作志(1988—2002)

常山县供销合作志编辑组编。主笔周绍民,吴锡询、李向曙参与编纂。118页,约13万字,2005年6月油印本。2004年4月启动修订,历时年余成稿。

卷首目录;凡例;大事记。正文8章:第一章供销合作社的概况[综述(1988—2002)、经济体制改革历程、基层供销社社员股金、供销社系统基本建设];第二章供销合作社组织(机构沿革、党 团工会组织、劳动工资与福利、供销社职工教育);第三章供销社业务(农业生产资料业务、生活资料供应业务、农副产品购销、废旧物资回收、专营公司、边际经济贸易);第四章供销社工业;第五章专业合作社建设(专业合作社创建、第一家专业合作社、专业合作社建设成果、典型专业社简介);第六章归口供销社管理的合作商业;第七章省以上先进单位、个人、职称、人名录;第八章附录:供销社社章。卷末设编后记。

常山县档案馆、县图书馆存藏。

6.56 浙江省常山县教育志

常山县教育志修订编纂委员会编。主编姜光明,副主编陈齐云,编纂姚义迁、陈齐云。原《常山县教育志》油印本(征求意见稿)主编魏金荣,副主编刘文厚,采编陈乾坤、周廷谅、叶善孙等。浙江文艺出版社出版(ISBN 7-5339-2214-X),57万字,2005年10月第1版。杭州工艺美术印刷厂印刷,精装16开本,印张23,彩插2页,定价120元。是志1986年5月启动修订,至次年7月,为配合《常山县志》编纂,完成《常山县教育志》浓缩稿约6万字。随后以浓缩稿为蓝本,四改编目,三易其稿,1992年10月编纂成22余万字的《常山县教育志》油印本(征求意见稿)。其后断断续续,修修补补,历时10余年,始终未能付印。2004年3月,县教育局重新成立修订编委会,编纂人员在原油印本的基础上，重拟编目，另搭框架，修订续写。次年5月，送审稿通过审核，7月付梓。

本志断限，上限不等，下限为2003年（个别事件、史实延伸至2004年）。记述的常山教育，上溯北宋绍圣三年的县学，历经南宋的书院，明、清的私塾，民国的学堂和学校，下及中华人民共和国的常山各级各类教育的历史和现状，变革和发展，为后人留下了一份珍贵的史料。

志首常山县教育志修订编纂委员会名录，常山县教育志篆刻；彩照30页150余幅，主题有领导题词、领导视察、历任教育局（教委）领导、荣获全国奖项的教师、校容校貌、教师教育、成人教育、民办教育、教育设施、文艺体育校园文化等；序一；凡例10条；概述；常山县教育大事记。正文13编50章71节（附录21、附表8）。第一编县学、书院、私塾（发展概况、县学、书院、私塾、科举）；第二编学前教育（发展概况、教养任务与学制、保育教养、院务管理、幼儿园选介）；第三编小学教育（发展概况、小学学制与课程、教学、学校管理、学校简介）；第四编中等教育［普通中学、职业中学（含中专）］；第五编成人教育（农民教育、职工教育、干部教育、广播电视教育、自学考试、教师培训基地——县教师进修学校）；第六编教育经费与教育设施（教育经费、教育设施）；第七编中小学德育（德育内容、德育实施）；第八编中小学体育、卫生、校园文化（体育、卫生保健、校园文化）；第九编中小学劳动教育与勤工俭学［概述、中小学劳动教育、公司 厂（场）选介、勤工俭学先进集体 个人（省市级）、勤工俭学研究会及发表和获奖论文、勤工俭学管理］；第十编教师（教师队伍发展概况、教师资格与任用、教师培训、教师待遇、民办教师）；第十一编教育研究（发展概况、教育研究活动与教育改革实验、教育研究组织与教育报刊、国际教育交流）；第十二编教育行政、党群组织（教育行政、教育督导、党群组织）；第十三教育人物（人物传略、教育人物）。卷末设常山县教育文献辑录、后记、编纂人员名录和常山县2003年中小学学校布局图。

常山县档案馆、县图书馆存藏。

6.57 常山县建筑业志

常山县规划建设局编。编纂领导小组组长章大勇，副组长陈淑卿、陈志猛、樊笑安、王芳；主编陈修杭，副主编华金枝，采编金雪白、吴何兵。2005年12月浙江省农科院科技印刷厂印刷（浙内图准字〔2005〕第113号），精装，16开本，彩图12张，印张20.5，38万字，印数1000，定价80元。2002年11月启动编修，历时2年完稿。

本志记载上限不拘，下限至2003年，个别事件延伸到2004年;为常山首部建筑业志。

卷首题词1帧,彩照11页53幅;序1篇;凡例;目录;综述;大事记。正文10章33节(其中插图146幅)。第一章历史(概况、1956—2003年建筑业基本概况);第二章队伍(沿革、职工队伍、党群组织、施工企业);第三章勘察设计(测量、设计);第四章施工(工程施工、装修装饰、设备材料);第五章管理(管理机构、企业经营管理、党派群团);第六章教育科研(教育、科学研究);第七章建筑(市政工程、住宅建筑、工业建筑、公共建筑、园林建筑、桥梁建筑、古建筑);第八章文化(传统建筑文化、企业形象、职工文化生活);第九章人物(人物传、人物录、劳动模范 先进工作者名录、代表人物);第十章规划(县城总体规划、常山县县域城镇体系规划、规划管理与设施)。志末设丛录(建筑文告、古诗词选、报刊文摘);索引;后记;《常山县建筑业志》编审领导小组、编纂小组成员名单。

常山县档案馆存藏。

6.58 常山县粮食志(2005年版)

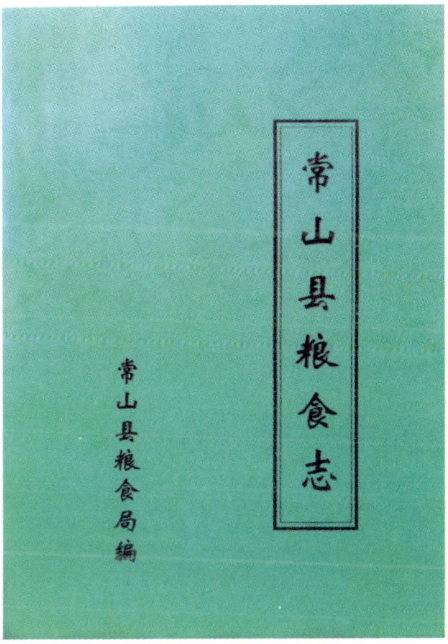

常山县粮食局2005年10月编,简装本,16开本,252页。主编徐家麟,编辑詹汉、张银祥。2004年3月启动修订,数易其稿,历时近2年完稿付印。

本志记述上限不拘,下限至2002年。

卷首设序、凡例、概述、大事记;卷末有附录和编后及编纂成员名录;正文分14章56节。第一章粮情(生产、消费、余缺);第二章田赋公粮(田赋、公粮);第三章粮食收购(和籴、市场收购、计划收购、定购、议价经营、其他形式收购、文明收粮);第四章粮食销售(城镇销售、农村销售、军粮供应、粮油票证、多种经营);第五章油脂购销(资源、油脂收购、油脂销售);第六章粮油价格(集市价格、收购价格、销售价格、饲料价格、差价折率,价格管理);第七章粮油储藏(储藏设施、粮油储备、储藏技术);第八章粮油质量检验(质量标准、卫生标准、检验与质量监督);第九章粮油调运(交通概况、粮油调拨、粮油运输、粮油装具、中转站及粮运车队);第十章粮油工业(粮食工业、油脂工业、粮食制品、综合利用、其他工业、管理与经营);第十一章饲料(饲料资源、饲料生产、饲料经营);第十二章财务会计(财务体制、资金管理、会计核算、财务收支);第十三章企业改革(改革形式、职工安置、资产处置);第十四章机构人事(机构、人事)。

常山县档案馆存藏。

6.59 常山县财政税务志

常山县财政地税局编。编纂领导小组组长郑建华，副组长朱圣杰、刘洪水；主编郑建华，编写曹川江、郑秀平、熊林福、黄宗包等。2004年3月启动编修，历时近2年完稿。为常山首部财政税务志。372页，56万字，2005年12月，内部印刷，16开本。

本志记载上限溯源，下限至2002年，干部任职时间延伸到2003年，数字列表分为1949—1987年和1988—2002年两个时间段。

卷首题词1幅；图照19页57幅，主题为常山概况，常山风貌，常山风光，历任局长，财税风貌，重点建设；序1篇；说明；目录；概述；大事记。正文5篇21章，章下设节。第一篇财政收支（财政体制、财政收入、财政支出、财政信用、财政管理）；第二篇财务管理（行政事业财务管理、社会保障财务管理、企业财务管理、农业财务管理、国有资产管理、会计事务管理）；第三篇税务稽征（农业税、工商税制、流转税、收益税、财产税行为税、特定目的税、稽征管理、税收计划税收会计税收统计）；第四篇基金附加（各项基金）；第五篇机构管理（机构队伍）。志末设后记；《常山县财政税务志》编纂机构及成员名单。

常山县档案馆存藏。

6.60 常山县法院志

常山县人民法院编。编纂委员会主任谢建中，副主任詹黎钟、徐平平；主编谢建中，副主编应土信，编辑徐寄兰、周火生、李自强、严火山、刘永正、张宏伟。1987年为《常山县志》“审判”章提供初稿，成立编纂小组完成《常山县法院志》浓缩稿；2003年年底正式启动编修，历时近3年完稿，2006年9月审定付梓。2006年10月第一次印刷，内部发行，16开本，印数500册，352页，40万字。

本志记载上起清末民初，下至2004年，个别重要内容延续至脱稿之日。

卷首时任县委书记金运成题词1幅；常山县地

图1幅；彩色图照21页73幅，主要有法院、法庭办公楼，历任院长、副院长、党组成员，先进荣誉等；序1篇；凡例7条；目录；综述；大事记。正文10章，章下设46节。第一章审判机构（概况、历代机构、民国时期机构、建国后机构与人员）；第二章审判队伍建设（概况、队伍发展、司法改革、思想建设、业务培训、制度建设、廉政建设、先进荣誉）；第三章审判原则与程序制度（概况、审判原则、审判程序、审判制度）；第四章刑事审判（概况、反革命案件的审判、普通刑事案件的审判、少年刑事案件的审判）；第五章民事审判（概况、婚姻家庭案件的审判、财产权益案件的审判、其他案件的审判）；第六章商事审判（概况、经济合同案件的审判、山林权属纠纷案件的审判、企业破产案件的审判）；第七章行政审判（概况、行政案件的审判）；第八章审判监督（概况、刑事审判监督、民事经济行政审判监督、告诉申诉 立案）；第九章案件执行（概况、执行程序、案件执行、执行大会战和执行专项活动、执行案件分类情况）；第十章司法行政管理（概况、档案管理、法医、综合治理、调查研究、调解组织与律师、后勤保障）。志末设附录（文告、规章制度、庭审、先进荣誉录、学术论文）；编后记；编纂委员会成员名单。

常山县档案馆存藏。

6.61 常山县水利志（1988—2005）

常山县水利局编。主编应鹏程。2004年3月启动续修，年余完成《水利志》初稿，后暂停。2007年3月起继续修改（下限延至2005年），同年10月定稿付梓。历3年余、2届编纂领导小组。简装，32开铅印本，189页，约11万字。

卷首彩照12页24幅；《常山县水利志》编纂领导小组、编纂办公室成员名单；序言；大事记。正文9章31节2附录。第一章灌溉工程（1988—2005年新建工程、除险加固工程、万亩灌区配套工程、提水工程）；第二章水利工程管理与有效灌溉面积（国营水利工程管理、乡镇管理的工程、村级管理的工程、有效灌溉面积）；第三章防汛与抗旱（1988—2005年雨情 旱情 灾情、城市防洪工程、常山港及其支流防洪堤）；第四章水政及水资源管理（全国人大和国务院颁发的治水法规、浙江省和衢州市制订治水法规、河道管理、水政监察大队、水资源管理）；第五章水土保持（水土流失、小流域治理、重点整治措施）；第六章农村饮用水工程（农村饮用水状况、农村饮用水建设工程）；第七章水电工程建设（1988—2005年水电工程建设、小水电站的管理与改制）；第八章水面养殖（水域、养鱼面积及产量、淡水养殖科技、农业结构调整与水产养殖、渔政管理)；第九章水行政主管机关(机构、水利投资、移民安置与征地、附录一、附录二)。卷末设编后记。

常山县档案馆、县图书馆存藏。

6.62 常山县国土资源志

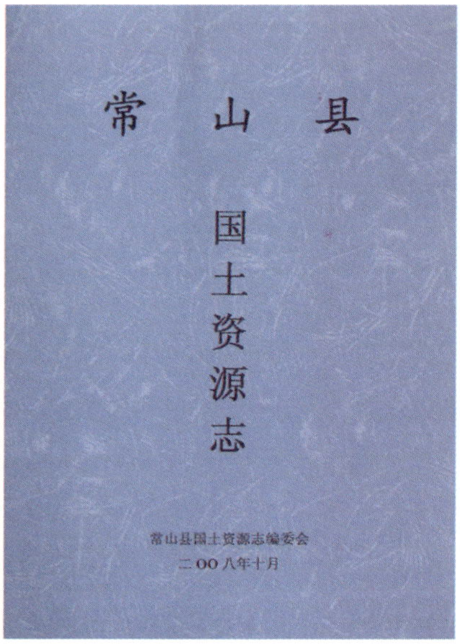

常山县国土资源局编。编纂领导小组历任组长王文达、徐光裕、戴根林；历任主编方明祥、冯正贤、戴根林，总纂兼执行主编徐立荣，编辑陈修杭、应鹏程、姚长征、吴小吾、李志成、吴雨水、金水钦。编纂历时5年余，2003年12月正式启动，至2008年8月完成送审稿，同年10月审定付梓。16开本，484页，40万字。

本志记述上限不拘，下限至2007年，以1949年5月4日常山解放为界，分解放前与解放后。

卷首题词、彩色图照空缺；序1篇；凡例8条；目录；概述；大事记。正文15章，章下设59节。第一章地质地貌(地质、地貌)；第二章土地资源(耕地资源、园地资源、林地资源、水域资源、未利用土地、旅游资源、土壤的类型与分布)；第三章矿产资源(能源类、建材类、冶金辅助类、化工原料类、金属类、其他类)；第四章土地制度(土地制度变更、土地使用权制度改革)；第五章土地规划和保护(土地规划、土地保护)；第六章土地开发利用(农村土地开发利用、城镇土地开发利用)；第七章矿产资源管理(规划与保护、开发利用)；第八章地籍管理(地籍调查、土地权属调查、地籍测量、土地利用调查、土地登记发证)；第九章建设用地管理(用地管理状况、建设用地分类、计划用地节约用地、土地用途管制、建设用地审批、征地补偿、土地收购储备中心)；第十章土地市场管理(土地市场、土地市场管理、地价、土地资产评估、土地税 费)；第十一章法规与监察(土地法规、法规宣传、执法监察、行政诉讼与复议、创建“三无”乡镇活动、土地信访、服务窗口)；第十二章地质灾害预防与治理(地质灾害预防、地质灾害治理)；第十三章行政管理(机构沿革、内设机构、行政职能、任职人员)；第十四章队伍建设(队伍建设、科技成果)；第十五章档案管理(档案资料接收与收集、档案资料归档分类、档案资料利用、档案管理制度)。志末设丛录；后记；修志机构及编审人员名单。

常山县档案馆存藏。

常山县

6.63 常山县军事志

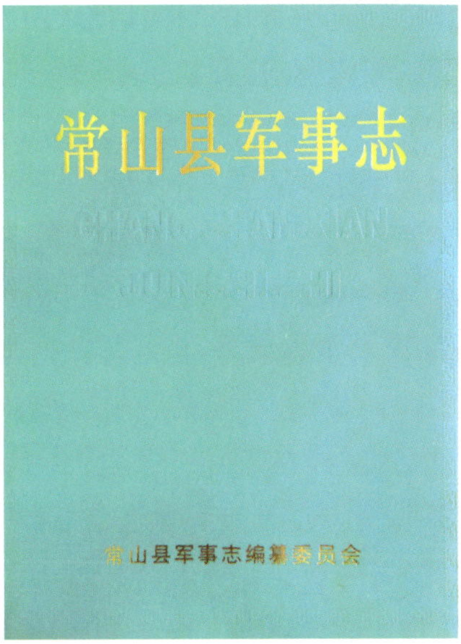

常山县军事志编纂委员会编。编委会主任金运成，常务副主任徐羿，副主任王文达、陈天佑、李恒超、汪樟华，主编徐羿，副主编汪樟华，主笔陈修杭，编辑陈修杭、朱剑锋、郑华东、叶孝华、傅军华、樊笑胜、姜勇进、刘洪伟、徐霞。衢州新华印务有限责任公司印刷，准印证号：浙内图准字(2010)第72号，16开本，38.5万字，印数300册。2010年3月编修完成，参与编纂13人。修志工作2002年4月启动，历时8年。内部发行。

本志记述上限至事物发端，下限至2005年。

志首彩照21页64幅，地图3幅(2007年常山县地貌图、2006年常山县地图、2006年常山县交通图)；书名题词1幅(中共常山县委书记、中共常山县人武部党委第一书记金运成)；序2篇(序一为2009年12月常山县政府县长徐焕凤，序二为常山县人民武装部部长徐羿、常山县人民武装部政委李恒超)；凡例7条；概述；大事记。正文7篇27章91节。第一篇军事环境(地理形势、自然环境、交通通信、军事要地、战争潜力)；第二篇军事组织(军事机构、驻军、地方武装)；第三篇兵役(兵役制度、机构与管理、退伍兵员安置)；第四篇(民众武装组织、民兵训练、政治教育、民兵武器装备、治安执勤、参加地方建设和抢险救灾)；第五篇国防动员(党管武装、国防动员委员会、防空、人武部建设)；第六篇军事活动(战事、军事训练、政治工作、后勤装备保障)；第七篇军事人物(人物传略、革命烈士英名录、职官表)。志末设附录(文献、诗词、歌谣、传说、故事、绘画、参与资料目录、编纂始末)。

常山县人武部、常山县档案馆存藏。

6.64 浙江省常山县第一中学校志续编(2004—2014)

浙江省常山县第一中学校志编辑委员会编。主编翁胜华，副主编郑红全、洪道良、栾文贵、林忠峰、周芳华，执行主编张建红；编委吴雨良、何巧君、谢志军、章金林、姜海法。268页，约30万字；出版、印刷情况未详。2014年10月完稿付梓。

志首篆刻“浙江省常山县第一中学建校七十周年纪念”；彩色图照16页37幅，主题为合影，领导视察、调研、讲座等；校训、校风、教风、学风；《浙江省常山县第一中学校志》编辑委员会名单；序一；七十献词；目录。正文9章36节。第一章机构与管理(历任

党政干部名录、学校组织机构);第二章学校发展(2011—2015年学校发展规划、《2011—2015年学校发展规划》中期评估报告);第三章德育(班主任考核细则、班主任工作常规、班主任的班集体建设、学校跑操活动方案、寝室文化评比方案、“十大标兵学生”评比方案、“阳光五月”大合唱比赛方案、励志故事会活动方案、高三成人仪式方案、特色班创建方案);第四章教学改革与教科研(李徐素娥奖学金、学生学科竞赛获奖记录、高考历年上线情况一览表、获县政府高考优秀学生奖励情况统计表、高中会考成绩一览表、教师教学 课题 论文获奖发表一览表、教师考核管理条例、教师业务考试工作方案、学校教坛新秀 学科带头人 名师评选实施方案、教师专业发展培训实施方案、关于进一步加强教师专业发展的若干意见、学科竞赛方案、课程建设方案);第五章音乐体育美术获奖统计一览表;第六章教职工(概述、教职工名录、工会、教师个人荣誉称号);第七章学生社团组织简介;第八章友好交流(友好交流大事记、关于衢州二中与常山一中缔结友好合作学校的协议、常山一中与衢州二中合作办学计划、常山一中与衢州二中合作办学总结);第九章桃李满天下。卷末设后记。

常山县档案馆存藏。

6.65 常山县教育志(2005—2014)

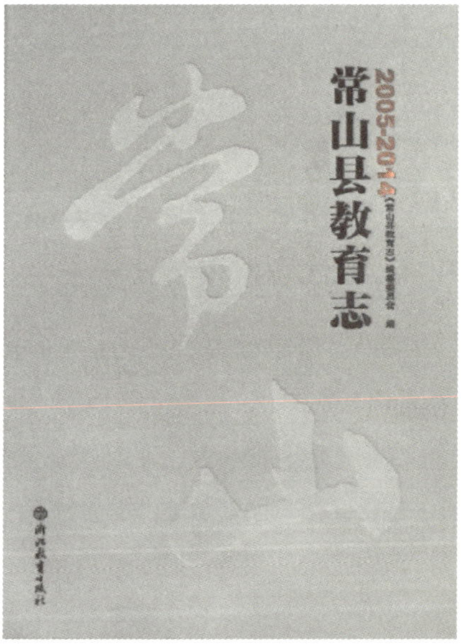

常山县教育志编纂委员会编，编委会主任洪永梅，主编范乃顺，副主编唐金木、叶宝才、龚耀昌、黄景仁、占念七。该志2016年2月始编，2017年8月由浙江教育出版社出版，杭州富春印务有限公司印刷。精装，16开本，21.25印张，42.5万字，367页。

本志记述上限2005年，下限2014年。

卷首常山县学校布局图1幅、彩照31页98幅，序2篇，凡例、目录、概述、大事记；正文13篇：第一篇学前教育(发展概况、班级保育和教育、课程与教材、幼儿园管理、家长工作和社区服务、幼儿园选介)；第二篇义务教育(发展概况、课程、教学、德育、体育与健康、卫生与保健、艺术与科普教育、特殊教育、学校管理、学校简介);第三篇普通高中教育(发展概况、教育任务、学制、招生与教学、德育、体育、卫生、艺术教育、学校管理、学校简介);第四篇中等职业教育(发展概况、教育任务、学制与专业、教学、德育、体育、卫生和艺术工作、社会培训、就业服务、学校管理、学校选介);第五篇成人教育(发展概况、扫盲教育、文化技术教育、自学考试、浙江广播电视大学常山学院、学校选介);第六篇教师(概况、教师资格与任用、教师培训、教师待遇);第七篇教育教学研究(部门职能、教学管理、教研活动、教育科研、教学质量监测与评价、学术团体与教育报刊);第八篇教育交流与合作(内地交流与合作、国际交流与合作);第九篇经费、设施与校园安全(经费、设施、校园安全);第十篇教育行政和党群组织(教育行政机构、教育管理、党群组织);第十一篇教育督导(机构与职能、督政与督学);第十二篇教育人物(人物简介、人物名录);第十三篇丛录(文件选编、县政府关于教育类规范性文件目录选、县教育局规范性文件目录选、要闻选编);卷末后记。

常山县档案馆、常山县教育局等单位存藏。

开化县志书

钱江源

开化县志书编修一览

表7

序号	书　名	编修(出版)时间	编　修　者	收　藏　单　位
综　合　志				
一、县　志				
7.1	〔明〕开化县志	明　代	不可考	已散佚
7.2	〔明弘治〕开化县志	明弘治八年(1495)	开化知县程伦主修	久　佚
7.3	〔明万历〕开化县志	明万历十六年(1588)	开化知县汪应望主修	久　佚
7.4	〔明万历〕续修开化县志	明万历二十九(1601)	开化知县苏理等修	志稿未刊印,志稿不存
7.5	〔明崇祯〕开化县志	明崇祯四年(1631)	开化知县朱朝藩主修	日本国会图书馆,中科院,开化县志办(胶卷复印本)
7.6	〔清顺治〕开化县志	清顺治九年(1652)	开化知县朱凤台主修	北京图书馆收藏,上海图书馆有胶卷复印顺治原刊本
7.7	〔清康熙〕开化县志	清康熙二十二年(1683)	开化知县吉祥、董铎主修	北京图书馆收藏,日本国会图书馆支部内阁文库有抄本
7.8	〔清雍正〕开化县志	清雍正七年(1729)	开化知县孙锦主修	北京、南京、故宫、上海等地图书馆,台湾亦有
7.9	〔清乾隆〕开化县志	清乾隆六十年(1795)	开化知县范玉衡主修	中国科学院、故宫、北京、复旦大学、上海、南京、浙江等图书馆,江苏师院、南通、台湾亦有
7.10	〔清光绪〕开化县志	清光绪二十四年(1898)	开化知县徐名立等主修	北京大学、中国科学院,上海、南京、南京大学、浙江图书馆
7.11	〔民国〕开化新县志稿	民国35年(1946)	干人俊	江山市博物馆、常山县地方志办公室
7.12	〔民国〕开化县志稿	民国38年(1949)	汪振国等主修	开化县档案馆
7.13	开化县志(1988年版)	1988年12月	开化县县志编纂委员会	浙江图书馆,省、市地方志办公室,衢州市图书馆,开化县图书馆、档案馆、县地方志办公室

续表7

序号	书　名	编修(出版)时间	编　修　者	收　藏　单　位
7.14	开化县志（1986～2005）	2010年3月	开化县县志编纂委员会	浙江图书馆，省、市地方志办公室，衢州市图书馆，开化县图书馆、档案馆、县地方志办公室
7.15	〔清光绪〕开化县志点校本	2010年3月	开化县地方志编纂委员会	开化县图书馆、档案馆、县地方志办公室
7.16	开化县志稿（民国38年）点校本	2011年1月	开化县地方志编纂委员会	浙江图书馆，衢州市地方志办公室，开化县图书馆、档案馆、县地方志办公室
7.17	开化旧志集成·〔明崇祯〕开化县志点校本	2014年	开化县地方志编纂委员会	衢州市地方志办公室，开化县图书馆、档案馆、县地方志办公室
7.18	开化旧志集成·〔清顺治〕开化县志点校本	2016年12月	开化县地方志编纂委员会、开化县档案局(馆)	浙江图书馆，省、市地方志办公室，衢州市图书馆，开化县图书馆、档案馆、县地方志办公室
二、乡镇志				
7.19	华埠镇志（2003年版）	2003年2月	华埠镇志编纂小组	浙江图书馆，省、市地方志办公室，衢州市图书馆，开化县图书馆、档案馆、地方志办公室，华埠镇政府
7.20	2015开化乡村图志（上、下册）	2016年12月	开化县政协文史资料委员会	开化县政协文史委、开化县档案馆
		专　志		
7.21	开化风俗志	1984年9月	开化县文化馆	浙江图书馆 衢州市图书馆
7.22	浙江省开化县土壤志	1985年7月	开化县农业局	浙江图书馆
7.23	浙江省开化县地名志	1986年4月	开化县地名委员会	浙江图书馆，开化县档案馆、开化县民政局
7.24	开化县粮食志	1987年	开化县粮食局	浙江图书馆，衢州市地方志办公室，开化县档案馆、县商务粮食局
7.25	开化县对外经济贸易志	1987年11月	开化县对外经济贸易局	浙江图书馆，衢州市图书馆，开化县档案馆

续表7

序号	书　名	编修(出版)时间	编　修　者	收　藏　单　位
7.26	开化县民政志	1987年	开化县民政志编写小组	浙江图书馆,衢州市地方志办公室、市图书馆,开化县档案馆、县民政局
7.27	开化县金融志	1988年4月	开化县金融志编写组	开化县人民银行、县档案馆、县地方志办公室
7.28	开化林业志（1988年版）	1988年6月	开化林业志编写组	浙江图书馆,衢州市地方志办公室、市图书馆,开化县档案馆、县地方志办公室、县林业局
7.29	开化县教育志	1989年	开化县教育委员会	衢州市地方志办公室、市图书馆,开化县图书馆、档案馆,县教育局
7.30	开化县城乡建设志（1963—1985）	1989年10月	开化县城乡建设环境保护局	浙江图书馆,开化县住房和城乡建设局
7.31	开化县文化志	1989年11月	开化县文化志编纂委员会	浙江图书馆,衢州市地方志办公室、市图书馆,开化县文旅局,开化县档案馆、地方志办公室、图书馆
7.32	开化交通志（1990年版）	1990年1月	开化县交通志编写组	浙江图书馆,衢州市地方志办公室、市图书馆,开化县档案馆、地方志办公室,开化县交通局
7.33	开化县工业志	1991年	开化县计经委工业志编纂委员会	开化县档案馆、开化县经信局
7.34	开化县公安志稿	1991年12月	开化县公安局	开化县公安局
7.35	开化县土地志	1999年5月	开化县土地志编纂委员会	浙江图书馆,衢州市地方志办公室,开化县国土资源管理局,开化县档案馆、县地方志办公室
7.36	开化县工会志（1932—1993）	1999年12月	开化县总工会	开化县总工会,开化县档案馆、地方志办公室
7.37	开化县广播电视志	2003年11月	开化县广播电视志编纂委员会	浙江图书馆,衢州市图书馆,衢州市广电局,开化县广电局,开化县图书馆、档案馆、县地方志办公室
7.38	开化水利志	2006年7月	开化水利志编纂委员会	浙江图书馆,省、市地方志办公室,衢州市图书馆,开化县图书馆、档案馆、县水利局

续表7

序号	书　名	编修(出版)时间	编　修　者	收　藏　单　位
7.39	开化检察志	2009年11月	开化县检察志编纂委员会	开化县人民检察院，开化县档案馆、县地方志办公室
7.40	开化县军事志	2011年6月	开化县军事志编纂委员会	开化县人武部，开化县图书馆、档案馆、县委党史研究室、县地方志办公室
7.41	开化县文化志（1986—2009）	2011年6月	开化县文化志编纂委员会	浙江图书馆，省文化厅，衢州市地方志办公室、图书馆，开化县图书馆、档案馆、县地方志办公室、县文旅局
7.42	开化县交通志（1986—2006）	2011年11月	开化县交通志编纂委员会	浙江图书馆，衢州市地方志办公室、交通局，开化县图书馆、档案馆、地方志办公室、县交通运输管理局
7.43	开化民政志（1986～2005）	2011年12月	开化县民政局	浙江图书馆，开化县民政局、县图书馆、档案馆、县地方志办公室
7.44	开化县公安志（1949～2009）	2012年10月	开化县公安志编纂委员会	浙江省公安厅，衢州市公安局，开化县公安局、县图书馆、档案馆、县地方志办公室
7.45	中共开化县委党校校志（1952～2012）	2012年12月	中共开化县委党校	浙江图书馆，开化县委党校、县图书馆、县地方志办公室
7.46	开化县教育志（1987—2012）	2013年6月	开化县教育志编纂委员会	浙江图书馆，衢州市地方志办公室、教育局，开化县教育局、县图书馆、档案馆、县地方志办公室
7.47	开化林业志（1986—2010）	2013年11月	开化县林业志编纂委员会	浙江图书馆，衢州市地方志办公室、图书馆，衢州市林业局，开化县图书馆、档案馆、地方志办公室、县林业局
7.48	开化县供销合作社志	2014年4月	开化县供销合作社志编纂委员会	浙江图书馆，开化县供销社、档案馆、图书馆、县地方志办公室
7.49	开化县老年花卉协会志	2015年9月	开化县老年花卉协会	开化县图书馆、地方志办公室，开化县老年花卉协会、县老干部局
7.50	开化建设志	2016年6月	开化县建设志编纂委员会	开化县住房和城乡建设局、县图书馆、档案馆、县地方志办公室

开化县志书

综合志

一、县　志

7.1 〔明〕开化县志

纂修人不可考,修于明代。此书见《文渊阁书目》卷二十新志类著录,当修于正统以前,约在明初。

此志今已散佚。

（摘自《浙江方志考》浙江人民出版社1984年版　洪焕椿　编著）

7.2 〔明弘治〕开化县志　10卷

此志计10卷,纂修时间明弘治八年(1495)。

主修人明开化知县太湖人程伦,纂修人开化方泌。

方泌(1425—1500),字继源,号二宜。天顺四年(1460)进士,授刑部主事,升员外郎,官至广东按察佥事。

此志刊本不存,《千顷堂书目》有载。康熙《衢州府志》卷29有著录。

（摘自《浙江方志考》浙江人民出版社1984年版　洪焕椿　编著）

7.3 〔明万历〕开化县志　10卷

此志计10卷,纂修时间明万历十六年(1588)。

主修人明开化知县贵溪人汪应望,纂修人开化徐公軏,协修人蒋应钟、施守益等。

此志已无刊本流传。汪应望序见存,载光绪《开化县志》卷首。

此志见《千顷堂书目》《内阁藏书目录》。

（摘自《浙江方志考》浙江人民出版社1984年版　洪焕椿　编著）

7.4 〔明万历〕续修开化县志

此志卷数不详。纂修时间明万历二十九(1601)。

主修人明开化知县东莞人苏琞等修,纂修人徐公敬,协修人蒋士礼、余建隆、余庆举等。

该志稿未刊印，志稿不存。苏理序载光绪《开化县志》卷首。

此书见《千顷堂书目》、雍正《浙江通志》卷二百五十三著录。

（摘自《浙江方志考》浙江人民出版社1984年版　洪焕椿　编著）

7.5 〔明崇祯〕开化县志　10卷

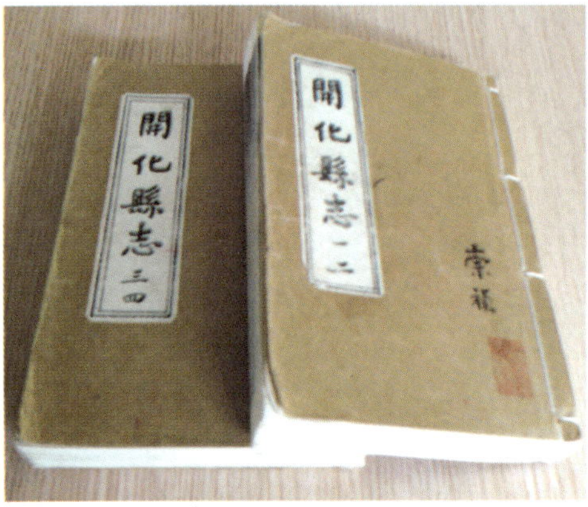

此志主修人明开化知县六凉卫人朱朝藩，纂修开化人汪庆百，协修人江东伟、徐泰征、蒋泰初等。纂修时间为崇祯四年（1631）。凡例7条；志图2幅。

该志朱朝藩、汪庆百两序，并载光绪《开化县志》卷首。汪序略云："是书以方二宜《县志》、吾求乐《府志》为主，参之近年《府志》及《常山志》，而网罗文献，雠订见闻，定为九目，凡十卷，再阅月而脱稿。时崇祯辛未，知县朱朝藩也。"

此志是迄今为止开化县已知现存最早的一部旧志。该志分10卷10大板块，分别是"志图、舆地志、建置志、官师志、典礼志、赋役志、选举志、人物志、杂志、艺文志"。从卷目安排上看，第七卷、第八卷、第九卷、第十卷均是"艺文志"；从内容和篇幅上看，"艺文卷"中的"王言、奏疏、公移、志表、碑记、序、书、赞、颂、诗、词"等内容占据了全志篇幅的三分之一强。

此志见《千顷堂书目》著录。

此志版本为胶卷复印本，原刻本在日本国会图书馆收藏。

日本国会图书馆，中国科学院（有胶卷复制原刊本），开化县地方志办公室（有胶卷复印本）存藏。

7.6 〔清顺治〕开化县志　10卷

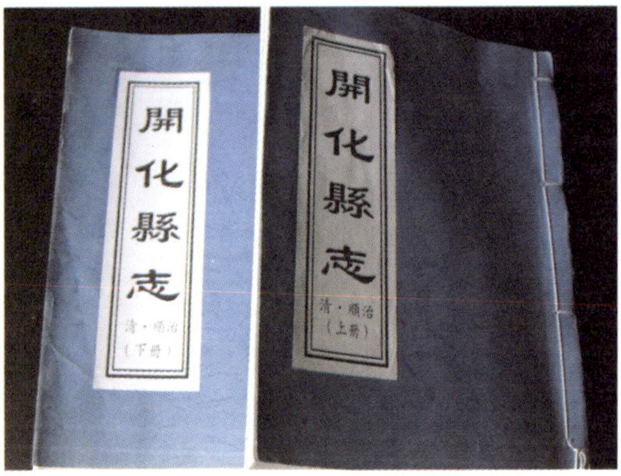

主修人开化知县靖江人朱凤台，纂修人开化人徐世荫，协修人徐泰征、蒋泰宾等。纂修时间清顺治九年（1652）。

刊本北京图书馆收藏（存1～6卷），上海图书馆有胶卷复印顺治原刊本。又见雍正《浙江通志》卷二百五十三著录。

7.7 〔清康熙〕开化县志　10卷

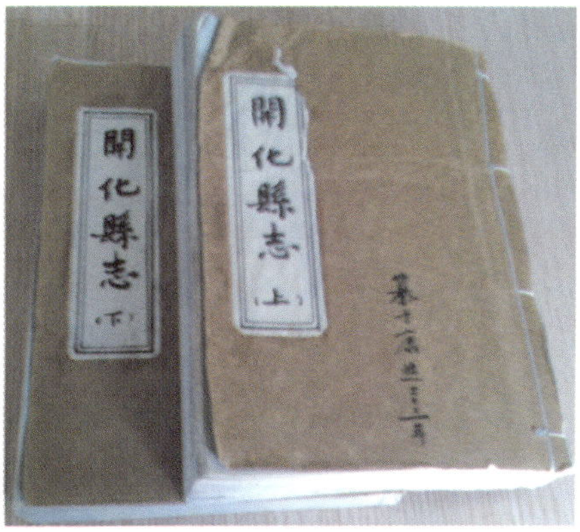

主修人开化知县商丘人吉祥、董铎，纂修人开化汪尔敬、山阴人姚夔，协修人徐延英、方令寿等。

纂修时间为清康熙二十二年（1683），稿成未刊。次年（1684），董铎莅任，始付剞劂。雍正《浙江通志》卷二百五十三误作两书著录。

刊本为复印本。北京图书馆收藏，日本国会图书馆支部内阁文库有抄本，开化县地方志办公室有复印本存藏。

7.8 〔清雍正〕开化县志　10卷

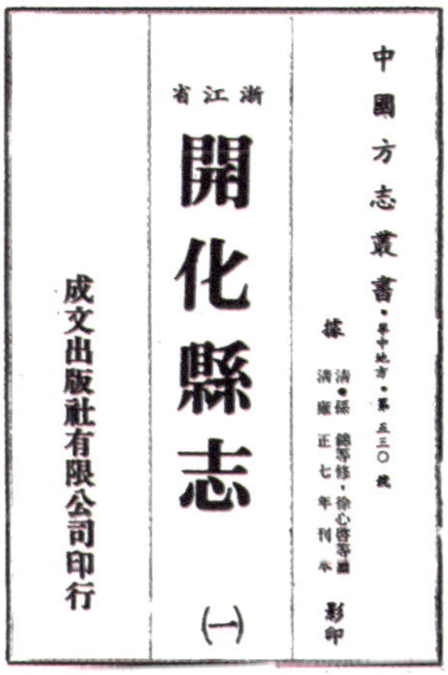

主修人开化知县奉天人孙锦，纂修人开化方严翼、徐心启，协修人宋宏道、方兆鹭等，纂修时间为清雍正七年（1729）。

此书见《八千卷楼书目》、光绪《开化县志》著录。朱氏《方志综录》纂修者作“方严”去“翼”字。

刊本为印行本，此书北京、南京、故宫、上海等地图书馆均有收藏本，开化县地方志办公室有台湾成文出版社印行本。

7.9 〔清乾隆〕开化县志　12卷

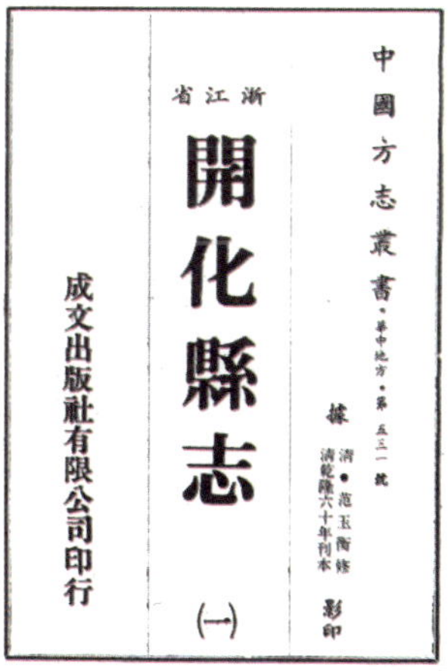

主修人开化知县侯官范玉衡，纂修人钱塘吴淦、杨曾织、徐元基，协修人徐宗椴、戴应棠等。纂修时间为清乾隆六十年（1795）。

本志又见《八千卷楼书目》著。

刊本为印行本，此书中国科学院、故宫、北京、复旦大学、上海、南京、浙江等图书馆均有收藏。江苏师院、南通、台湾亦有。开化县地方志办公室有台湾成文出版社印行本。

7.10 〔清光绪〕开化县志　14卷

主修人开化知县武进人徐名立、王承礽、秦继武、潘绍诠，纂修人永康潘树棠，协修人程光鼎、张榜魁、叶绍璟、陈雨时。纂修时间为光绪十三年（1887），二十四年（1898），稿成付刊。

本志在知县潘绍诠莅任时始刊成，上距始修已十余载。潘序略云，“前任丽亭徐君，设局重修，司事者邑之绅衿。因经费短绌，停工三年。续捐续刊，迟至十有余载，而志始告成。”本志是开化县现存的包括《开化县志稿（民国38年）》在内的7部旧县志中，编纂周期最长、记载最详尽、保存最完整的一部旧志。

此书北京大学、中国科学院及上海、南京、南京大学、浙江等图书馆均有收藏，开化县地方志办公室有原本。

7·11 〔民国〕开化县新志稿

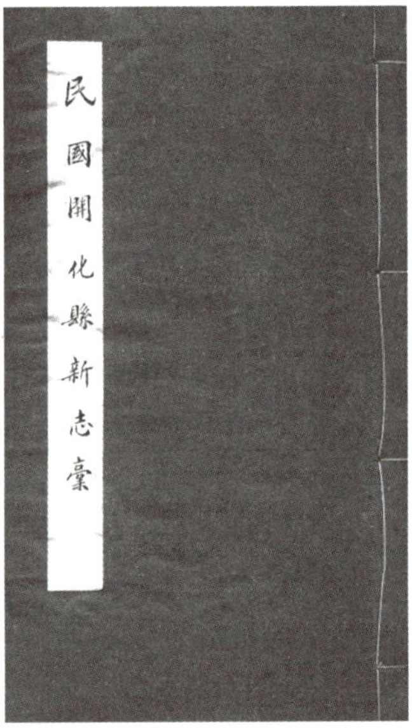

主修人干人俊。纂修时间民国35年（1946）。志书未正式出版，为手工书写本。

该志纂写内容简洁、扼要。该志共二十卷。卷首干人俊书序1篇；凡例24条，地图、照片、制表若干。卷首（序、凡例、地图、照片）；卷一（沿革、疆域、面积、人口、气候、土壤、地质、道里）；卷二（叙山）；卷三（叙水）；卷四（土田、赋税）；卷五（水利）；卷六（物产一，农畜）；卷七（物产二，林）；卷八（物产三，矿）；卷九（机关、团体）；卷十（自治）；卷十一（司法、保卫）；卷十二（教育、卫生、救济）；卷十三（工商、金融）；卷十四（交通）；卷十五（职官〈续光绪志〉）；卷十六（宗教）；卷十七（风俗）；卷十八（古迹）；卷十九（艺文、书目、诗文）；卷二十（金石）。

该志较以往志书最大的特点就是现代气息浓厚，注重民生，把关乎民生的农业、林业、水利、农畜，以及田赋、教育、救济等内容放在较靠前的位置，已经呈现出了民国修志的特色，注重社会经济民生，略人文尤其略去封建社会修志的那些诸如“烈女恩荫”之类的内容。

上限为“纪民国成立后事为主”，下限为民国35年（1946）。

该志现仅存卷首和一至八卷。该志江山博物馆存藏，开化县方志办存有扫描件。扫描件由衢州学院魏俊杰提供，《衢州古代著述考》《衢州文献集成》有记载。

7.12 〔民国〕开化县志稿 12卷

主修人汪振国、葛延林、朱文达，纂修人龚壮甫、张龚，协修人严凤翔、余益三、盛莘夫等，刊本为誊印本，此书稿成未付印，县地方志办公室有誊印本，纂修时间为民国38年（1949）。由于各种历史原因，志书成稿并未正式出版。

该志卷目分为地理、产业、交通、财务，户口、风俗、建置、议会、乡镇自治、教育、警卫、司法、卫生、军事、党务、社会、职官、考选、人物、宗教、古迹、艺文、杂录、大事记等二十四卷加卷首。其中产业、交通、财务、户口、乡镇自治等卷中的民政、财务、商务、职业、统计、粮食（产量）、公款工产、预算决算、度量、货币、民生状况均为旧志所不载。此外，该志的编修者还结合本地实际，对宗族、方言、歌谣、民谚等内容进行了广泛收集和整理，为人们考察近代以降开化地域的社会发展提供了大量的第一手资料。但作为记载一县全史的方志，该志却无图样，这不能不说是遗漏。志稿总体上比较客观地反映了开化县自然、政治、经济、社会、文化的历史状况，对于今天的政治治理、经济发展仍然起到积极的参考作用。

开化县图书馆、县档案馆、县地方志办公室存藏。

7.13 开化县志（1988年版）

开化县志编纂委员会编。始修于1984年12月，1988年12月正式出版。编委会主任陈志芳，副主任王建华、方秋华、余钧；编委会办公室主任黄心耕；主编王建华。副主编黄心耕、潘玉光、韩章训。编辑王建华、方青松、叶授希、余开一、陈冲一、陈金宝、吴群、邹瑄、郑顺宏、胡东、胡志东、姜渭源、杨时开、童献南。陈桥驿、林衍经、潘一平等担任顾问并给予编纂指导。共计63万字，印数5000册，浙江人民出版社出版（ISBN 7－213－00236－8/K.47）。浙江新华印刷厂激光照排，上海市印刷七厂印刷。16开本，印张38.75，插页16页，正文597页，定价29.5元。

本志所记载上限1949年5月4日开化解放日，下限1985年，个别事件延至1987年。

志卷首著名书法家沙孟海题写书名；地图3幅（开化县行政区划图、开化县城现状图、第二次国内革命战争时期浙江省开化县革命活动示意图）；彩色照片16页31幅（县城概貌；建筑；集镇；文化设施；县乡公路；经济；文化；教育等）序1篇（县委书记程渭山、县长詹土升）；凡例8条。贯通古今、详今略古，着重记载新中国成立以来尤其中共十一届三中全会以来开化县经济建设和文化发展的巨大成就。志文分设概述、大事记。正文21编78章227节。第一编建置（历史沿革、行政区划、县城乡镇）；第二编自然环境（地质、地貌、气候、土壤植被、资源、古田山自然保护区）；第三编居民（户口、计划生育、劳动、生活、福利救济）；第四遍林业（概况、营林生产、经济林、森林利用、森林保护、营管机构）；第五编农业（生产关系变革、耕地和作物农技农艺、农机具、畜牧业、渔业、机构）；第六编水利（设施、农田灌溉、机构和管理）；第七编工业（发展综述、重工业、轻工业、管理机构）；第八编交通邮电（交通、邮电）；第九编商业（体制、购销、粮油、饮食服务）；第十编对外经贸（外贸、商品开发、对外合作）；第十一编工商管理（行政管理、物价、计量管理）；第十二编财税金融（财税、金融、审计监督）；第十三编城乡建设（县城建设、乡镇建设、环境保护、机构和管理）；第十四编党派群团（中国共产党、国民党、三青团、群众团体）；第十五编政权、政协（权力机构、政府机构、政协）；第十六编公安、司法（机构、公安、检察、法院、司法）；第十七编军事（建制和兵役、民兵、战事和防空）；第十八编教育、科技（教育、科技）；第十九编文化、体育（新闻、文学艺术、图书档案、文物、体育）；第二十编卫生、血防（卫生、血吸虫病防治）；第二十一编习俗、方言（习俗、方言、俗语）。志末设人物；丛录；跋；编纂机构及名单。

历史上，开化经济萧条、闭塞落后。中华人民共和国成立后，开化历史翻开新的一页，取得山区社会主义建设的新成就。开化新中国首轮修志，广证博采，如实反映了新的历史时期开化县的巨大变化，使之前有所稽，后有所鉴，有益后世。

浙江图书馆、省地方志办公室，衢州市地方志办公室、市图书馆，开化县图书馆、县档案馆、县地方志办公室存藏。

7.14 开化县志（1986—2005）

开化县地方志编纂委员会编。县志顾问肖渭根、吴水松、韩章训、宋义富、方秋华、杨善情、毛金钱。历任编委会主任肖渭根、徐建华，副主任吴小富、汪权龙、李华蓉。主编汪权龙，副主编程航琛、范华、方财初、吴德良。2010年3月方志出版社出版（ISBN 978－7－80238－756－0/K.411），浙江新华印刷集团有限公司印刷。精装护封，16开本。印张71.75，印数4000册，1124页，160.90万字，定价268元。

本志为1988年版《开化县志》的续志，主要记载1986年至2005年这20年间开化县在自然、政治、经济、文化、社会等各方面的发展和变化。编纂过程历经筹备、资料征集、编纂、修改、印刷五个阶段，前后历时五年。全县200个单位512人参与此志的资料收集与志稿撰写。

本志上限1986年，下限2005年，个别事件记载作适当上溯、下延。

志卷首设彩页照片30页116幅；主题[开化县简况，乔石题词“钱江源”，国家领导人（江泽民、李鹏、胡锦涛）分别接见奥运冠军占旭刚，各级领导会见、调研、视察开化，县城新貌，美丽乡村建设，开化土特产，古树名木，新型工业园区，开化建筑，开化文教事业发展，开化交通，体育、文化，文联活动，旅游景点，领导班子成员]。图4幅（开化县政区图，开化城区图，开化县农村联网公路建设规划图，开化县森林资源分布示意图）；序3篇（省社科院原副院长、省方志学会会长魏桥作序一；县委书记毛建民作序二；县长金明作序三）；凡例22条；概述；大事记。卷内随文图照406幅，制表234张，志书体列为章节加条目体，专记2篇，附录8篇。正文11编68章330节。第一编政区居民（行政区划、人口、生活、民族宗教、语言习俗、计划生育）；第二编环境（自然地理、自然资源、环境保护、生态建设）；第三编城乡建设（县城建设、乡镇建设、信息化建设、建筑业、房地产、交通、水利、能源）；第四编特色产业（开化龙顶茶、食用菌、硅工业、制药业、根雕、休闲旅游）；第五编经济（经济体制改革、林业、农业、工业、商贸、农村劳动力开发利用、金融、财政税务）；第六编经济管理（计划 统计 审计、土地管理、质量技术监督、食品药品监督、工商物价管理、劳动管理与社会保障）；第七编政治（政治体制改革、党政要务、中国共产党开化县地方组织、人民代表大会、人民政府、人民政协、民主党派人民团体、公安、检察、审判、司法行政、武装、人事、民政）；第八编文化（思想道德建设、教育、科学技术、文化建设、新闻媒体、卫生、体育）；第九编人物（人物传、人物述略表、知识分子名录）；第十编乡镇（镇、乡）；第十一编丛录（文献著述、艺文、商标、存疑）。

本志以“三贴近”为原则，以改革开放为主线，新设“特色产业”编、“乡镇”编，将“生态建设”“信息化建设”“龙顶茶”“食用菌”“硅工业”“制药业”“根雕”“休闲旅游”“农村剩余劳动力开发利用”“经济体制改革”“政治体制改革”“党政要务”“思想道德建设”“商标”“存疑”等单独设章，以突出本地经济、社会发展和钱江源头“生态县”“源头县”的特点。同时注重人文记述，精心选定的数十个条目、附，很好地增强了志书的服务性、实用性、可读性。卷末设历史大事纪要、前志勘误、索引和编纂始末。

浙江图书馆、省地方志办公室，衢州市地方志办公室、市图书馆，开化县图书馆、县档案馆、县地方志办公室存藏。

7.15 〔清光绪〕开化县志点校本

开化县地方志编纂委员会编。程航琛、吴德良、汪路明点校。开化芹江印务印刷。32开本，印张32，页数725页，66.7万字，印数300册，2010年3月出版，定价150元。

卷首开化县旧志整理组织机构；序文1篇；编辑说明8则；卷末编后记。目录共计14卷：卷首（重修《开化县志》序、《开化县志》卷首旧序、重修《开化县志》名籍、旧修志名籍、重修《开化县志》总目、重修《开化县志》凡例）。卷之一：疆域志上（图考）；卷之二：疆域志下（沿革、分野、坊都、山川、风俗、地产）；卷之三：建制志（城池、水利、公署、学校、坛庙、祠祀、坊表、名墓）；卷之四：官师志（令长、师儒、官吏、循吏）；卷之五：食货志（赋税、户口、蠲恤、仓储）；卷之六：兵防志（防守、兵事）；卷之七：选举（文科、武科、明经、封赠、恩荫、辟荐、职衔）卷之八：人物志上（名臣、忠节、宦绩、武功、儒林、文苑）；卷之九：人物志中（孝友、义行、质行、隐逸、寓贤、方技）；卷之十：人物志下（列女）；卷之十一：艺文志上（著述、奏疏、公移、序、书）；卷之十二：艺文志中（颂、记、志、赞传）；卷之十三：艺文志下（赋、题咏、词）；卷之十四：通考志（古迹、轶事、祥异、寺观、仙释）。

本志点校本为开化县第一部简体字横排版点校本的旧志，历时两年编辑完成。中共开化县委书记毛建民、县长金明为该书题序。开化历史上传统的方志素以资料丰厚、信息密集著称，以真实可信见长，可以补史之缺，详史之略，纠史之误，成为历史文献的重要组成部分。然而，这些历经沧桑而幸存于今的珍贵典籍资料，长期以来利用率极低，且因年代久远而面临严重毁损。因此，该志重新排印，既是对历史典籍的一次整理研究过程，也是一项对地方优秀历史文化遗产的重要抢救保护工程，而且方便当今读者阅读，无疑是一件功在当代、利在千秋的文化盛举。

本志旧本纂修时间为清光绪十三年（1887），刊行于光绪二十四年（1898），点校整理时间为2010年3月。

开化县图书馆、县档案馆、县地方志办公室存藏。

7.16 开化县志稿（民国38年）点校本

开化县地方志编纂委员会编。由程航琛、吴德良、汪路明点校。中国香港天马出版有限公司出版，开化芹江印务印刷。16开本，印张34.38，页数540，共计80.7万字，印数300册，2011年1月出版，定价180元。

本志由汪振国主修，龚壮甫总编纂。由于各种历史原因，志书成稿并未正式出版。该点校版本由程航琛作序1篇；编辑说明8条；正文分设24卷：卷首（序，开化县志纂修题名，历届修志名氏，凡例，分类纲目，图）；卷一地理（沿革、县界、乡镇、坊巷、山脉、河流、地质、气候）；卷二产业（谷粟、蔬茹、森林、茶靛、桐柏、药材、羽族、兽类、水族、矿产、清丈编查、水利、堤堰、土地价目、农桑试验、货物出口入口概况）；卷三交通（水陆道里、桥渡、邮电）；卷四财务（粮赋、各项捐税、盐法、公款公产、预算决算、会计、金库、蠲振、银行、公司、工价物价）；卷五户口（历代迁徙大略、氏族表、历代人口增减比较表、土著及侨寓、职业）；卷六风俗（礼仪、习尚、方言、歌谣、服饰、饮食、居住）；卷七建置（城池、公廨、学校、会所、公共建筑、坛庙、寺观、坊表）；卷八议会（议会制度、县议员表、省议员表、国会议员表）；卷九乡镇自治（制度沿革、区域、经费）；卷十教育（制度沿革、各级学校、社会教育、各种训练、学款、报社）；卷十一警卫（警察、地方团队）；卷十二司法（制度沿革、诉讼、监狱）；卷十三卫生（卫生行政、卫生院、医院、经费）；卷十四军事（历代兵事略、历代殉难人员表、要塞、营寨及碉堡、防空、征兵）；卷十五党务（中国国民党县党部、历届执监委员会、三民主义青年团）；卷十六社会（民众团体、仓储、合作、救济、义冢）；卷十七职官（制度沿革、名宦、文官表、武官表）；卷十八考选（制度沿革、荐辟表、进士表、举人表、贡士表、国学表、大学及专科学校毕业表、普通文官以上考取表、中学毕业表、留学表、仕进表）；卷十九人物（乡哲、列女、寓贤、方外）；卷二十宗教（佛教、道教、耶教、异教）；卷廿一古迹（名胜、名墓、岩洞、塔、石刻、已废建筑及园亭）；卷廿二艺文（书目、文征、杂艺、雕刻）；卷廿三杂录；卷廿四大事记。

本志的编纂时间是民国38年（1949），民国是中国封建帝制进入宪制的时期，该志中卷目比旧志有较大创新，改变了明清方志编纂重人文轻经济的现象，增加了大量与民生有关的经济内容。囿于时代，艺文卷、杂录卷中的选文及其他卷中收录的文章少数几篇，观点偏颇，为了尊重历史、尊重编纂者，此次点校出版仍照录。

以《开化县志稿（民国38年）》手抄本之1986年誊印本为点校底本，对该志原文进行断句，将繁体字、异体字改简化字等，前后历时两年，付梓出版。

浙江图书馆，衢州市地方志办公室，开化县图书馆、县档案馆、县地方志办公室存藏。

7.17 开化旧志集成·〔明崇祯〕开化县志

开化县地方志编纂委员会编（内部资料形式2014年出版）。顾问鲍秀英、谢剑锋、张伟刚、华寿军。组长徐登富，副组长李华蓉、程君标，点校吴德良、汪路明、张新弦、王诗琴。

本志是“开化旧志集成”系列中的一本，是继《清光绪·开化县志》点校本、民国38年《开化县志稿》点校本之后内部出版的第3本开化古代旧志。该志共计20余万字，印数1000册。

志卷首开化县委副书记徐登富序言1篇；编辑说明9则；修开化县志纪事、旧叙4篇。凡例7条；正文共分10卷：第一卷志图、舆地志、建置志（说，评，附，分野，沿革，疆域，形胜，山川，市乡，城池，公署，学宫，仓储，坊表，铺舍，奋武，恤茕）；第二卷官师志、典礼志（县令，佐领杂属，宦迹，公仪，秩祀，风俗）；第三卷赋役志（户口，土田，丈量，物产，条鞭，加派，征收，差解，夫马，开采）；第四卷选举志（进士，举人，贡士，荐举，封荫，胄士，椽士）；第五卷人物志（忠节，孝廉，事功，理学，文学，隐逸，义行，寓贤，技术，节烈）；第六卷杂志（祲变，古迹，寺观，外传，异闻）；第七卷艺文志一（王言，奏疏，公移，志表）；第八卷艺文志二（碑记）；第九卷艺文志三（序，书，赞，颂）第十卷艺文志四（诗，词）。

由于该志底本系几经辗转复制所得，因而字迹多有漫漶甚至缺失，校勘工作异常艰难。为确保点校本的准确性和完整性，尽最大可能避免或减少残缺和偏差，点校人员呕心沥血、细致入微，搜寻相关古籍，反复校核，使得诸多模糊难辨的字迹得还本原。点校本的实用性、完整性显著增强。

本志旧本纂修时间为崇祯四年（1631），点校时间为2014年。

衢州市地方志办公室，开化县图书馆、县档案馆、县地方志办公室存藏。

7.18 开化旧志集成·〔清顺治〕开化县志

开化县地方志编纂委员会、开化县档案局（馆）编（2016年内部资料形式刊印出版）。顾问项瑞良、童炜鑫、张伟刚、华寿军。组长徐登富，副组长李华蓉、姜文军，点校吴德良、查金尧、汪路明、张新弦。

本志属《开化旧志集成》系列，历时2年，共计约26万字，首次印刷1000册。

志卷首编辑说明8则；开化县志序3篇；修志人员名录。正文共分10卷：第一卷志

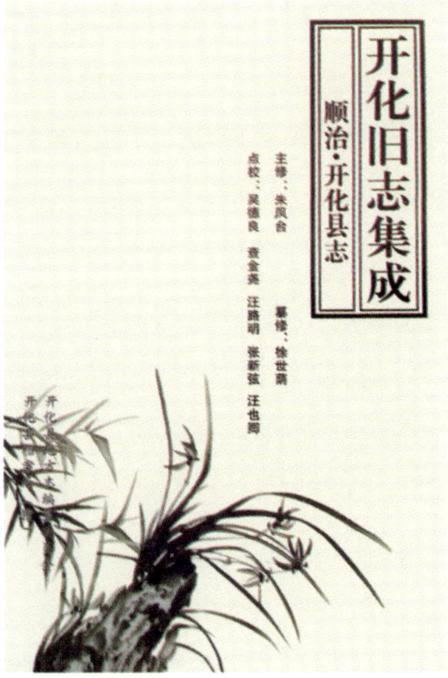

图、舆地志、建置志(说、评、附、分野、沿革、疆域、形胜、山川、市乡、城池、公署、学宫、仓储、坊表、铺舍、奋武、恤茕);第二卷官师志、典礼志(县令、佐领杂属、师儒宦迹、公仪、秩祀、风俗);第三卷赋役志(户口、土田、丈量、物产、条鞭、加派、征收、起解、夫马、开采);第四卷选举志(进士、举人、贡士、荐举、封荫、曹仕、椽仕);第五卷人物志(忠节、孝廉、事功、理学、文学、隐逸、义行、寓贤、技术、节烈);第六卷杂志(祲变、古迹、寺观、外传、异闻);第七卷艺文志一(王言、奏疏、公移、志表);第八卷艺文志二(碑记);第九卷艺文志三(序、书、赞、颂)第十卷艺文志四(诗、词)。从卷目安排上看,第七卷、第八卷、第九卷、第十卷均是“艺文志”,由此可见,开邑文献,源远流长。而纂修者熟悉乡情邑情,重视文献资料辑存,亦可窥一斑。遗憾的是由于该志第七卷(艺文志之王言、奏疏、公移、志表)因底本缺导致此次点校本亦缺。

以旧志为代表的地方历史文献,是众多先哲前辈遗留下的宝贵文化成果。编印旧志点校本,以横排简化字排印出版,既是对历史典籍的一次重新整理研究过程,也是一项对地方优秀历史文化遗产的重要抢救保护工作。由于该志底本系几经辗转所得,字迹多有漫漶甚至卷目缺失,校勘工作异常艰难。为确保点校本的准确性和完整性,点校人员严格依照底本、细致入微,使得诸多模糊难辨的字迹得还本原,点校本的实用性、完整性得以体现。

本志由朱凤台主修,徐世荫纂修。顺治九年(1652)纂成,点校时间为2016年。

浙江省地方志办公室,衢州市地方志办公室,开化县图书馆、县档案馆、县地方志办公室存藏。

二、乡镇志

7.19 华埠镇志(2003年版)

华埠镇志编纂小组编。主编余金华,副主编刘高汉,编纂组成员陈金宝、张文达、江申甫、郑国顺、徐有耕、应丽芳。人民日报社原社长邵华泽将军题词“钱江源头第一埠——华埠镇”;周旭题写书名;省内斯大孝、梁平波、童禅福等题词。浙江人民出版社2003年2月出版(ISBN 7-213-02543-0),杭州天一图文制作有限公司激光照排,杭州富春印务有限公司印刷。16开本,精装,印张31.5,插页21,正文465页,62.5万字,印数2000册，价格88元。

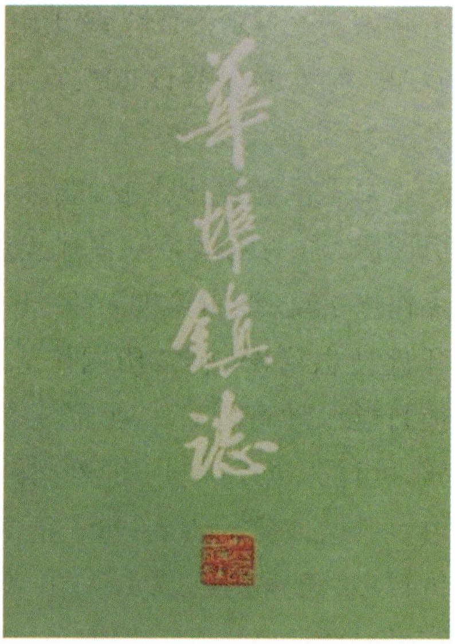

该志历时2年，三改纲目，五易文稿，深入12个乡镇、50多个村庄、寻访18个姓氏、30余部谱牒以及镇内20余个部门参与其中收集资料、撰写初稿。

本志上限时限追溯事物之发端，下限为2001年止，个别事件作适当下延。

志卷首设置彩页照片27页70幅（名人题词；领导视察、接见；古镇风貌；古镇新景；华埠古迹遗址、文物；古镇商贸；古镇文化；桥梁渡口；水上人家；工业农业；古埠交通；教育；书法作品等）；华埠政区图1幅；序3篇（中国地方志协会副会长魏桥作序一；副县长肖渭根作序二；镇委书记苏新祥、镇长余金华作序三）；凡例7条；概述；大事记。全志分6篇29章118节，体裁以志为主，兼以述、记、传、录、图、表、照片等。第一篇镇区（镇域 区划、自然环境、华埠老街、镇区建设）；第二篇居民（社区、人口、生活、民政、华埠官话、风俗）；第三篇经济（商业、工业、农业、林业、水利、交通 邮电 金融、科技）；第四篇政治（中国共产党、政权、群众团体、社会治安、军事）；第五篇文化（教育、卫生、文艺、古迹）；第六篇人物（人物传、人物录、人物表）。卷末设后记。

本志记载了华埠镇从屯兵设寨、从明代的“华埠兵营”到现代“钱江源头第一埠”；从繁华一时的“小上海”，到日本侵略军入侵，一夜成为废墟的曲折历史以及到新中国成立后获得新生，改革开放以来成为全国首批500家建设试点镇，浙江省首批136个中心镇之一和省级文明镇的光辉历程，注重挖掘有史以来华埠作为浙皖赣边界水陆码头、商贸重镇、交通枢纽和革命老区的主要特色。

本志不仅重视对文化、教育、人物的记述，而且将人文精神贯串全书，记物见人，以事传人，人事结合。如记学塾、学校则记宿儒名师；记医局则医道和诗道并记；记古木，不忘种树之人；记街道，也记人文风情，使之充满历史厚重感；记埠头，贯串人物的活动和功绩；记经济，也不是就事论事，而是通过典型，反映历史的沧桑，给人以启迪。

浙江图书馆、省地方志办公室，衢州市地方志办公室、市图书馆，开化县图书馆、县档案馆、县地方志办公室，华埠镇人民政府存藏。

7.20 2015开化乡村图志（上、下册）

开化县政协文史资料委员会编。2016年12月，由中国出版集团、现代出版社出版（ISBN 978－7－5143－5618－2）。顾问华寿军，主任周福云，编委周福云、汪涌、马建雄、谷声、张叶林、范华、汪宇明、周建云、余志明，主编范华。精装本，印张45，703页，定价118元。

卷首县委书记项瑞良、县长童炜鑫题词；开化县行政区划图1幅；序言1篇（开化县政协主席华寿军序一）；内文目录15章：第一章华埠镇（华锋村、昌谷村、金星村、华东村、华民村、华阳村、华一村、永丰村、下界首村、叶溪村、许家源村、杨村村、王家村、联丰村、新华村、大路边村、太史村、郑家村、友谊村、溪上村、龙太村、华兴村、毛力坑村、新青阳村、溪东村、大郡村、旭日村、联盟村、独山村、朝阳村、下溪村、罗丰村、新安村、下茨村、青联村）；第二章芹阳办事处（岙滩村、密赛村、桃溪村、星群村、国庆村、金丰村、山甸村、高坑坞村、十里铺村、汶山村、丰源村、岔里村、翁村村、龙潭村、文圣村、泉坑村、小桥头村、梓林村、黎明村、金村村、五福村、五丰村、朴岭村、金路村、宋村村、同丰村）；第三章桐村镇（桐村村、华山村、严村村、杜坑村、王畈村、门村村、建丰村、裴源村、黄石村）；第四章杨林镇（东坑口村、下庄村、号岭村、平川村、川南新村、霞光村、云山桥村、杨林村、蕉荷村、新源村、友好村）；第五章音坑乡（音铿村、景峰村、华联村、姚家村、杨家村、明廉村、什城村、下淤村、城畈村、王家店村、汶川口村、对门村、儒山村、底本村、青山头村、泗州村、戴家村、河山村、洽川村）；第六章中村乡（张村村、西畈村、茅岗村、树范村、新门村、曹门村、中村村、坑口村、光明村）；第七章林山乡（詹村村、禄源村、江家村、林源村、霞湖村、舜山村、西山村、大举村、下江村、塘源口村、利平村、菖蒲村、姜坞村）；第八章池淮镇（星口村、坝头村、池淮村、石门村、芹源村、航头村、篁岸村、滩头村、横龙村、寺坞村、虹光村、立江村、星阳村、白渡村、黄庄村、庄埠村、玉坑村、油川村、油溪村、中畈村、潭头村、爱国村、塘林村、余田畈村、路口村）；第九章苏庄镇（毛坦村、横中村、余村村、溪西村、高坑村、苏庄村、唐头村、古田村、富户村、茗富村、方坡村）；第十章长虹乡（芳村村、库坑村、真子坑村、霞川村、桃源村、十里川村、田坑村、星河村、北源村、虹桥村）；第十一章马金镇（下街村、上街村、界田村、排田村、杨河村、荆塘村、建群村、姚家源村、星田村、徐塘村、杏枫村、秧畈村、高合村、金溪村、瑶坑村、高坪村、花园村、霞山村、举林村、岩潭村、高岭村、麻坞村、石柱村、石川村、霞田村、龙村村、塘口村、正大村、洪田村、团结村、洪村村、西庄村、和平村、大堑村、富川村、山底村）；第十二章村头镇（前村头村、上村头村、古竹村、牙田村、汇坑村、兴旺村、青山村、大黄山村、上边山村、富林村、芳林村、士谷村、孔山村、小溪边村、前庄村、礼田村、武源村、长庆村、石畈村）；第十三章齐溪镇（齐溪村、龙门村、丰盈坦、里秧田

村、仁宗坑村、上村村、左溪村、江源村、大龙村、岭里村);第十四章何田乡(禾丰村、田畈村、陆联村、龙坑村、卫枫村、丘畈村、高升村、晴村村、柴家村、长池村);第十五章大溪边乡(墩南村、大溪边村、阳坑村、阳坑口村、上安村、月岭村、公淤村、大桥头村、黄谷村、下湾村、方田村);卷末设跋。

《2015开化乡村图志》本着为变化中的开化乡村留影、为前进中的开化脚步留印的初衷,从创意到立项到成书,历时两年。以图为主,以经为附,全书乡镇成章,行政村分节,自然村见图。每个自然村一张村貌图片,每个乡镇一组特色风貌图片。乡镇和行政村附以简要的文字介绍。内容均以2015年为界限,全书共计1305幅图片。

衢州市政协,衢州市地方志办公室,开化县政协文史委、县档案馆存藏。

专　志

7.21　开化风俗志

开化县文化馆编。责任编辑潘玉光,编写人员姚志元、马雪雄等,开化县各乡镇文化站人员参与搜集资料。1984年9月成书,内部资料,约4.7万字。有关开化风俗图片4幅。全志7章:第一章概述;第二章生产习俗;第三章生活习俗;第四章礼仪习俗;第五章岁时习俗;第六章信仰习俗;第七章其他习俗。卷末编后。本志记录了近百年来开化风俗现象及来龙去脉,并力求达到真实性、科学性。

浙江图书馆,衢州市图书馆存藏。

7.22　浙江省开化县土壤志

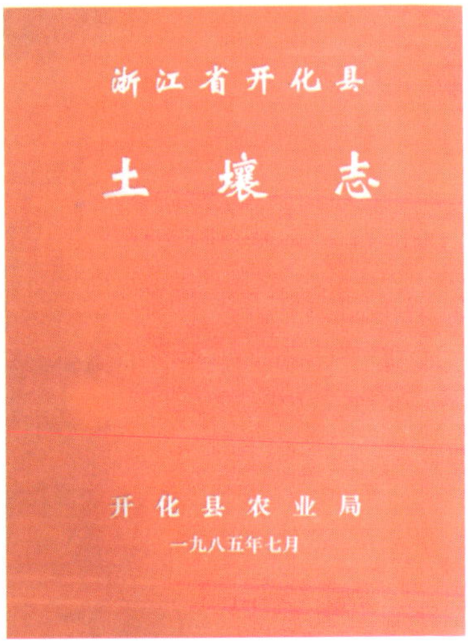

开化县农业局编。执笔沈建民,审稿沈来兴。系1981年6月至1984年12月第二次土壤普查资料的基础上整理而成。1985年7月内部发行。

卷首为前言、目录,开化政区图、开化土壤图。正文8章21节:第一章概况(历史沿革、地理位置和行政区划、自然概况、社会经济概况、农业生产概况);第二章成土过程及成土因素(成土过程、主要成土因素);第三章土壤分类及其分布规律(土壤分类、土壤分布规律);第四章土壤性态特征(红壤、黄壤土类、岩性土土类、潮土土类、水稻土土类);第五章土壤肥力状况(土壤养分状况、土壤物理性状、影响土壤养分含量的因素);第六章土壤改良利用分区(土壤分区的基本原则和依据、分区概述用改良意见);第七章低产田改造(水田土壤培肥意见、旱作土壤培肥意见);第七章土壤改良利用分区(土壤改良利用分区分类依据、土壤改良利用分区、改良类型概述);第八章土壤普查成果应用。卷末设附表。

浙江图书馆存藏。

7.23 浙江省开化县地名志

开化县地名委员会编。1986年4月内部资料形式出书。主审杨善情，编辑张伟义、查长生、夏锡畴、孔照鑫等。精装16开本，字数40万字，印数1000册。

本志上限至事物发端，下限1987年。

志卷首设前言1篇；目录；地图6幅(图例，开化县政区图，古代开化地舆图，古代开化县乡图，古代开化城池图，第二次国内革命战争时期浙江省开化县革命活动示意图)；彩色(黑白)照片4页23幅(县委、县政府大楼，县城一撇，江滨路，玉屏公园，古田山，龙潭大坝，龙顶茶，木材砍伐，工业，医院，学校，文物，革命旧址)。正文7编：第一编全县综述(开化县概况，开化县政区沿革，开化县历史沿革简表，开化县古城简介，开化县交通建设概况，第二次国内革命战争时期开化县地下党活动区域概略)；第二编行政区划和居民点名称(城关镇、图、概况、地名，中村乡、图、概况、地名，音坑乡、图、概况、地名，金村乡、图、概况、地名，菖蒲乡、图、概况、地名，汶山乡、图、概况、地名，城东乡、图、概况、地名，林山乡、图、概况、地名，马金镇、图、概况、地名，齐溪乡、图、概况、地名，何田乡、图、概况、地名，霞山乡、图、概况、地名，塘坞乡、图、概况、地名，徐塘乡、图、概况、地名，村头乡、图、概况、地名，芳林乡、图、概况、地名，大溪边乡、图、概况、地名，黄谷乡、图、概况、地名，底本乡、图、概况、地名，坝头镇、图、概况、地名，苏庄乡、图、概况、地名，长虹乡、图、概况、地名，张湾乡、图、概况、地名，篁岸乡、图、概况、地名，华埠镇、图、概况、地名，星口乡、图、概况、地名，龙山底乡、图、概况、地名，封家镇、图、概况、地名，杨林乡、图、概况、地名，桐村镇、图、概况、地名，青阳乡、图、概况、地名)；第三编专业部门(场、站，企业单位，事业单位)；第四编人工建筑(坝、渠道，水库，电站，桥梁)；第五编名胜古迹

（名胜，古迹，纪念地，自然保护区）；第六编自然地理实体（山，山峰，山口，河流）；第七编主要特产（茶叶，油桐，蟠姜，香菇，黑木耳）；卷内插全县各乡镇政区图。卷末设置附录；编后记。

本志是中华人民共和国成立以后第一本记录开化县地名资料的志书，也是有史以来开化县收录最多的一本地名史册。共收录地名2647条，其中行政区划单位487条，居民点名称1688条，街、路、项、弄名称41条，具有地名意义的重要专业部门使用的名称67条，名胜古迹、人工建筑名称94条，自然地理实体名称270条，相关地图38幅，有关地名景观照片23幅。志录兼备、图文并茂。对于了解开化县的人文地理特征，经济状况和社会发展的概况、分析，以及探索地名形成的规律，有着重要的现实意义。

浙江图书馆，开化县档案馆、县民政局存藏。

7.24 开化县粮食志

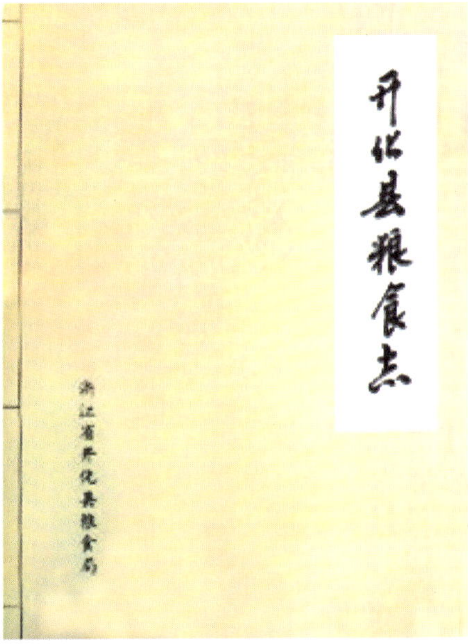

浙江省开化县粮食局编。1987年内部资料形式，未正式出版。编写组组长张宗孝、朱慧芝，副组长汪周德，审稿叶英杰，主编余金华，采编余金华、郑弘、林升境、丁丰源、吴武荣、沈雨亭。226页。

本志上限1889年，下限1985年，为追溯事件始末，作适当上溯、下延。

志卷首地图2幅（开化县粮食系统分布图；开化县城关镇粮食机构分布图）；张宗孝序1篇；凡例5条；大事记；概述；卷末设编志始末。第一章机构沿革（田赋机构、其他机构、县粮食局、局直隶属机构、局址变迁、领导更迭）；第二章职工干部（队伍发展、队伍构成、离退休干部职工、先进集体及个人、职工教育）；第三章粮食购销（田赋公粮、积谷及其他、自由购销、农村粮食购销、奖售与补助、城镇粮食供应、粮油票证、粮食购销折率、食品和饲料、节约储备）；第四章油料（脂）购销[农村购销、城镇食油供应、议价供应、非食用油料（脂）购销]；第五章粮油价格（建国前、建国后、统购统销以来、粮油议购议销价、粮油差价）；第六章基建储运（基建、粮油保管、粮油运输）；第七章粮油加工（农村粮油加工、企业的建设和发展、经营方式、企业管理）；第八章财务会计（财务管理、粮油商品企业盈亏、会计、经济责任制）；第九章杂录（重大事故、重大灾害、刑事案件、其他事件、名特产品）。

本志统合古今，详今略古，比较详细地记载了粮食系统的机构沿革、职工队伍、粮油购销、粮油储运、粮油加工、财务会计等多方面的史实，实事求是地记述了开化县粮食工作的过去和现在，是第一部较完整的开化县粮食工作的发展史。此志编纂查阅档案资料700余卷、各种报表149本、书籍50余册，积累资料50余万字，制作资料卡片1800余张。

浙江图书馆，衢州市地方志办公室，开化县档案馆、县商务粮食局存藏。

7.25　开化县对外经济贸易志

浙江省开化县对外经济贸易局编。内部资料。刘功才主编。105页。

本志上限为所载事物的发端，下限1985年，个别内容延伸至1986年、1987年。

志卷首浙江省对外经济贸易厅王洪良题词；地图2幅(开化县出口商品销区103个国家和地区分布图，开化县出口商品产区分布图)；黑白照片5幅20幅(对外经济贸易局门景，手拉葫芦，手压泵，木糖醇，活性炭，结晶硅，白厂丝，茶叶，油漆刷，香菇木耳，板栗皮蛋等)；序1篇(县人民政府副县长邵景霖、县对外经济贸易局副局长张金水)；凡例9条；概述；大事记。正文5章：第一章外贸经营(外贸发展概况、经营体制沿革、出口流通渠道、外贸收购政策、外贸产品收购、主要出口商品、国际展览展销、自筹外汇进口)；第二章生产开发(新产品开发、野生资源开发、出口基地、供货企业、扶持生产)；第三章对外合作(利用外资、技术引进、技术合作)；第四章贸易往来(出访、来访)；第五章组织机构(管理机构、经营机构)。卷末设附录、跋。

本志详今略古，如实地记载了开化县外贸发展的历史，着重是新中国成立以来开化县对外经济贸易的史实，体现了时代特征，具有“资政、存史、教育”的作用。

浙江图书馆，衢州市图书馆，开化县档案馆存藏。

7.26　开化县民政志

开化县民政局编。1987年内部资料未正式出版。编写小组组长查长生，组员夏锡畴，汪根树，主编汪根树。资料搜集汪根树，余发兴。审稿查长生，姚鸿源，汪根数，夏锡畴。219页。

本志上限民国元年(1912年)，下限1985年。

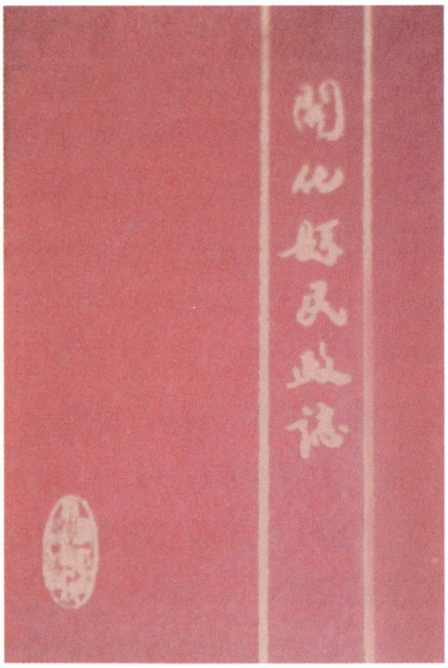

志卷首题词4幅；地图2幅（开化县政区图，第二次国内革命战争时期浙江省开化县革命活动示意图）；黑白照片9页15幅（民政干部全体合影，领导视察民政工作，县城概貌，民政机构设施，革命旧址，纪念碑，纪念亭，县福利厂产品展示）；李甘霖序1篇；凡例5条；概述。正文14章34节。第一章历史沿革；第二章行政区划（县域概况、行政区划）；第三章政权建设（民主建设、开化县各界人民代表会议、普选、直接选举）；第四章行政管理（来信来访、收容遣送）；第五章优待抚恤（拥军优属、群众优待、国家抚恤、临时救济和定期定量补助）；第六章复员退伍军人安置（复员退伍军人安置、抚优工作）；第七章移民和支边（支持宁夏工作、新安江移民安置）；第八章救灾救济（水、旱灾救济、春 夏荒救济、扶持贫困户勤劳致富、城镇困难户救济、城乡社会救济）；第九章社会福利（民国时期慈善事业、五保户工作、城乡社会福利生产、弃婴收养）；第十章婚姻（封建婚姻习俗、实施新婚姻法、婚姻登记、婚姻登记程序）；第十一章殡葬（旧时丧葬习俗、殡葬改革）；第十二章民政财务；第十三章革命烈士（第二次国内革命战争时期开化县地下党活动区域概况、烈士传略、烈士英名录）；第十四章人事更迭。卷末设附录；后记；编纂人员名单。

本志1985年8月着手编写，1987年8月完稿。是开化县民政工作第一本专志，记载了新中国成立之后的一系列工作如掌管人事、地政、户籍、行政、选举、卫生、保育、救灾、优抚、各种社会救济、婚姻登记、礼俗宗教、佃业争议、战争动员、战争支援；社团登记；取缔娼妓、赌博、盗窃及禁烟、禁毒等，以及基层政权建设、行政区划、老区工作、边界纠葛、优抚安置、救灾救济、城镇福利、收容遣送、殡葬改革等等。尊重历史，广征博采，忠实地记录历史。

浙江图书馆，衢州市地方志办公室、市图书馆，开化县档案馆、县民政局存藏。

7.27 开化县金融志

开化县金融志编写组编。内部资料，未正式出版。开化县印刷厂印。从拟定纲目、整理编写至修改定稿，由徐世帧、林嘉、冯启元三位离、退休干部完成。全志共分9章，约8万字。三易文稿至1988年4月付印。

本志上限民国元年（1911），下限1985年。

志卷首设“开化县金融机构分布图”1幅；黑白照片6幅，重点反映是金融设施；人民银行行长曾生田作序。志内分设9章：概述、大事记、社会主义金融机构、货币、信贷、存款、会计出纳、金库债券保险、杂记；14节：民国时期的金融机构(包括钱庄、典当、银行、信用合作社、银楼业)，社会主义金融机构(人行、工行、农行、建行、保险公司、农信社)，货币(银两、银元、制钱、铜元、法币、金元券)，社会主义货币——人民币(人民币的发行、新人民币、收回"三钞"、金属人民币、发行库与券别调剂、货币流通)，民国时期的信贷，社会主义信贷(工商信贷、农业信贷、基建拨款与贷款)，单位存款，个人储蓄，会计核算沿革，转账结算，现金出纳，金库，债券，保险；附记3篇(信用服务站、金银收兑、解付侨汇)。

本志秉详今略古、愈近愈详的准则全面地、实事求是地记述了开化县的金融事业发展历史，尤其是中华人民共和国成立之后金融事业的快速发展和中共十一届三中全会以后的伟大转变。所提供的史料对金融工作者研究、分析、借鉴历史、做好金融工作，促进开化经济发展将起到积极作用。

开化县人民银行，开化县档案馆、县地方志办公室存藏。

7.28 开化林业志

开化林业志编写组编。始修1985年9月，1988年6月第一版，历时四载，六易篇目、四易其稿。主编童献南，副主编郑民荣，编辑余识理、虞鸿运、邢华聪。林业部副部长刘广运题写书名。省地方志学会副会长潘一平给予编辑指导。动物名录、植物名录、古田山自然保护区等章节由杭州大学生物系、浙江林学院、省林业厅相关专家、教授提供专业稿件。共计32万字，印数5000册，浙江人民出版社出版(ISBN 7－213－00181－7/K.35)，浙江新华印刷厂印刷。32开本，精装护封，印张14.875，插页16页，456页，定价10.5元。1990年获浙江省地方志优秀成果一等奖。

本志上限林业发展之发端，下限1985年，个别事件记载上溯、下延。

志卷首设地图3幅(开化县政区图、开化县地貌图、开化县森林分布图)；彩色照片

16页34幅(林业基地、林业办公室楼、玉屏公园、林场、护林、储木场、古田山、茶叶基地、橘子、竹编、采桑、猫头鹰、白鹇等);序2篇(浙江省林业厅副厅长王宪恩序一;开化县委书记程渭山、县长詹土升序二;开化县林业局党委书记张伟义、局长周光霖序三);凡例8条;志首大事记、概述。正文12编34章102节。第一编自然环境(自然条件、森林资源);第二编营林生产(绿化造林、用材林与竹林、木本油料);第三编茶叶生产(茶园建设、栽培管理、制茶、购销);第四编蚕桑、果树(蚕桑、果树);第五编森林利用(木材生产、林产工业、林副产品);第六编木材经营(经营机构、木材购销、计价变革);第七编营林单位(开化县林场、国营茶场、集体营林);第八编经营管理(山林所有制、资源管理、外贸管理、资金管理);第九编森林保护(护林防火、护林联防、森林病虫);第十编林业科技(科学研究、古田山自然保护区);第十一编机构(林业局沿革、机构及队伍)。第十二编杂录(先进集体和先进个人、报纸杂志发表文章名录、开化林谚)。卷后设附录(文献辑存、动植物名录);后记。

本志根据“详今略古”的原则,系统地记载了1000多年来开化人民栽桑、种树、植竹造纸、造林伐木的历史变迁和实践经验,内容翔实,是一份珍贵的专业史料,为今后开化的林业建设发展提供了历史借鉴和科学依据,对全省乃至全国各地的林业发展也具有一定的参考价值。

浙江图书馆,衢州市地方志办公室、市图书馆,开化县档案馆、地方志办公室,县林业局存藏。

7.29 开化县教育志

开化县教育委员会编。1989年整理,内部资料未正式出版。组长吴奕贵、黄国解,副组长姚宏亮、郭学明、何诗云。主编汪午,副主编毛翔、王友玉。审稿汪孝道、李新初、姚鸿源。开化县印刷厂印刷,32开本,385页,30.5万字,印数500册。

本志上限事物之发端,下限1987年年底,个别事件延伸至1988年。

志卷首题词2幅(中共开化县委书记程渭山题词一;开化县代县长王克波题词二);地图2幅(开化县区辅导中心学校、乡中心学校分布图,开化县中等学校分布图);黑白照片8页15幅(教育设施,深山大坞中的小学,女子学校);序2篇[开化县副县长兼教委主任钱国女作序一;开化县教委党委书记兼教委副主任吴奕贵作序二];凡例9

条;概述;大事年表。正文11章:第一章县学、书院、私塾(县学、书院、私塾);第二章幼儿教育(设置、教学);第三章小学教育(学校设置、教学工作、思想品德教育、体育卫生);第四章中学教育(学校设置、教学工作、思想政治教育、体育卫生);第五章专业教育[师范学校、教师进修学校、农林业技术学校、农(林)业中学、卫生学校、技工学校、其他专业学校];第六章成人教育(农民教育、职工教育、业余高等教育);第七章教师队伍(来源 任用、教师素质、教师待遇 教师培训);第八章勤工俭学(勤工俭学、校办工厂);第九章教育经费(经费来源、经费管理使用、校舍与设备);第十章行政管理(机构沿革、组织职能、党组织的建立 发展与职责);第十一章人物。卷末设附录、跋。

本志编纂抄录了上百万字的历史资料,采访了众多知情人的"口碑"资料,广征博采,众手成志。系统地反映了开化县从宋太平兴国六年(981)建县,至1987年间教育事业的发展历程和轨迹,具有较强的"存史、资政、教化"的价值。

衢州市地方志办公室、市图书馆,开化县图书馆、县档案馆、县教育局存藏。

7.30 开化县城乡建设志(1963—1985)

开化县城乡建设环境保护局编。主编是吴松昌,余省躬、陈丁丁参编。1986年7月撰写《开化县志·城乡建设篇》时广泛搜集资料100万字,次年6月编写本志,9月进行评审,12月改定付印。16开本,12万字,1989年10月印刷1000册。

本志上限1963年,下限1985年。

全志卷首彩色插图14页;概述;大事记。正文分8篇21章。第一篇建置(疆域与行政区划、县城、乡镇概况);第二篇城镇建设(县城建设、华埠镇建设);第三篇乡村建设(集镇建设、农村建设);第四篇城乡建设管理(县城建设管理、乡村建设管理、房产管理);第五篇建筑业(建筑设计、建筑施工、建筑技术);第六篇环境保护(自然环境、环境污染、污染治理);第七篇名胜古迹(革命旧址与烈士墓、风景名胜、遗址古墓、古建筑);第八篇组织机构(行政机构、党团组织)。

浙江图书馆,开化县住房和城乡建设局存藏。

7.31 开化县文化志

开化县文化志编纂委员会编。内部资料,未正式出版。编委会主任周渭滨,副主任孔兰芳、汪晓葆、周斗华,主编周斗华。浙江省开化县印刷厂印刷,32开本,285页,

印数500册，22万字，1989年11月版。

本志上限事物之发端，下限1986年，个别事物记载延至1988年。

志卷首黑白照片24页62幅。主题为县城概貌、上级领导视察乡村文化中心、文化办公楼、文化馆、影剧院、图书馆、新华书店、青少年宫、文化艺术节、演出、文艺书刊、剧院老工作者、革命旧址、出土文物展示以及古庵、古桥、古钟楼、古祠堂、古亭、老街，文艺作品展示。题词2幅：中共开化县委书记程渭山题"繁荣文化、活跃生活、促进经济、服务人民"，开化县人民政府代县长王克波题"浙西山城莺歌燕舞，芹江文化源远流长"。县文化局局长周渭滨作序1篇；凡例5条。始为概述、大事记，继之分机构、群众文化、电影、戏曲、图书、文学艺术、文物古迹、人物排列，共计10编27章，详细记叙开化县文化事业发展大事。

以文为主，略插部分图、表、照片，在记载某项民间艺术的同时，以事系人，以求"物与人"有一个完整的印象。整个编纂过程在县委、县政府的支持下通过组织发动、搜集整理资料、编写、评稿等三历寒暑、数易其稿。开化县志编纂委员会、县志办给予指导，县属文化单位、乡镇文化站、开化民间文艺人等给予大力支持。详古略今，横排竖写，着重记载开化县解放后，尤其中共十一届三中全会以后开化县文化事业取得的成就。改革开放政策促进了文化事业发展和繁荣，这一时期，诸如文化设施建设、群众文化的活跃、文学艺术创作的繁荣、图书文博事业的发展、电影放映的普及、文化市场的兴起和文化队伍的壮大以及丰富的文化遗产和文化史料，都为《开化县文化志》的编写提供了历史借鉴和科学依据，对于激励今人、启发后代有着重要的历史意义和深远的影响。

浙江图书馆，衢州市地方志办公室、市图书馆，开化县文旅局、县档案馆、县图书馆、县地方志办公室存藏。

7.32　开化交通志(1990年版)

开化交通志编写组编。始修于1987年11月，1990年1月正式出版。主编周光华，编写韩先智、许先华、徐功宪。省地方志学会副会长潘一平担任编审。20万字，印数3000册，浙江人民出版社出版(ISBN 7－213－00481－6/K.121)，浙江新华印刷厂印刷，32开本，印张9.25，插页11，283页，定价17元。

本志上限事物起始之发端，下限1985年，个别事件延至成稿。

卷首彩色照片10页20幅，主题为交通办公楼、桥梁、公路、客运站、交通管理、古埠、造船、航运、古代木桥、石拱桥、凉亭、渡船、山区公路、汽车驾驶培训等；开化县交通图1幅；序2篇（中共开化县委书记程渭山、开化县县长詹士升作序一；开化县交通局党组书记、局长汪毅作序二）；凡例6条；交通概述，大事记。正文7章28节61目。第一章陆路（古道、公路、森林简易铁路、机耕路、桥梁、凉亭关隘、公路养护改造）；第二章陆运（陆运工具、搬运与转运、客 货运输、运输管理、陆运价格、交通监理）；第三章水路（航道、码头）；第四章水运（水运工具、水上运输、民船行业组织、民主改革与合作化、水上交通管理、民间渡口、中转联运）；第五章交通工业（车辆修理与油库、船舶修造）；第六章机构（行政管理机构、直属企业）第七章人物（先进集体、先进人物）。卷末设丛录、编后记。

从解放前的开化境内羊肠小道，运输靠的是肩挑背驮，到中华人民共和国成立后，开化公路620.59公里，建造桥梁105座3040.35米，交通建设事业取得了巨大的成就。但囿于历史原因、地理环境原因，开化交通还不能够与迅猛发展的商品经济建设相适应，还有许多亟待改善和提升的地方。《开化交通志》客观地总结和记载了这些历史与事业演变发展过程，对今后进一步做好交通工作有重要的借鉴与指导意义。

浙江图书馆，衢州市地方志办公室、市图书馆，开化县档案馆、县地方志办公室、县交通运输管理局存藏。

7.33 开化工业志

开化县工业志编纂委员会编。主任马建胜，副主任方其元、郑德明。顾问黄心耕，主编陈金宝，副主编汪福林、汪承维。1991年内部资料形式出版。浙江省开化县印刷厂印，32开本，印张15.25，插页22页，正文452页，36.47万字，印数1000册。

本志上限至开化建县，下限1988年，部分内容下延。

卷首题词2幅（程渭山题词一，王克波题词二）；彩色照片11页42幅（县城概貌，计经委办公室大楼，工业厂矿大楼、工厂车间，水利发电，石煤化肥，水泥木材，茶厂，农机厂，丝绸总厂，钟厂，制药厂，灯泡厂，六〇一厂，获奖工业产品展示等）；序2篇（开化县县长王克波作序一；副县长马建胜、计经委主任方其元作序二）；凡例9条；概述；大事记。正文9编：第一编体制（国营工业、集体工业、私营工业、其他）；第二编布局（概貌、分布）；第三编重工业（硅工业、电子、采掘、冶炼、建材、化工、电力、机械、木材加工）；第四编轻工业（制茶、粮油、食品、酿造 饮料、制药、日用化工、纺织、林产制品、缝纫、造纸 印刷、金属制品、其他）；第五编主要设备与产品（主要设备、主要产品）；第六编经营与科技（经营、科技）；第七编职工与劳资（职工、劳资）；第八编主要企业及负责人（主要企业简介、主要企业负责人）；第九编机构（行政、党组织）。卷末设人物、杂录、跋。

由于历史和交通等的诸多原因，开化工业生长长期处于封闭、停滞状态。民国时期，工业经济仍然萧条。1949年5月解放后，艰苦创业，从无到有、从小到大，从手工到机械，从加工到制造，从粗制到精制，一步一步地推上了新的台阶。特别是中共十一届三中全会以后，国营、集体、乡镇工业走上了持续、稳步、健康发展的道路。到1988年，开化工业从解放初期3家发展到2016家，水电站从空白发展到212处，工业产品有41个漂洋过海，30个产品获奖，17个产品获得省优或部优称号，有职工23920人，固定资产17286万元，工业产值达20428万元，比1949年增长近50倍。

本志广征博采、缜密考证，静心筛选，比较翔实、系统地记载了开化一千多年来，特别是解放后四十年来各个历史时期工业发展的起伏、曲折，其中不乏成功经验和应汲取的教训。为今后开化工业经济建设提供了一部珍贵的专业资料，使之前有所稽，后有所鉴，意义深远。

开化县档案馆、县经信局存藏。

7.34 开化县公安志稿

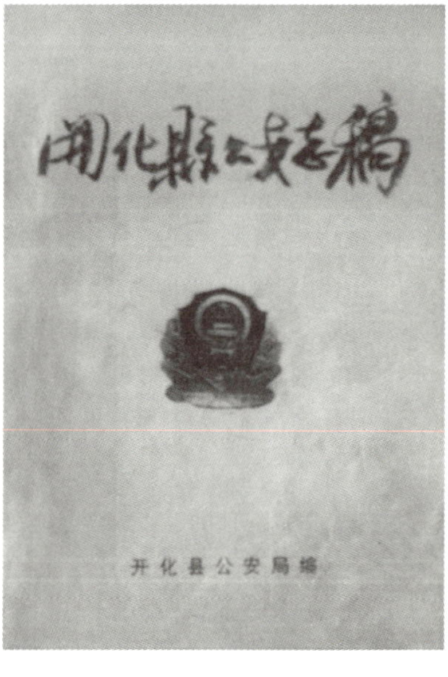

开化县公安局编。1991年12月完稿。志稿系内部资料形式保存未正式出版。系手工打字稿，时间过长，蜡纸变质，有些字迹不明，打印后，表格与文字不连贯。编写顾问贾文海，编写组组长汪树金，副组长吴百富，主笔程福池，执笔汪晓忠、张战勇、唐惠贤。

本志上限清宣统元年（1909），下限1989年。

志卷首设置开化县地形图1幅；开化县公安局局长汪德忠作序言1篇；凡例7条；概述；大事记。全志11章54节。第一章机构沿革（清 民国警察机构、人民公安机构、人民武装警察）；第二章建立革命秩序、巩固民主政权(剿匪、镇压反革命、反动党团特登记、取缔反动会道门、保卫社会主义革命和社会主义建设、历史案件复查工作);第三章政治工作(共产党、共青团、工会、队伍建设、工资 福利待遇、爱民活动、立功创模);第四章秘书行政工作(机构沿革、档案工作、信访接待、交通工具与通讯设备、基建工作);第五章治安管理(户籍管理和人口统计、禁毒 禁赌、对四类分子的监督改造、特种行业管理、爆炸物品管理、枪支管理及收缴凶器、治安保卫委员会、治安联防队、浙 赣 皖边区联防工作、消防工作、对违法青少年的帮教工作、交通管理);第六章政治侦查工作(机构设置及人员编制、特情建设、基础工作、打击反革命破坏活动);第七章刑事侦查工作(刑侦机构、刑事科学技术工作、防范工作、打击刑事犯罪活动);第八章内部保卫工作(机构设置、企业保卫组织、清理"中层""内层"、内部肃反、安全保卫责任制、经济民警);第九章预审、看守、劳改(预审工作、看守所、劳改工作)第十章案例(反革命地下军的覆灭、邵寒法一家三口被杀侦破始末、周庆余奸情杀人案、"王老虎"抢亲、詹金富杀人案);第十一章敌特组织简况(中国国民党、三民主义青年团、中国青年党 中国民主社会党、中统组织、军统组织)。卷末编后记。

本志1985年秋建立编写小组,1987年完成初稿,1988年至1991年间,补充、修正、评审以及定稿。贯彻"详今略古,立足当代"的原则,重点记述中华民国时期和中华人民共和国建立以来公安战线史实,详载1978年中共十一届三中全会以来公安工作的巨大成就。借鉴历史,探讨公安工作的发展规律,指导现实公安工作的发展,具有深远的政治意义和历史意义。

开化县公安局存藏。

7.35　开化县土地志

开化县土地志编纂委员会编。历任编委主任翁品炎、周福云,副主任余永富、郭文田、廖生林。主编童献南,副主编汪午,编辑廖生林、丰建英、占德恒。1999年5月出版。方志出版社出版(ISBN 7-80122-416-7/S.17),浙江方志出版咨询服务中心排版,北京市顺义先进印刷厂印刷。16开本,精装,印张19.75,插页12页,302页,37万字,印数1000册,定价75元。

本志上限尽力追溯至北宋建县之时,下限1995年,个别事项延至脱稿止。

志卷首领导题词1幅(省人大常委会副主任斯

大孝题“以史为鉴,惜土如宝”);彩页照片8页33幅(农田保护,县境界碑,防洪大堤,山谷平原,山丘岗地,农田改造,县城概貌,螺蛳山搬迁工程,低价鉴定,地籍测量,土地执法,领导视察,国土大楼);地图3幅(开化县城现状图,开化县政区图,开化县土地利用现状图);序2篇(中共开化县委书记居亚平、县长陈钟作序一;县土管局局长周福云,副局长余永富作序二);凡例6条;概述;大事记。此志体例为章节体,正文12章37节。第一章地域环境(自然条件、行政建置、县境变迁);第二章土地资源(土地类型、土壤状况、土地后备资源);第三章土地利用(土地利用现状、耕地承载力);第四章土地开发(耕地、山地、城镇土地);第五章土地所有制(封建主义土地所有制、社会主义土地所有制);第六章土地使用制度改革(建立家庭联产承包责任制、实行土地有偿有期使用、加强土地市场管理);第七章地租地税(地租、地税);第八章地籍管理(地籍调查、土地调查、土地登记发证);第九章建设用地管理(国家建设用地、集体建设用地、个人建房用地);第十章土地规划与保护(土地利用总体规划、基本农田保护、农田环境保护、自然保护区及森林公园保护);第十一章土地监察(监察队伍 法制宣传、执法检查 创建“三无”乡镇、土地信访);第十二章机构与队伍(管理机构、队伍建设、档案管理)。卷末设文件辑存、要目索引、后记、编纂机构及其人员名单。

本志主要记述开化建县以来土地资源的开发、利用、保护、管理以及和土地有关的发展历程和现实变革。内容翔实,资料丰富,利弊得失,历历可稽,是一部颇有参鉴价值的地情全书。

浙江图书馆,衢州市地方志办公室,开化县国土资源管理局、县档案馆、县地方志办公室存藏。

7.36 开化县工会志(1932—1993)

开化县总工会编。编纂领导小组主任余献雄,副主任刘樟龙、郑三林、徐洪水。主编余献雄,副主编刘樟龙、王静君。内部资料。1999年12月开化瑞龙茶叶有限公司科技印刷厂印刷,32开本,印张8.75,280页,22万字,印数700册。

本志上限记工会工作发展之发端,下限1993年,个别事件上溯、下延。

本志编修历经两个阶段(1986年3月成立《工会志》的编写,1993年公布成立《开化县工会志》编纂委员会机构)。

卷首领导题词4幅(中华全国总工会书记处书记

苏立清;浙江省人大常委会副主任斯大孝;浙江省人大民族事务委员会主任张林耕;浙江省林业厅厅长程渭山);县总工会全体工会干部合影照1幅;序1篇(落款无作者);凡例9条;概述;大事记。全志4编13章33节。第一编工人组织(职工队伍、工会组织);第二编工会工作(组织建设、群众生产、维护职工合法权益、参政议政、女工工作、财务、宣传教育、上下左右);第三编职工生活(职工工资、劳动保障、劳保福利);第四编人物(人物传略 劳模简介、人物表)。卷末设丛录。

本志记录开化县60年来工会组织的发展变化和人事更迭,对于保存史料、正镜傍鉴、资政辅治,具有积极的作用。

开化县总工会、县档案馆、县地方志办公室存藏。

7.37 开化县广播电视志

开化县广播电视志编纂委员会编。编委主任孙金林,副主任段月水、吴群、徐良怀。主编黄心耕,副主编柳勇、刘学敏、方财初。终审徐良怀。2003年11月浙江人民出版社出版(ISBN 7-213-02250-4),杭州天一图文制作有限公司激光照排,杭州富春印务有限公司印刷。16开本,精装,印张27.75,插页16页,正文430页,57.5万字,印数1000册。定价90元。

本志上限至事物发端,下限2000年,个别内容延至脱稿之时。

志卷首题词2页4幅(浙江省广播电视局局长林吕建,浙江省广播电视集团总裁马雨农,浙江省林业局局长程渭山,浙江省广播电视厅原副厅长高庆祥);彩色照片9页44幅(各级领导亲切关怀,广电记者足迹,专题报道“钱江源之光”,广电创业掠影,业务培训学习,联播协作);地图1幅(开化县有线电视光缆网络示意图);序3篇(浙江省文化厅厅长沈才土作序一;县委书记马东泉、县长徐鸣华作序二;开化县广播电视局局长孙金林作序三):凡例9条;概述;大事记。全志5编14章45节。正文5编:第一编机构(机构设置、党群组织);第二编广播(有线广播、无线广播);第三编电视(无线电视、有线电视、广电宽带信息网);第四编管理(人事管理、财务管理、社会管理、档案管理);第五编丛录(文件辑要、规章选录、论文要览)。

本志编纂查阅档案600余卷300多万字,摘抄卡片书写资料长编达150万字。客观地记载了半个世纪以来开化的广播电视事业从单一的有线广播到无线广播、无线电视到有线电视，直至广电宽带信息网和多功能广播电视体系的创建历程；记录了广播电视工作者宣传党的路线、方针、政策和国家的法令法规，传达政令、组织生产、传递信息、娱乐群众、促进经济、社会发展的史实；也记录了开化几代广播电视人的辛勤足迹。以志为鉴、鉴往知来。

浙江图书馆，衢州市图书馆，衢州市广电局、开化县广电局，开化县图书馆、县档案馆、县地方志办公室存藏。

7.38 开化水利志

开化县水利局编。2006年7月出版。主任王建平，副主任陈新华、张兴生、傅建平。主编刘高汉，常务副主编陈新华，副主编邵瑞基。两度春秋，三易其稿，终于成卷。中国文史出版社出版(ISBN 7－5034－1823－0/K.1203)，衢州新华印务有限公司印刷，16开本，精装，印张37，插页40页，正文542页，70万字、印数1000册，定价108元。

本志上限所记开化水利发展历史之发端，下迄2004年止。

志卷首设彩页照片25页131幅(县城新貌，领导关怀，水利建设、水利设施、水利工程，河流水域，水库电站，城镇防洪，河道整治，农村饮水，农田水利，水土保持，防灾抗灾，特色水产，水利管理，水利文化，水利荣誉，水利题词)；地图3幅(开化县行政区划图，开化县水系分布图，开化县水利工程分布图)；序4篇(浙江省方志学会会长魏桥作序一；中共开化县委书记徐鸣华、县长金明作序二；县委副书记肖渭根作序三；县水利局局长王建平作序四)；凡例10条；概述；大事记。正文9编34章115节。第一编自然环境(地貌地质、土壤植被、水系、气候水文、水资源)；第二编灾与抗灾(水旱灾害、防汛抗旱)；第三编防洪治水(城镇防洪、河道整治、水土保持、小流域综合治理)；第四编农田水利(蓄水工程、引水工程、提水工程、灌溉供水、农田建设)；第五编水利发电(水电建设、水电农村电气化建设)；第六编渔业生产(渔业资源、淡水养殖、渔业捕捞)；第七编基础工作(水文工作、勘测规划、科技工作)；第八编水利管理(机构、治水经费、工程管理、移民安置、经营管理、水政执法、水土保持监督管理、渔政管理)；第九编水利人文(治水人物、文献丛录)。

浙江图书馆、浙江省地方志办公室、衢州市地方志办公室、市图书馆，开化县图书馆、县档案馆、县水利局存藏。

7.39 开化检察志

开化检察志编纂委员会编。2009年11月出版。主任黄耀奎，副主任孙平凡、吴刚、徐晓康、王强、邵星满。主编叶雨青，编审邵星满，编辑邵星满、余志清。中国文史出版社出版（ISBN 978－7－5034－2316－1），北京新丰印刷厂印刷，16开本，精装，插页18页，印张30，正文445页，印数500册，字数60万字，价格168元。自2007年3月始编，历时2年，两改纲目，三易文稿。

本志记述上限事物发端，下限2007年。

志卷首领导题词3页6幅（开化县委书记毛建民题词，县人大常委会主任肖渭根题词，县长金明题词，政协主席吴水松题词，市检察院副检察长许国建题词）；彩色照片6页35幅（人民检察技术、办公大楼，检察院办公室地址变迁，领导视察工作，检察工作历史回顾，组织活动，荣誉锦集）；序1篇（县人民检察院院长黄耀奎作）；凡例9条；综述；大事记。此志为章节体，全志共分12章39节。第一章检察机构（机构沿革、任务与职权、领导体制）；第二章活动原则及组织机构（活动原则、组织机构、检察官任免）；第三章刑事检察（审查批捕和审查起诉、侦查监督 立案监督和审判监督、青少年维权岗）；第四章贪污贿赂检察（贪污贿赂案件的侦查、打击破坏森林犯罪、偷税抗税案件的查处、职务犯罪预防）；第五章渎职侵权检察（渎职侵权案件的侦查、重大责任事故检察、一般监督）；第六章监所与劳改检察（看守所检察、劳改检察、监外执行检察）；第七章控告申诉检察（控告 举报、申诉复查、刑事赔偿）；第八章民事行政检察（民事审判与行政诉讼检察、民事执行检察、民事监督 支持公诉）；第九章检察改革与监督（检察改革、外部监督）；第十章检察队伍建设（队伍概况、队伍管理、队伍教育与培训、队伍奖惩）；第十一章检察综合工作（检察技术、检察宣传、文秘调研、档案工作）；第十二章文献丛录（重要文件、规章制度、检察理论调研论文选编、轶事传说）。卷末设编后记。

开化县人民检察院、县档案馆、县地方志办公室存藏。

7.40 开化县军事志

开化县军事志编纂委员会编。内部资料，准印号浙内图准字（2009）第72号。

2011年6月出版。主任姜小明、白宇，副主任张德义。主编张德义，执行主编方伟红，副主编余守田、叶志富。委印单位：中国人民解放军浙江省开化县人民武装部。承印单位：衢州新华印务有限责任公司。16开本，精装，437页，印数500册，47.6万字。

本志为首部《开化县军事志》，始纂于2003年，2011年6月底正式出版，前后历时8年。

本志全面记载了开化县境内有军事活动的发端，至记载下限时间2005年12月31日止时限内的所有重大军事活动和军事发展历史。

本志由概述、大事记及专篇组成，每个专篇作无题小序，各篇下设章节目，卷末附录文选、文献等内容。卷首领导题词3页6幅[曾任中国人民解放军二野18军54师政治部主任、开化县军事管制委员会首任主任惠毅然题词一："以史为鉴，开创未来"；中国人民解放军总后勤部政委、中国新四军研究会会长周克玉题词二；江西省委原书记、省长方志纯题词三、四；饶（上饶）开（开化）德（德兴）玉（玉山）独立团政委、安徽省政协副主席朱农题词五；皖浙赣省独立团政委、1955年少将军衔，江苏省政协副主席刘毓标题词六]；彩色照片13页60幅（革命烈士纪念碑，革命战争旧址，红军遗物，中国工农红军北上抗日先遣队宿营地旧址，革命烈士，战斗遗址，红军后勤基地，领导视察人民武装工作，应征入伍，国防教育，新四军革命旧址，民兵训练，学生军训，县人武部机关大楼，县民兵武器装备仓库）；序1篇（县委书记毛建民）；凡例14条。志正文共计10编33章102节。第一编军事环境（辖区环境、自然地理环境、人文地理环境、环境灾害、基础设施、军事要地）；第二编军事组织（军事机构、地方武装、驻军）；第三编军事活动（战备执勤、军事训练、行政管理）；第四编政治工作（工农红军游击队 新四军政治工作、人武部政治工作、双拥工作）；第五编后勤工作（明清时期的军队后勤、民国时期军队后勤、中华人民共和国成立后军队后勤）；第六编兵役（历代兵役制度、民国时期兵役、中华人民共和国成立后兵役）；第七编民兵（民国时期民兵、中华人民共和国成立后民兵）；第八编国防动员（国防动员体制、国防潜力调查、国防教育、防空）；第九编战事（宋元明代战事、清代战事、中华民国时期战事、中华人民共和国成立前夕剿匪斗争）；第十编人物（人物传略、职官表）。

开化县人武部，开化县图书馆、县档案馆、县委党史研究室、开化县地方志办公室存藏。

7.41 开化县文化志(1986—2009)

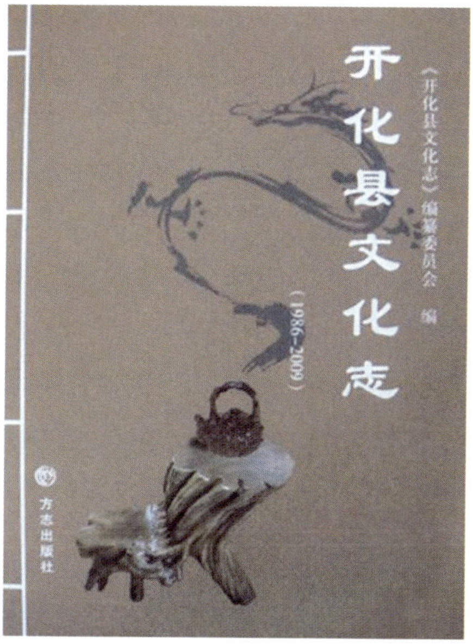

开化县文化志编纂委员会编。顾问汪权龙、周伟斌、李华蓉、程育全。编委会主任方金全,副主任程航琛、詹永坤、丁一民、胡卫星。主编吴德良,副主编汪根时、戴国荣、周斗华,编辑汪路明、张蓓、叶琼、王诗琴。2011年6月方志出版社出版(ISBN 978-7-5144-0143-1/K.115),衢州新华印务有限责任公司印刷。16开,精装,印张31.75,492页,71.4万字,印数1000册,定价180元。

本志上限1986年,下限2009年,一些内容酌情上溯、下延,并补充前志的某些疏漏。

志卷首设置彩色照片27页113幅(领导视察、调研文化工作,农村文化建设,各类文化活动,乡村民俗文化活动,龙顶文化开茶节,文化设施,农村文化站,根雕文化,文化产业,古迹遗址,历史文物保护,非物质文化遗产,书法、绘画、篆刻、摄影作品选登);地图2幅(开化县行政区图,开化县城区图);序2篇(中共开化县委书记毛建民作序一;开化县人民政府县长金明作序二);凡例18条;概述;大事记。全志10编23章。正文第一编群众文化(机构组织、文化活动、社会主义新农村文化建设);第二编文学艺术(创作队伍、创作活动);第三编文化遗产(物资文化遗产、非物质文化遗产);第四遍广播、电视、电影(广播电视、电影);第五编图书(公共图书馆、书店);第六编文化产业(文化市场的形成和发展、"一园三区"发展模式、相关企业);第七编行政管理(行政机构、行政执法);第八编人物(人物传、人物简介 名录);第九编习俗方言(习俗、方言);第十编丛录(文献著述、艺文、存疑)。卷末设置附录(历史大事纪要、编后记)。

本志既是一部地方文献,也是开化文化艺术的一部总结。记载了开化文化艺术发展的概况,收录了比较优秀的古今诗文,介绍了开化历史地方文化名人、文艺工作者。总揽全篇,卷帙浩繁,资料丰富,记叙周详,为地方存史,为乡土存文,为乡人存传,为乡音留谱。

浙江图书馆,浙江省文化厅,衢州市地方志办公室、市图书馆,开化县图书馆、档案馆、县地方志办公室、县文旅局存藏。

7.42 开化县交通志(1986—2006)

开化县交通志编纂委员会编。2009年6月正式启动,二历寒暑,三改编目,四易其稿,2011年11月出版。主任孙金林,副主任周晓明、郑和平、何斌芳、詹星良、汪家伍。主编孙金林,副主编周晓明、方财初、张红烈。方志出版社出版(ISBN 978-7-5144-0295-7/F.35),浙江省良渚印刷厂印刷。精装护封,16开本,印张31,477页,73.3万字,印数1500册,定价168元。

本志是1990年首版《开化交通志》的续志,上限1986年,与前志承接,下限2006年,部分跨年度事件和人物作适当上溯、下延。

志卷首地图3幅(开化县政区图,开化县公路水运交通现状图,开化县公路水运交通运输“十二五”发展规划图);彩色照片26页53幅(领导视察,交通设施工程,交通文化建设,公路稽征运输管理,国道,省道,县乡公路,高速公路,公交车、出租车、城乡巴士,隧道,水上运输,客运,公路养护);序2篇(中共开化县委书记毛建民作序一;县交通局局长孙金林作序二);凡例17条;开化基本县情;大事记;综述。全志7编22章82节。第一编道路(古道、民间路亭、公路、桥梁隧道、沿线设施、航道、船舶 码头、渡船 渡口、水路新貌);第二编运输(道路运输工具、旅客运输、货物运输、站(场)建设、水路运输工具、水路运输形式);第三编管理(管理机构、公路管理、水路管理、专项管理);第四编企业(开化县交通实业有限公司、开化县农村客运公司、开化县物流运输企业、开化县航运公司、机动车维修与检测企业、其他企业);第五编文化(科学技术、思想道德建设、交通文化、先进集体);第六编人物(人物传记、人物略表、先进事迹、人物名录);第七编丛录(文献辑录、个人著述 文艺轶事)。卷末设《开化县交通志》评审意见;《开化县交通志》评审定稿人员名单;《开化县交通志》资料稿提供人员名单;后记。

开化县是深山区,受地理环境、经济基础等因素影响,交通建设迟缓。中华人民共和国成立后,交通建设者打开了开化的山门,改变了山区农民传统的封闭生活和生存理念。此志记载这一历史变革期的开化交通发展史,让后人明兴衰之因,探发展之律,鼓创新之劲。

浙江图书馆,衢州市地方志办公室、市交通运输管理局,开化县图书馆、县档案馆、县地方志办公室、交通运输管理局存藏。

7.43 开化民政志（1986—2005）

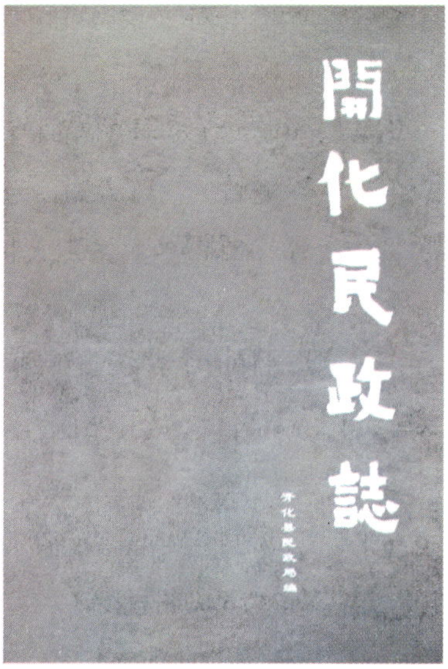

开化县民政局编。顾问李甘霖、余处林、汪义新。主任汤百峰、余金华。副主任周选生、丁维耀、叶永年、汪升阳、张兴生、王江平、饶瑞峰、张鸿斌、江国平。主编刘高汉。2011年12月方志出版社出版（ISBN 978－8－60116－536－4/K.516），精装，16开本，印张51.35，587页，72万字，印数1500册，定价180元。

本志上限1986年，下限2005年，部分事件延至脱稿。

志卷首领导题词3页5幅（俞志壮题词一，陈钟题词二，张林耕题词三，童禅福题词四，肖渭根题词五）；彩色照片8页66幅（县城全景图，领导关怀，老区今昔，落实民权，抗灾救灾，关怀民利，“双拥”活动，心系民生，福利事业，社区活动，荣誉）；地图3幅（开化县政区图，古代开化县乡都图，古代开化县城图）；序1篇（衢州市副市长、开化县委书记毛建民作）；凡例8条；概述；大事记。全志13编41章125节。第一编区划地名（县域勘界、行政区划、地名管理）；第二编革命老区（老区史略、老区县的确定、老区建设）；第三编基层政权（基层政权简述、基层群众自治组织、基层选举、社区建设）；第四编优抚与安置（优待抚恤、双拥工作、复退军人安置、烈士褒扬）；第五编灾害救助（自然灾害记略、抗灾救灾）；第六编救济与救助（社会救济、社会救助、社会互助）；第七编社会福利（社会福利事业、福利企业、残疾人事业、社会筹资）；第八编移民与安置（历代迁流简述、水库移民安置、水库移民遗留问题处理）；第九编社会事务（民间组织沿革、民间组织登记管理、婚姻登记、收养职责、殡葬管理）；第十编老龄工作（机构职能、老年活动、权益保护）；第十一编民政经济（民政事业费、民政“三产”）；第十二编民政机构（机构与职能、干部队伍、民政法制建设）；第十三编民政人文（人物事略、古今文献）。卷末设参考资料、后记。

本志以语体文记述体，辅以纪、传、录、表、图、照等，篇首设无题小序，章后设若干条目。具有地域特色的条目有《拥军鸡蛋，接力传送45年》《灾民新村——官台村》《池淮镇滩头村》《浙江“第一寿翁”的长寿秘诀》等。

浙江图书馆，开化县民政局、县图书馆、县档案馆、县地方志办公室存藏。

7.44 开化县公安志（1949—2009）

开化县公安志编纂委员会编。2012年10月出版。顾问郭国钧、潘银亮、余卫星。

主任陈玮。主编程佳良，副主编潘玉光、汪承岐、叶昊生、余省躬。特约编审胡军。方志出版社出版（ISBN 978－7－5144－0636－8/D.33），浙江新华数码印务有限公司印。16开本，精装，印张26，417页，78万字。印数1000册，价格200元。

本志上限1949年5月开化县城解放，下限2009年12月止，个别篇章适当上溯、下延，大事记记述至2011年12月。

本志卷首设置凡例10条；序1篇（县公安局局长陈玮作）；题词3幅（省委常委、政法委书记、公安厅厅长斯大孝题，衢州市人民政府副市长、中共开化县委书记毛建民，中共开化县委书记方建忠）；彩色照片17页132幅（珍贵历史照片：1964年6月26日毛泽东主席同党和国家其他领导人接见中央政法干部学校第八期全体学员合影，上级领导亲切关怀，历史记忆，公安基础设施建设，打击犯罪，服务经济，治安管理，抢险救灾，科技强警，教育训练，警务协作，爱民为民，警体文化，立功创模，修志评审）；地图2幅（开化县政区图，开化县公安机关分布图）；概述、大事记；志末设丛录、编后记。全志5篇25章93节。第一编机构（人民公安机关、武装警察部队）；第二编防范打击犯罪（清剿武装股匪、镇反肃反运动、惩治刑事犯罪、惩治经济犯罪、巡防处突、预审与监管）：第三编公安行政管理（户政管理、行业物品管理、网络安全管理 出入境管理、交通安全管理、消防安全管理、林业治安管理、清除社会丑恶现象、群众治安保卫、内保与警卫）；第四编警务保障（秘书行政、法制建设、科技建设、后勤保障、警务协作）；第五编公安政治工作（队伍建设、立功创模）。

首部《开化县公安志（1949～2009）》历时七年编纂，数易其稿。翔实记述了1949年5月开化县城解放至2009年12月30日时限内，开化公安机关从解放初期大山深处的剿匪到和平年代的维护社会治安稳定，从严厉打击各类犯罪活动到创新社会管理机制，从化解社会纠纷矛盾到服务广大人民群众，书写了几代开化公安人的发展史和奋斗历程。

浙江省公安厅，衢州市公安局，开化县公安局、县图书馆、县档案馆、县地方志办公室存藏。

7.45 中共开化县委党校校志（1952—2012）

中共开化县委党校编。顾问琚建军，主任姜方云，副主任毛家华、刘爱东。主编毛家华，副主编刘爱东、周新阜。2012年12月方志出版社出版（ISBN 978－7－5144－

0786－0/D.45)，金华远大印刷厂印刷。精装，16开本，印张20.25，37.2万字，311页，印数1200册，定价198元。

本志上限1952年，下限2012年1月，部分事件、人物适当下延。

志卷首题词2页4幅(方建忠题词一，谢剑锋题词二，胡智宏题词三，琚建军题词四)；彩色照片14页70余幅(党校历任上级领导视察、调研、关怀，党校教职员工风采，工作交流、学习，各期县管干部、青干班学员、妇女干部培训班、大学生村官、公务员培训合影，教师授课，党校办公大楼变迁，远程教育，荣誉、现任领导班子)；序2篇(省委党校副校长郑仓元作序一；县委党校校长姜方云作序二)；凡例7条；概述；大事记。正文8章：第一章机构沿革及人事变动(校级机构及人事变动、科室设置及人事变动、党支部 工会建设及人事变动)；第二章队伍建设(思想 作风建设、素质能力提升、制度建设、机关党建、工会活动、文明创建)；第三章干部培训(初创时期、"文化大革命"以及恢复时期、正规化教育时期、深化改革时期、大规模培训干部时期)；第四章学历教育(中专学历教育、大专 本科学历教育)；第五章科研工作(发展历程、组织管理机构设置情况、科研活动的基本形式及主要成绩)；第六章后勤保障工作(教学科研条件保障、行政后勤管理工作)；第七章人物名录(人物追踪、校领导 教职工名录、中青年干部培训班及学历班学员名录)；第八章丛录(成绩与荣誉、校内规章制度、个人著作选)。卷末设后记。

本志"详近略远"地记述了1952年以来特别是1983年以后开化党校内部建设足迹和具体工作发展变化情况。

浙江图书馆，中共开化县委党校、县图书馆、县地方志办公室存藏。

7.46 开化县教育志(1987—2012)

开化县教育志编纂委员会编。总顾问李华蓉，顾问黄国解、邹水根。主任邹志岗、齐忠伟，副主任王乃平、余永福、朱俊、钱根全、余建新、江成忠、王强、陈勇平。主编姚鸿源，编纂姚鸿源、郑松萼、余开文。2013年6月方志出版社出版(ISBN 978－7－5144－0909－3/K.729)，杭州杭新印务有限公司印刷。精装，16开本，印张34.5，537页，89.4万字，印数1000册，定价158元。

本志上限1987年，下限2012年，部分内容根据需要适当上溯、下延。

志卷首各类题词8幅(2010年国防部原部长迟浩田题词"虹军小学"，2004年教育

部原部长何东昌题词，2000年曾任全国人大代表、政协委员、全国妇联第三届执行委员王光美题词，1996年著名作家巴金题词，1990年著名书法家沙孟海题词，浙江省原省长薛驹题词，浙江省委原书记铁瑛题词，中共开化县委书记方健忠题词）；彩色照片28页78幅（领导关怀、名人题词，杰出英才，国际交流，学校新貌，校园文化，桃李芬芳，集体荣誉）；地图1幅（开化县教育资源分布图）；序3篇（县长谢剑锋作序一；开化县教育局原局长邹志岗作序二；开化县教育局长齐忠伟作序三）；凡例10条；概述；大事记。全志15篇55章51节。第一篇学前教育（发展概况、教养任务与学制、保育教养、园务管理、幼儿园选介）；第二篇小学教育（发展概况、教育任务与学制、教学、学校选介、希望学校简介）；第三篇初中教育（发展概况、教育任务与学制、教学、学校选介）；第四篇普通高中教育（发展概况、教育任务与学制、教学、学校简介）；第五篇中小学学校管理（行政管理、教学管理）；第六篇职业教育（发展概况、教育任务与专业设置、学校简介）；第七篇民办教育（发展概况、教育任务与学制、课程与教材、学校管理、学校简介）；第八篇成人教育（扫盲、函授与远程教育、自学考试、学校简介）；第九篇学校德育、体育与卫生（德育、体育与卫生）；第十篇校园文化（发展概况、校园环境、文化长廊、校园文艺、校训校歌）；第十一篇教师（发展概况、教师师资与任用、教师进修培训、教师待遇）；第十二篇教学研究（发展概况、组织机构与学术团体、教学研究与改革实践）；第十三篇教育经费（经费来源与使用管理、校舍与设备）；第十四篇教育行政与党群组织（教育行政机构、教育督导与教育监察、管理体制、中国共产党组织、民主党派与群众组织）；第十五篇人物（人物传略、人物名录）。卷末设丛录；后记。

本志几历寒暑、数易其稿。从北宋端拱元年（988）程宿脱颖而出，成为浙江省第一个状元；宋至清，全县考取进士217人；南宋至清，家塾、书院盛行，其中包山书院名耀史册；至20世纪80年代末期，即以“艰苦奋斗、勤俭办学”的“开化精神”享誉全省、尊师重教，一脉相承。全面、系统、客观、真实地记载了开化县教育事业发展的历史现状与变革、山区开化优先发展教育、不断改革创新与发展壮大的历程。表格繁多，资料丰富是此志一大特色。

浙江图书馆，衢州市地方志办公室、市教育局，开化县教育局、县图书馆、县档案馆、县地方志办公室存藏。

7.47　开化林业志(1986—2010)

开化县林业志编纂委员会编。编纂领导小组组长王建平，副组长郑清和、林生明。主编刘高汉，编纂方永良、刘高汉、吴长贤、吴之福、童乐庆。终审开化县地方志办公室。2013年11月方志出版社出版(ISBN 978－6－66132－365－8/K.657)精装16开本，印张50.36，652页，70万字，印数2000册，定价160元。

本志是开化县1988年首版《开化林业志》的续志，上限1986年，下限2010年。

志卷首设置彩页照片20页116幅(领导关怀，森林资源，绿化造林，森林保护，林业产业，钱江源、古田山，生态乡村，林业文化，荣誉)；题词2幅(浙江省林业厅厅长楼国华，开化县人大常委会原主任肖渭根)；地图2幅(开化县森林资源分布示意图，开化县行政区划图)；序2篇(衢州市林业局局长叶正义作序一；开化县林业局局长王建平作序二)；凡例9条；概述；大事记。全志为章节体，共计10篇39章144节。第一篇森林资源(自然环境、林相变迁与森林资源、森林植被分布情况、树种资源、古树名木、野生动物资源)；第二篇森林培育(林木种苗、造林育林、商品林建设、林木抚育、场圃经营)；第三篇森林生态(林业生态建设、古田山国家级自然保护区、钱江源森林公园)；第四篇森林利用(木材生产与经营、林产工业、林副特产)；第五篇森林管理与保护(山林权属、林政管理、资金管理、森林消防、森林病虫害防治、珍稀物种保护、护林联防、林业公安)；第六篇茶桑果(茶叶与龙顶名茶开发、蚕桑、果树)；第七篇林业科技(机构与队伍、活动与推广、科技成果)；第八篇林业文化(林业宣传、林业工艺、林业文艺)；第九篇组织机构(机构与职能、党群社团、荣誉录)；第十篇丛录(文献与文件、现代文献)。卷末设参考资料；后记；开化林业志编纂领导小组名单。

本志记叙历史，实录当今，本志从开化的林业发展实际出发，以开化县林业发展为主线，体现了开化人民的勤劳智慧以及对森林生态、生态家园的爱护、保护与重视。卷首彩页收录了反映开化林业各个历史发展时期的珍贵资料图片，内文详记了开化“古树名木”“珍贵野生动植物”“开化龙顶茶”“开化根雕”“开化香菇”“开化黑木耳”等。卷末载“碑记”“文记”“诗歌”“林谚与故事传说”等内容，既留存历史瞬间，又增强了志书的可读性、趣味性，是一部思想性、科学性、实用性、专业性都较强的资料性著述，是一部具有时代特征、地域特色和林业特色的专业志书。

浙江图书馆，衢州市地方志办公室、市图书馆、市林业局，开化县图书馆、县档案馆、县林业局、县地方志办公室存藏。

7.48 开化县供销合作社志

开化县供销合作社志编纂委员会编。顾问杨苏萍、汪晖、余樟水、周世和、毛怡君、万方传。编委会主任华寿忠，副主任郑发根。主编华寿忠，副主编汪群升、陈先征、张桂珍。2014年4月方志出版社出版（ISBN 978－7－5144－1220－8/F.133），杭州五象印务有限公司印刷。精装，16开本，印张23.25，365页，50.7万字，印数800册，定价128元。

本志上起所记事物的发端，下限为2008年年末，部分内容记载适当延续。

志卷首设置开化县政区图1幅。珍贵历史照片2页4幅（1957年6月28日，毛泽东主席及中央领导同志接见全国供销合作总社干部学校本届毕业生；1965年8月17日，毛泽东、刘少奇等党和国家领导人接见出席全国供销合作社外贸计划会议人员和供销合作干校学员；2008年1月27—28日，开化县供销合作社主任万方传出席全国供销合作社系统表彰大会，受到国务院副总理回良玉等领导人的接见；2005年1月，开化县食用菌专业合作社主任汪启中当选为中华全国供销合作总社第四次社员代表大会代表）。彩色照片4页10幅（各级领导视察、调研，参展农博会粮交会，历任供销社领导代表合影，农信担保公司开业，先进集体）；序1篇（县长谢剑锋作）；概述；大事记；凡例6条；全志7编24章56节。第一编初期合作事业（合作机构、合作社业务、农村私营商业的社会主义改造）；第二编供销合作社组织机构（县供销合作社联合社、基层供销社、农村代购代销点）；第三编经营业务（农副产品、废旧物资回收、农业生产资料、生活资料、供销社工业）；第四编综合管理（民主管理、经营管理、基建储运、工资福利）；第五编行政管理（党务政工、职工队伍）；第六编体制改革（改革综述、改革改制、供销社的新发展）；第七编供销社荣誉（先进名录、代表名录、县供销社机关干部调任县处级领导干部名录、附录）；卷末设编后记。

本志记载开化县的供销合作事业从无到有、从小到大，由单一到结合、由自发到自主，初步形成规模化、多功能、全方位的服务体系。涵盖开化县供销合作社系统之建制、政治、经济、改革、经营、管理、服务、荣誉等等方面发展的历史与现状，立足当今，以事分类，依时顺述。完整地记述改革开放以来，特别是计划经济体制向社会主义市场

开化县

经济体制转型时期，开化县供销社通过产权制度明晰、专业合作社、综合服务社、连锁化经营的"三社一化"重组改造思路，探索创新经营体制和机制，着力构建新型为农服务体系，促进开化供销合作事业持续稳定发展的历史演变过程，具有一定史料价值和社会现实意义。

志的卷首彩页和内文，保留了相当一部分当年供销合作社兴盛时的商品买卖、购物场景和一些老百姓记忆深刻的"供销商场"，尤其卷首50年代、60年代大篇幅的党和国家领导人毛泽东、刘少奇及中央领导同志接见供销合作社干部、社员的黑白照片，都成为一个时代具有历史意义的见证。

浙江图书馆，开化县供销社、县档案馆、县图书馆、县地方志办公室存藏。

7.49 开化县老年花卉协会志

开化县老年花卉协会编。内部资料。顾问吴水松、张伟义、蒋忠海、程航琛、方财初。编委会主任赵汝松，副主任汪水荣、赖相海。主编汪路明。2015年9月浙江省良渚印刷厂印刷。精装，16开本，印张16，225，16万字，印数500册，定价160元。

本志上限为协会创立之时，下限为2014年。

志卷首凡例9条；彩色照片11页35幅；序2篇（中共开华县委常委、副县长姜方云作序一；开化县政协原主席吴水松作序二）；概述；大事记。正文4章：第一章会员大会（第一届会员大会、第二届会员大会、第三届会员大会、第四届会员大会、第五届会员大会、第六届会员大会）；第二章会员活动（菊花展、兰花展，5·5生态日花展、参观学习与技术交流、其他活动）；第三章人物（会长简介、副会长简介、曾任组长 副组长名录、会员名录、荣誉录）第四章附录（花展诗词选、花展赠言辑录、报章选载、花展精品集萃）。卷末设编纂始末。

本志采用章节体，分别横向和纵向记述开化县老年花卉协会发展全貌，实事求是地记载开化县老年花卉协会的发展历程，反映专业特色和时代特征。

开化县图书馆、县老年花卉协会、县老干部局、县地方志办公室存藏。

7.50 开化建设志

开化建设志编纂委员会编。2016年6月出版。主任杨开荣，副主任邱炳清、余曙明、余土全、胡志光、刘建飞、陈晓东。主编刘高汉，编写刘高汉，余海民。浙江人民出

版社出版(ISBN 978－7－213－07396－0),浙江海虹彩色印务有限公司印刷。精装,16开本,印张41,插页21,正文642页,79.3万字,印数1000册,定价150元。

本志上限至开化建设之发端,下限2013年,部分事项延续至该志出版。

志卷首设开化县行政区划图1幅;开化古代城池图1幅;彩色照片14页83幅(领导关怀,拆迁改造,心系民生,城市公用事业,城市新貌,城市道路,县城景区,美丽乡村);序言2篇(省地方志专家魏桥作序一;开化县住房和城乡建设局局长杨开荣作序二);凡例9条;概述;大事记。全志10篇32章132节。第一篇建置(环境与居民、区划与城镇乡);第二篇规划(城市规划、城市建设用地);第三篇城市建设(市政建设、公用事业、公共建筑、旧城改造、新区开发、城市景观);第四篇生态环保(环境优化、县城绿化、文明保洁);第五篇建筑业(建筑队伍、施工技术、建筑市场管理);第六篇房地产业(房产管理、地产管理、房地产开发、房地产市场);第七篇村镇建设(镇乡建设、农村建设);第八篇名胜古迹(风景名胜、文物古迹、保护管理);第九篇城建管理(组织管理机构、监察执法、建设资金);第十篇丛录(人物 故事、诗词 楹联 匾额 上梁文、习俗 行话 谚语 文献);卷末设编后记。

本志明古详今。古代部分详记古民居、古桥、老街,古祠堂等文化底蕴深厚;现代部分志书设章详记与民生有关的事项,城区的多次扩建,街道网络的形成与逐步完善,旧城改造、新区建设,造水库、建电站、办学校、建公路、盖楼房,以及城市供水、排污,生活垃圾处理。同时专设了"生态环保"篇,记载"蓝天、碧水、绿地、清静"四项环保行动的开展保护开化青山绿水。深入调查研究,进一步挖掘开化历史文化,保留乡土文化记忆,让人望得见山,看得见水,记得住乡愁。

开化县住房和城乡建设局,开化县图书馆、县档案馆、县地方志办公室存藏。

驻衢州单位志书

南孔家庙

驻衢州单位志书编修一览

表8

序号	书　名	编修(出版)时　间	编　修　者	收　藏　单　位
8.1	乌溪江水力发电厂志	2002年	乌溪江水力发电厂志编纂委员会	浙江图书馆,衢州市地方志办公室、乌溪江水电厂
8.2	浙江省十里丰监狱志(1955—2003)	2004年12月	十里丰监狱志编纂委员会	浙江省监狱管理局、省十里丰监狱
8.3	浙江华电乌溪江水力发电厂志(1995—2007)	2010年9月	浙江华电乌溪江水力发电厂志编纂委员会	浙江图书馆,衢州市地方志办公室、乌溪江水力发电厂
8.4	浙江省十里丰监狱志(1955—2014)	2015年10月	浙江省十里丰监狱志编纂委员会	浙江省监狱管理局、省十里丰监狱

驻衢州单位志书

8.1 乌溪江水力发电厂志

乌溪江水力发电厂志编纂委员会编，主任吴建春，副主任方正亚、王如岩、厉建宇、汪斌，主编刘国庆、副主编周宁刚。2002年8月，中华书局出版（ISBN 7－101－03562－0/K·1499），浙江临安电力印刷厂印刷。精装，16开本，15.25印张，插页24，25万字，222页，印数2000册，定价75元。《乌溪江水力发电厂志》为浙江省电力工业志丛书，1986年12月成立编委会，1996年10月形成送审稿，2002年4月批复付印。

本志上限为事物起始，下限1994年年末，大事记延伸到2000年。

卷首有彩照19页57幅，全国政协副主席江华、水利部原部长钱正英题词，序言2篇，凡例10条，概述、大事记。正文8章43节。第一章自然环境（地域、地质、气候、水文、地震），第二章电站建设（勘测设计、库区与移民、施工、主体工程、工程验收、概算与决算），第三章电力生产（设备装置、发电、调度、更新改造、水工管理），第四章生产管理（安全管理、运行与检修管理、质量管理、科学试验、技术监督），第五章企业管理（行政机构、管理改革、计划管理、劳动管理、财务管理、物资管理、档案管理、治安保卫），第六章职工（职工队伍、职工民主管理、教育培训、职工生活），第七章党的工作（党的组织、党的建设、干部工作、思想政治工作、纪检工作），第八章群众团体（工会、共青团组织、协会）。卷末设人物录；荣誉谱；附录；编后记。

浙江图书馆、衢州市地方志办公室、乌溪江水力发电厂存藏。

8.2 浙江省十里丰监狱志（1955—2003）

十里丰监狱志编纂委员会编。编委会主任刘瑜、王兴权，副主任来海军、胡良、张仁浩、王震、吕伟雄、陈登松；主编来海军，副主编张益源、蔡韶华。2004年12月，单位内部印刷，未公开发行。精装护封，16开本，38.3万字，439页，印数200册。

卷首彩照45页165幅，监狱区域示意图1幅。浙江省监狱管理局原党委书记、局长葛炳瑶作序一，监狱原党委书记、政委刘瑜作序二，原党委书记、监狱长奚建荣作序

三。凡例9条;综述。正文9篇35章118节。第一篇建置(监狱名称及隶属的变更、监狱内设机构、监狱行政领导);第二篇监管改造(刑罚执行、狱政管理、教育改造、生活卫生、狱内侦查);第三篇刑满留场与安置就业(建场初期留场安置就业、"文革"后留场就业政策的调整);第四篇生产经营(农业生产、工业生产、劳务加工、科技工作);第五篇民警队伍建设(民警队伍的构成与发展、思想纪律作风建设、民警队伍的管理、民警教育与培训、监狱工作理论调研、离退休干部管理);第六篇工人队伍管理(招工就业和工人基本情况、工人管理);第七篇行政后勤(后勤、交通与通讯、水电供应、居住、医疗与卫生、子女教育);第八篇党群组织(中国共产党、工会、共青团);第九篇立功创模 表彰先进(立功创模、表彰模范先进、立功受奖集体名录、模范先进、立功受奖个人名录、奖励制度的贯彻和实施)。卷末设大事记;附录;后记。

本志为纪念浙江省十里丰监狱建立50周年,2002年10月启动编纂,2004年12月完成,记述1955—2003年间浙江省十里丰监狱创建与发展的重要事项等。

浙江省监狱管理局、省十里丰监狱内部存藏。

8.3 浙江华电乌溪江水力发电厂志(1995—2007)

浙江华电乌溪江水力发电厂志编纂委员会编。编委会主任张士军,副主任方正亚,主编方正亚、副主编廖海东。2010年9月,浙江人民出版社出版(ISBN 978－7－213－04278－2),杭州大漠照排印刷有限公司电脑制版,浙江新华数码印务有限公司印刷。精装,16开本,15.75印张,28万字,237页,定价78元。《浙江华电乌溪江水力发电厂志(1995~2007)》筹备于2007年7月下旬,2009年3月形成初稿,2009年12月29日,经浙江省电力工业局史志编辑室终审,浙江省电力公司批准出版。

全书有彩照30页83幅、地图2幅、序言2篇、凡例13条、概述、大事记、正文9章29节及人物录、荣誉谱、附录、编后记、资料图片提供人员名单。第一章自然环境,第二章电站扩容,第三

章发电生产,第四章科技进步,第五章生产管理,第六章企业管理,第七章职工,第八章党群,第九章多种经营

浙江图书馆,衢州市地方志办公室、乌溪江水力发电厂存藏。

8.4 浙江省十里丰监狱志(1955—2014)

十里丰监狱志编纂委员会编。编委会主任罗爱民、周敏华,副主任吴维平、曾祥华、周根杨、陈海明、吕洪政、卢华杰、姜国云;编委办主任曾祥华、姜国云,副主任徐海良。2015年10月,单位内部印刷,未公开发行。精装护封,16开本,57.8万字,661页,印数200册。

卷首彩照48页209幅,监狱区域示意图1幅。浙江省监狱管理局党委书记、局长胡方锐作序。凡例9条;综述。正文11篇48章158节。第一篇建置(监狱名称及隶属的变更、监狱内设机构、监狱行政领导);第二篇监管改造(监狱改造工作沿革、狱政管理、布局调整与安防建设、刑罚执行、教育改造、生活卫生、狱内侦查);第三篇刑满留场与安置就业(建场初期留场安置就业、“文革”后留场就业政策的调整);第四篇生产经营(农业生产、工业生产、劳务加工业、科技工作、安全生产);第五篇民警队伍建设(民警队伍的构成与发展、思想纪律作风建设、民警队伍的管理、民警教育与培训、监狱工作理论调研、离退休干部管理);第六篇工人队伍管理(招工就业和工人基本情况、工人管理、其他职工管理、退休职工管理);第七篇行政后勤(后勤管理、民生工程建设、环境整治、交通与通讯、水电供应、居住、医疗与卫生、子女教育、财务与审计);第八篇监狱智能化建设(目标与规划、设计与建设、智能化应用);第九篇监狱体制改革(改革历程、改革内容);第十篇党群组织(中国共产党、工会、共青团);第十一篇立功创模 表彰先进(立功创模、表彰先进活动,模范先进、立功受奖集体名录,模范先进、立功受奖个人名录、奖励制度的贯彻和实施)。卷末设大事记;附录;后记。

本志编纂工作2013年5月启动,2015年10月完成。记述1955—2014年之间,浙江省十里丰监狱创建与发展的重要事项等,为纪念浙江省十里丰监狱建立60周年而作,也为《浙江省十里丰监狱志(1955—2003)》的重编本。

浙江省监狱管理局、省十里丰监狱内部存藏。

后　　记

2006年5月颁布的国务院《地方志工作条例》把"搜集、保存地方志文献和资料，组织整理旧志""组织开发利用地方志资源"列入地方方志工作机构的重要工作职责。2014年1月14日，浙江省地方志办公室发出《关于扎实开展〈浙江通志·地方志卷〉资料收集工作的通知》，要求各市地方志办公室统筹协调所属县（市、区）地方志办公室，全力配合，扎实做好方志卷资料搜集工作。为贯彻落实国务院《地方志工作条例》《全国地方志事业发展规划纲要（2015—2020年）》和省地方志办公室通知精神，衢州市地方志办公室于2016年3月11日下发《关于开展〈衢州方志提要〉编纂工作的通知》，决定开展《衢州方志提要》编纂工作，对全市地方志书做一次全面系统的收集整理，旨在摸清衢州市地方志编纂成果的家底。

《衢州方志提要》编纂工作，市地方志办公室建立编辑部，由市、县（市、区）方志部门人员组成。市地方志办公室负责市本级综合志和专业志的搜集整理，各县（市、区）地方志办公室负责各自行政区域内志书的搜集整理，确定专人负责编写工作，具体为：柯城区地方志办公室周誉、衢江区地方志办公室林继峰、江山市委史志办公室姜滔、龙游县史志办公室劳晓天、常山县地方志办公室徐金堂、开化县地方志办公室张蓓。全书由衢州市地方志办公室汪洪才负责统稿，主编审定。在全市地方志办公室人员的共同努力下，最终完成《衢州方志提要》编纂。

《衢州方志提要》收录有史以来至2017年记录衢州行政区域内事项的各种志书，包括郡府志、市志、县（区）志、乡镇志、村志等综合志，以及各类专业志。《提要》内容侧重于文献资料库的实用价值。全书共收录志书340册，其中市本级59册（综合志18册、专志41册）；柯城、衢江、江山、龙游、常山、开化6县（市、区）277册（综合志109册、专志168册）；驻衢州单位志书4册。

《衢州方志提要》的编纂，参考了《中国新编地方志总目提要》（中国新编地方志总目提要编纂委员会编纂，方志出版社2006年出版）、《浙江方志考》（洪焕椿编著，1984

年6月浙江人民出版社出版)的有关内容,尤其是已佚旧志部分的摘录内容。同时,编纂工作得到省、市、县图书馆、档案馆、宁波天一阁博物馆及全市各有关单位的大力支持。在此,一并表示衷心的感谢!

本书有疏漏或不当之处,敬请读者批评指正。

编　者

2017年12月

图书在版编目（CIP）数据

衢州方志提要 / 衢州市地方志办公室编. — 北京：方志出版社，2017.12
ISBN 978-7-5144-2803-2

Ⅰ. ①衢… Ⅱ. ①衢… Ⅲ. ①地方志 – 内容提要 – 衢州 Ⅳ. ①Z89：K295.53

中国版本图书馆CIP数据核字（2017）第308552号

衢州方志提要

编　　者：衢州市地方志办公室
责任编辑：罗　滔

出 版 人：冀祥德
出 版 者：方志出版社
地址　北京市朝阳区潘家园东里9号（国家方志馆4层）
邮编　100021
网址　http://www.fzph.org
发　　行：方志出版社图书经销中心
电话　（010）67110500
经　　销：各地新华书店
印　　刷：衢州文捷印刷有限公司

开　　本：787×1092　1/16
印　　张：18.75
字　　数：369千字
版　　次：2017年12月第1版　2017年12月第1次印刷
印　　数：0001 ~ 3000册

ISBN 978-7-5144-2803-2　　**定价**：118.00元